東亞細亞文明論
东亚文明论
東アジア文明論
LÝ LUẬN NỀN VĂN MINH ĐÔNG Á

동아시아문명론

조 동 일

지식산업사

동아시아문명론

초판 제1쇄 발행 2010. 6. 10.
초판 제4쇄 발행 2020. 3. 5.

지은이   조 동 일
펴낸이   김 경 희
펴낸곳   (주)지식산업사
          본사 ✴ 10881, 경기도 파주시 광인사길 53(문발동)
              전화 (031) 955-4226~7 팩스 (031) 955-4228
          서울사무소 ✴ 03044, 서울시 종로구 자하문로6길 18-7(통의동)
              전화 (02) 734-1978,1958 팩스 (02) 720-7900
          영문문패 www.jisik.co.kr
          전자우편 jsp@jisik.co.kr
          등록번호 1-363
          등록날짜 1969. 5. 8.

책값은 뒤표지에 있습니다.

ISBN 978-89-423-6037-6(93150)

이 책에 대한 문의는
지식산업사 전자우편으로 해 주시길 바랍니다.

동아시아 문명론

일러두기

저자는 동아시아를 하나의 문명권으로 접근한다. (한자가 아닌) 한문은 이 동아시아문명권의 공유자산이다. 고대에는 없던 공동문어가 중세에 생겨나고, 민족어와 兩層언어의 관계를 가지면서 동아시아 여러 나라가 상호작용하는 과정을 함께 겪었다. 이 책은 이런 공동문어문학과 민족어문학 사이의 관계를 살피면서 중세시기 이룩한 문명권을 오늘에 되살리자는 주장을 펼치고 있다.

따라서 저자는 이런 과제를 짊어져야 할 동아시아의 학자들이 앞으로 筆談으로라도 서로 소통하려면, 중세시기 동아시아문명권의 공동문어이자 공유자산인 한문을 되살려 쓸 것을 제안하고 있다.

이에 따라 이 책의 표기에서도 한·중·일·월남의 인명과 지명 및 서명 등은 한자 또는 한문을 드러내 썼으며, 우리 말소리로 읽는 것을 원칙으로 삼았다.

머리말

마흔한 해 반 동안의 교수 생활을 마치고 2009년 8월 말에 두 번째로 정년퇴임을 한 다음에는 새로운 연구는 더 하지 않지만 강연은 자주 맡지 않을 수 없다. 거듭되는 요청을 거절하기 어려워 조용하게 지내면서 그림이나 그리겠다는 계획에 조금 차질이 생기고 있다. 이 책을 내놓아야 하는 사정이 생기기까지 했다.

2009년 10월에는 중국에 불려가 여섯 번의 특강과 두 번의 강연을 하고, 다음 두 달 동안 국내에서 한 강연이 다섯 번이다. 이미 연구한 성과를 널리 알려 당면한 문제 해결에 기여하는 것은 피하지 못할 과제이다. 이미 폐업을 했다고 물러서지 못할 사정이 이어진다. 학문에 힘쓴 보람을 전공 영역을 넘어서까지 확대하는 것은 바람직한 일이라고 받아들이지 않을 수 없다.

강연에서 자주 다루는 논제는 동아시아문명론이다. 동아시아의 시대가 다가오고 있어 논의해야 하는 크고 작은 문제가 계속 늘어난다. 임시방편으로 해결책을 찾으려 하지 말고 정신을 차려야 한다. 지엽말단의 쟁론에 휘말려 시야를 잃지 말고 기본방향을 제대로 잡아야 한다. 수십 권의 책을 쓰면서 전개한 논의가 긴요하게 쓰여야 하는 상황이다.

오늘날의 동아시아 각국 상호관련에 관해 정치나 경제를 들어 고찰하면서 협력의 필요성을 말하는 언설은 흔히 있어 언론에서도 쉽게 찾아볼 수 있다. 그러나 동아시아를 하나이게 하는 오랜 내력은 관심 밖에 두어 피상적인 수준에 머무르는 것이 예사이다. 논의를 심화하려면 동아시아문명론을 제대로 갖추어야 한다. 문명 일반론에 입각해 동아시아의 과거와 현재를 연결시켜 고찰하는 데 힘써온 성과를 널리 알리지 않을 수 없다.

강연은 한두 시간 안에 쉽게 이해할 수 있는 말을 해야 하는 제약 조건이 있어 연구 성과를 제대로 활용하지 못하는 것은 안타깝다. 근거가 되는 논의가 내 책에 있으니 찾아보라고 하면 미진함을 보충할 수 있는 것이 아니다. 어느 책을 읽어야 한다는 말인가? 책을 너무 많이 써서 부담을 주는 잘못을 뉘우쳐도 소용이 없다. 동아시아 문명권에 관한 논의를 한데 모아 쉽게 이용할 수 있게 하는 것이 지금 가능한 대책이다.

하고 싶은 말을 쉽게 간추려 다시 쓰려고 하니 너무 힘들고, 수고한 만큼 보람이 있을 것 같지 않다. 강연에서 펴는 지론을 길게 늘이면 설득력을 얻을 수 있는 것은 아니므로 전문성을 배제할 수 없다. 이해 가능하게 풀어서 간략하게 전달하는 내용의 근거를 대려고 이 책을 만든다. 즉석에서 생각해 내서 그냥 해보는 말 같은 것이 오랜 기간 동안 힘들여 찾아낸 결과임을 알리고자 한다. 자료 제시가 불가피해 난삽함을 피할 수 없다. 한자를 몰라도 된다고 여기고 한문을 외면한 채 동아시아를 알려고 하는 독자를 위해 봉사하는 방법은 찾지 못한다.

이 책을 연구업적으로 삼지는 않으니 자기 표절 운운하면서 시비를 걸지 말기 바란다. 너무 많아 말썽인 연구업적이 평가에 소용되지 않는 자유를 얻어 즐겁다. 강연장에 오는 청중에게 책을 그냥 나누어주는 것이 마땅하다고 하겠으나, 그만한 재력이 없고, 출판사에 손해를 끼치지 못한다. 책을 너무 많이 내고 또 낸다고 나무라면 사죄를 하다가 죄를 보탠다고 변명할 수밖에 없다.

외국어로 번역할 대본을 만드는 것이 더욱 절실한 과제이다. 중국 북경외국어대학에서 동아시아문명론에 대한 강연을 하자, 모임을 주최한 학장이 한국어과 교수에게 내 책을 모두 번역하라고 했다. 실행 불가능한 끔찍한 주문이다. 우선 선집 한 권을 번역하는 것이 마땅하므로 늦지 않게 엮어 내는 수고를 하기로 한다. 번역용 대본을 출판해 놓아야 어디서도 이용할 수 있다.

지금까지 쓴 논저를 다 모아 전집을 만들었으면 하는 소망을 가질 때가 이따금 있으나 망상임을 깨닫고 정신을 차린다. 저서만 해도 너무 많아 부담이 되고, 수고를 아끼지 않고 다가오는 독자마저 갈피를 잡기 어렵게 한다. 핵심을 간추려 이해하는 수고를 독자에게 안기는 것은 횡포일 수 있다. 방대한 전집이 아닌 간략한 선집이 필요하다고 여기고 본보기를 하나 마련해본다. 특히 긴요한 것을 간추려 다듬고 잘못 되거나 빗나간 대목은 바로잡고 다시 생각한 바를 보태니, 선집을 만들려다가 신작을 내놓는다.

〈논란을 벌이면서〉라고 하는 서두의 글을 새로 마련해 무엇이 문제인지 광범위하게 고찰했다. 중국에서 한 강연 원고에다 긴요한 사항을 여럿 보태 보충 논의를 다각도로 폈다. 그 다음의 각론은 文·史·哲의 순서로 구성해 동아시아문명의 여러 측면에 대한 이해가 단계적으로 이루어지도록 했다. 저서 더미 여기저기서 필요한 내용을 골라내 손질하고 다듬어 내놓는다.

2010년 새해 새날을 맞이하면서
조동일

차 례

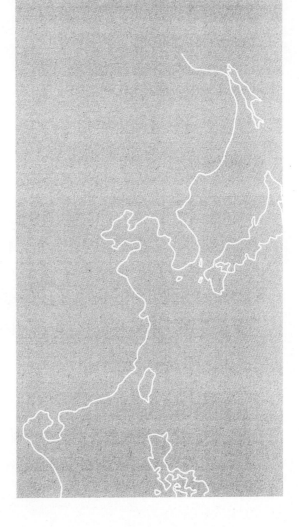

제 1 부

1-0. 논란을 벌이면서

중국에서

2009년 10월에 스무 날 가까이 중국에 있으면서 이 글을 써야 할 인연을 맺었다. 북경외국어대학 한국어학과 대학원에서 한국문학사에 관해 여섯 번 특강을 하고, 경제무역대학 한국어학과 및 북경외국어대학 중문학원 주최로 〈동아시아문명의 재인식〉에 관한 강연을 한 번씩 했다. 강연 원고를 손질해 제시하고, 보충 논의를 보탠다.

'동아시아문명의 재인식'이라는 무거운 주제를 가볍게 다루기 위해, 흥미로운 일화를 하나 들겠다. 여러 해 전에 산동대학에서 강의를 할 때 있었던 일이다. 교실 밖에 공자의 석상이 서 있는 것을 보고 말했다.

저기 있는 孔子는 魯나라 사람인데, 5백 년 뒤에 중국 사람이 되고, 다시 5백 년 뒤에 동아시아 사람이 되었다. 이제는 공자가 세계인이 되도록 동아시아 어디서나 함께 노력해야 할 때이다. 그런데 한국에서는 "공자가 죽어야 나라가 산다"는 주장이 있고, 공자를 중국인으로 되돌리려고 하기도 한다. 중국에서는 공자가 중국인이라고 강조해서 말한다. 그렇다면 세계인은 누구인가? 유럽인만 세계인이어야 하는가?

공자는 소크라테스와 견줄 수 있다. 소크라테스는 아테네 사람이었는데, 그리스인이 되고, 유럽인이 되었다가 이제 세계인이 되었다. 동아시아에서는 세계인 후보를 지나치게 엄선해 예선에 다 떨어뜨리고서, 동아시아인은 없고 각국인만 있다고 한다. 동아시아인을 거치지 않고 세계인이 될 수는 없다.

유럽이 세계를 제패하고 유럽문명이 세계문명으로 행세한다고 비난하면 잘못이 시정될 수 있는 것은 아니다. 동아시아 국가끼리의 불필요한 시기와 다툼에 열세를 자초하는 이유가 있다. 어느 나라든지 상대방은 무시하고 자기네만 위대하다고 하면 생각이 협소해지고 보편적 가치를 상실한다. 동아시아문명의 가치를 스스로 훼손해 낙후하지 않을 수 없다.

동아시아도 유럽도 문명권이다. 문명권은 중세라고 불러 마땅한 시기에 생겼다. 고대에는 세계 몇몇 곳에서 각기 특이한 문명이 일어나고 그 밖의 다른 지역은 변화가 더디었다. 고대문명은 창조의 주역이 홀로 위대하다는 자기중심주의를 특징으로 삼았다. 그러다가 공자가 동아시아인이 된 5세기 무렵에 중세화가 시작되어 중세문명의 시대에 들어섰다. 고대문명에서 이룩한 유산을 내용이나 지역에서 대폭 확대해 참여자는 누구나 대등하게 향유할 수 있는 보편주의 가치관을 이룩한 것이 중세문명의 특징이다. 보편주의 가치관이 공동문어로 표현되고, 세계종교로 구현되었다.

동아시아의 공동문어는 漢文이다. 한문을 '天下同文'으로 삼았다. 중국에서는 古漢語라고 하는 글을 동아시아 다른 나라에서는 일제히 漢文이라고 하므로, 용어 통일에 중국이 호응해야 한다. 동아시아 여러 민족은 구두어가 다르면서 공시적인 글은 한문으로 써서 이념을 공유하고, 외교관계를 가지고, 문화교류를 하고, 친교를 맺기도 했다. 한문 通文과 구두어 通語를 함께 사용해 다각적인 의사소통을 했다.

동아시아의 세계종교는 유교와 불교이다. 유교만으로 부족해 불교를 받아들였다. 한문 大藏經을 만들고 간행해 함께 이용하면서 문명권의 결속을 다졌다. "모든 중생은 불성을 지니고 있다"는 불교 사상을 한문의 특성에 맞게 간결하면서도 깊이 있게 다시 표현해 보편주의 사고의 수준을 높였다.

동아시아 한문·유교·불교문명은, 남·동남아시아 산스크리트·힌두교·불교문명, 서남아시아·북·동아프리카 아랍어·이슬람문명, 유럽 라틴어·기독교문명과 나란히 형성되고 주목할 만한 공통점을 지녔다. 네 문명은 천여 년 동안 공존하면서 비슷한 변천을 겪었다. 그 시기를 중세라고 하는 것이 합당한 시대구분이다. 이렇게 하면 세계사의 서술이 명실상부하게 가능하게 된다.

고대문명이 좁은 지역 특정 집단의 독점물이었으나, 중세문명은 광활한 영역에서 다수의 집단 또는 민족의 합작으로 이루어졌다. 동아시아에서 한문을 공동문어로 만드는 작업을 중국 밖의 여러 민족이 담당했으며, 고구려가 5세기 초에 〈廣開土大王陵碑〉를 만들어 그 선두에 선 증거를 보여주고 있다. 여러 북방민족이 오늘날의 중국 강역에 들어와 불교를 정착시킨 것이 또한 획기적인 진전이었다. 鮮卑族이 세운 나라 北魏에서 雲岡과 龍門의 석불을 만들어 동아시아 불교미술의 전형을 창조한 것을 특히 주목하고 평가할 만하다. 중국에 전에 왔을 때에는 운강석불을, 이번에는 용문석불을 가서 보고 깊은 감명을 받았다.

동아시아문명은 창조에 참여한 여러 나라, 많은 민족의 공유재산이다. 각기 상이한 특성을 지닌 다양한 민족문화와 만나 더욱 생동하게 된 후대의 변화가 또한 소중하다. 동아시아는 하나이면서 여럿이고, 여럿이 모여 더 큰 하나를 이루었다. 그 내력을 밝혀 논하는 데 동아시아 학자들이 일제히 힘써야 하는데, 성과가 아직 미진하다.

한국은 중국과 가까운 곳에 있고, 문화 교류가 빈번해 동아시아문명을 이룩하는 데 적극 기여했다. 동아시아의 공유재산을 민족문화의 사유재산과 합쳐서 발전시키는 성과를 풍부하게 만들었다. 그 유산을 이어받아 내 학문이 이루어졌으니 깊이 감사해야 한다. 동아시아철학의 오랜 전통을 혁신한 성과를 발전시킨 生克論이 핵심을 이룬다.

문명을 일으키려면 자연자원을 과도하게 소비해 산림이 황폐해지는 것이 상례이다. 중국의 사막화가 그 때문에 시작되었다고 할 수 있다. 한국은 같은 수난을 겪지 않고 문명의 성과를 활용하는 혜택을 누리니 미안하고 고맙게 생각해야 한다. 은혜에 보답하려면 동아시아문명을 더욱 발전시킨 성과를 마련해 중국에 제공하는 것이 마땅하다. 내 학문이 이런 의의를 조금이라고 가질 수 있기를 열망한다. 이번의 방문이 좋은 기회이다.

중세가 가고 근대가 시작되면서 사정이 달라졌다. 공동문어를 버리고 자국의 구두어를 공용어로 삼고, 세계종교 대신에 국가 이념을 내세우면서, 보편주의와는 상이한 민족주의를 받드는 시대가 근대이다. 유럽이 그렇게 하는 데 앞장서서 세계를 제패하면서 다른 곳도 일제히 변하도록 했다. 뜻하지 않은 충격을 받고 동아시아문명이 해체되고, 각국의 운명이 달라졌다. 일본은 침략자의 대열에 가담해 이웃을 괴롭히고, 중국은 반식민지가 되어 혼란에 빠졌으며, 한국과 월남은 식민지 통치의 고통을 겪게 되었다.

유럽이 가져온 충격과 수난에 대응하면서 일본은 脫亞入歐를 주장해, 동아시아문명은 버리고 자기네 고유문화만 가지고 유럽문명을 받아들이고자 했다. 중국은 자존심을 되찾기 위해 동아시아 문명의 공유자산을 자국의 사유재산이라고 하면서 후대의 발전보다 고대의 원천을 더욱 중요시하게 되었다. 월남은 식민지 통치자 프랑스가 자랑하는 유럽문명에 맞서서 동아시아 문명의 공유재산을 자각과 투쟁의 근거로 삼은 것을 주목해야 한다. 한국에서는 이 말 저 말 하면서 방향을 정하지 못하고 방황했다.

근대국가를 만들고 민족주의를 주장하는 데 앞장선 유럽이 이제 하나가 되고 있다. 두 차례 세계대전을 일으켜 피를 흘린 과거를 잊고 통합을 실현하고 있다. 동아시아 각국이 단독으로 그 쪽과 맞서 경쟁하는 것이 더욱 불가능하게 된 상황이다. 동아시아의 통합도 필연적인 과제로 등장한다. 동아시아가 하나가 되어야 유럽과 선의의 경쟁을 하면서 세계가 하나가 되도록 하는 데 적극적으로 기여할 수 있다는 것을 누구나 인정하고 바란다.

동아시아 여러 나라는 크기, 정치체제, 경제 형편이 서로 많이 달라 통합이 어렵다. 정치나 경제의 통합을 앞세운다면 실현이 가능할지 의문이다. 정치·경제와 구별되는 문화가, 문화를 대상으로 하는 학문이 앞서서 문화공동체 또는 학문공동체를 만드는 것이 실현 가능하고 효과가 큰 방법이다.

동아시아

동아시아는 (가) 중국·한국·일본, 또는 (나) 중국·한국·일본·월남이라고 한다. 두 경우에는 동아시아가 동남아시아나 남아시아와 구별된다. (다) 중국·한국·일본·월남에다 동남아시아 여러 나라를 보태 동아시아라고 하기도 한다. 이 경우에는 동아시아가 남아시아나 서아시아와 구별된다.

동아시아에 대한 인식이 본고장에서는 흐려진 기간 동안, 유럽문명권에서 동아시아에 대한 고찰에 열의를 가지면서 범위를 세 가지로 잡는 저작을 내놓았다. 대표적인 예를 하나씩 든다. (가)는 《동아시아, 위대한 전통》(Edwin Reischauer and John K. Fairbank, *East Asia, the Great Tradition*, Boston: Mifflin, 1960)에서 선례를 찾을 수 있다. (나)는 《동아시아, 중국·일본·한국·월남: 한 문명권의 지리》(Albert Kolb, *Ostasien: China, Japan, Korea, Vietnam, Geographie eines Kulturerteiles*, Heidelberg: Quelle & Meyer, 1963)에서 말했다. (다)는 《동아시아, 팽창하는 역량》(Hélène Briones et Cédric Tellenne, *L'Asie orientale, puissance en expansion*, Paris: Ellipses, 2004)에서 보인 견해이다.

(가)는 정치사 위주의 관점이다. 중국과 일본이 힘겨루기를 하는 사이에서 한국인은 힘겹게 살아왔다고 본보기에서 든 저작에서 말했다. (나)는 문명사를 이해하려고 했다. (다)는 오늘날의 경제 상황을 말할 때 흔히 사용하는 개념이다. 동아시아의 경제 발전이 유럽에 위협이 될 것을 경계하는 것이 보기로 든 저작의 기본 내용이다.

이 가운데 (나)가 타당하다. 유럽문명권에서 관심을 가지기 전에 동아시아문명은 (나)의 범위에서 존재했다. 범위를 (나)로 잡은 동아시아의 모습을 새롭게 고찰하는 작업을 나는 《동아시아문학사비교론》(서울: 서울대학교출판부, 1993), 《하나이면서 여럿인 동아시아문학》(서울: 지식산업사, 1999)을 비롯한 여러 책을 써서 시도했다.

동아시아는 한문을 공동문어로 삼은 한문문명권이다. 한자문명권이라고도 하는 것은 적절한 용어가 아니다. 한자는 로마자처럼 문자에 지나지 않는다. 문자는 문명의 소속을 판별하는 기준이 아니다. 터키·인도네시아·스와힐리어 사용자들도 로마자로 자국어를 표기하지만 유럽문명권에 들어갔다고 하지 않는다. 라틴어를 공동문어로 쓴 유럽 여러 나라만 라틴어문명권을 이룬다.

지금 한자를 그대로 쓰는 곳은 대만과 홍콩뿐이다. 중국에서는 簡字를 만들었다. 일본에서는 약자로 바꾼 한자를 자국의 문자와 섞어 쓴다. 한국의 경우 남쪽에서는 한자 혼용과 국문 전용을 병행하고, 북쪽에서는 한글 전용을 택했다. 월남에서는 로마자를 쓴다. 그래도 모두 한문문명권에서 벗어나지 않고 있다.

문자에서 언어로 고찰의 대상을 바꾸고, 현재가 아닌 과거에 근거를 두어, 중세시기에 한문을 공동문어로 하던 곳이 동아시아라고 해야 한다. 공동문어와 민족어가 兩層言語(diglossia)의 관계를 가진 시대가 중세이다. 공동문어를 규범화된 문학어로, 보편종교의 경전어로 함께 사용하는 여러 민족이 한 문명을 이루어, 그 유산이 오늘날까지 계승된다.

오늘날의 동아시아는 중국·한국·일본·월남을 주요 구성원으로 하고, 중국의 소수민족, 대만·홍콩·싱가포르, 일본의 일부가 된 유구를 포함한다. 몽골도 한문을 더러 사용했으므로 동아시아의 일원이라고 할 수 있다. 그 모두를 고루고루 다루려고 하니 힘이 모자라, 중국·한국·일본·월남의 경우를 중점적으로 고찰하고자 한다.

문 명

사람이 살아가면서 이룩한 가치관 및 그 실현방식 가운데 포괄적인 성격의 상위개념이 문명이고, 개별적 특성을 지닌 하위개념이 문화이다. 문명은 여러 민족이나 국가가 공유한다. 문화는 민족이나 국가 또는 집단이나 지역에 따라 특수화되어 있다. 그러면서 문명과 문화는 공존하고 서로 영향을 준다.

이런 의미의 문명은 중세의 산물이다. 고대문명이라는 것은 어느 곳에서 특별하게 발달한 문화가 대단한 영향력을 가져 장차 중세문명을 만들어내는 원천 노릇을 했다고 인정된다는 이유에서 문명이라고 할 수 있다. 고대에 이룬 것들은 아무리 크고 놀라워도, 중세인이 수용하지 않았으면 유적이나 유물로만 남아 관광의 대상이 될 따름이지만, 중세문명은 가시적인 외형보다 내면의 의식이나 가치관에서 더욱 생동하는 기능을 수행하고, 중세가 끝난 뒤에도 지속적인 영향을 끼친다.

문명권의 판도를 다시 살피자. 동아시아 한문·유교·불교문명, 남·동남아시아 산스크리트·힌두교·불교문명, 서남아시아·북·동아프리카 아랍어·이슬람문명, 유럽 라틴어·기독교문명이 큰 영역의 중세문명으로 자라났다. 동남아시아 팔리어·상좌불교문명, 동유럽 그리스·교회슬라브어·동방기독교문명은 작은 규모로 자리 잡았다.

중남미의 마야문명이나 잉카문명은 미완의 문명이다. 공동문어나 보편종교를 잉태하지 못해 중세화로 나아갈 수 없었기 때문이다. 고대에 머무르고 있을 때 중세화된 유럽의 침공을 받고 패망했다. 남긴 것들을 보고 놀랄 수는 있어도 공감을 불러일으키지는 못한다. 보편적 의의를 가진 정신적 유산이라고 할 것은 없어 혈통상의 후예들조차 문명으로서의 의의를 재발견할 수 없다. 지역문화를 특수화하는 요소들만 산발적으로 남아 있다.

商(殷)代의 유물을 보고 같은 생각을 할 수 있으나, 그 때까지 이룬 것들이 周나라로 이어지고, 秦漢 제국을 거쳐 동아시아문명을 이루는 데 쓰였다. 중국에서 마련한 유산이 중국의 범위를 벗어나고, 다른 여러 민족의 동참으로 보편적인 의의를 가질 수 있게 발전해 동아시아문명이 이루어졌다. 중국문명이라는 말은 고대문명을 일컬을 때 쓸 수 있지만, 중세문명은 동아시아문명이라고 해야 한다. 국가의 이름을 붙이는 것은 중세문명의 본질에 배치된다. 개념 구분을 분명하게 해서 동아시아문명이 중국문화, 한국문화, 일본문화 등의 각국 문화와 공존하고 있다고 하는 것이 마땅하다.

국가가 강성해지면 독자적인 문명을 이룩할 수 있는 것은 아니다. 일본에서 문명을 논한 대표적인 저작(伊東俊太郎, 《比較文明》, 東京: 東京大學出版會, 1985)에서 중국문명에서 일본문명이 독립되었다고 한 것은 이중으로 잘못이다. 동아시아문명을 중국문명이라고 한 것은 명칭 사용의 잘못이라면, 일본문명이 독립되었다는 것은 문명의 본질에 대한 오해이다. 공동문어와 보편종교를 이룩해 여러 민족이 공유할 수 있게 하는 작업을 하지 않아 일본문명이라고 할 것은 없다. 동아시아 공유의 공동문어와 보편종교를 일본에서 특수화한 것은 일본문화에서 한 작업이다. 일본어나 神道는 그런 특수화를 촉진한 일본문화의 고유영역이고, 널리 인정되는 보편적인 의의를 가진 문명과는 거리가 아주 멀다.

미국이 강성해졌다고 해서 유럽 라틴어·기독교문명에서 벗어나 독자적인 문명을 이룬 것은 아니다. 문명의 충돌에 관한 근래의 문제작(Samuel P. Huntington, *The Clash of Civilization and the Remaking*

of World Order, New York: Simon and Schuster, 1996)에서 유럽과 미국
은 같은 문명권임을 강조해서 말한 것은 당연하다. 그러면서 일본
은 독자적인 문명을 이루었다고 했다. 문명의 이론을 다시 만들어
일본의 경우를 논한 것은 아니다. 저자가 국제정치학자여서 깊은
이치를 찾으려고 하지는 않고 당면한 문제 해결에 기여하는 정책
을 내놓으려고 했다. 문명의 충돌에서 자기네가 유리한 위치를 차
지하려고 동지는 단합시키고 적은 분열시키는 작전을 짰다.

　문명은 충돌하기만 하는 것은 아니다. 문명은 충돌하면서 화합
하고, 화합하면서 충돌한다는 양면을 함께 파악하면서, 과거와 현
재, 현재와 미래를 일관되게 연결시키는 문명론을 마련해야 한다.
동아시아문명을 제대로 알려면 다른 여러 문명과 비교해 문명 일
반론을 이룩해야 한다.

공 자

　소크라테스가 세계인이 된 것은 용모나 인품이 빼어나 널리 존
경받기 때문이 아니다. 소크라테스가 자기는 많이 알지 않고 앎을
사랑할 따름이라고 하는 뜻에서, '필로소피아'(φιλοσοφία)를 표방한
말이 '필로소피'(Philosophie, philosophie, philosophy)로 이어져, 이치의
근본을 따지는 학문을 지칭하는 보편적인 용어로 정립되고 수용된
된 것이 세계화이다. 동아시아 각국에서도 이 말을 번역해 '哲學'이
라고 한다.

　공자는 성인이므로 온 세계에서 받들어야 한다는 것은 무리한

요구이다. 사상 전반이 다 훌륭하다고 하지도 말고 핵심을 가려야 한다. "和而不同"이 특히 소중해 인류가 함께 존중할 만하다. 앎을 사랑하는 탐구의 자세보다 서로 다르면서 화합하는 삶의 방식이 오늘날의 인류를 위해 더욱 긴요하다. 인식의 시대에서 실천의 시대로 나아가야 하기 때문이다.

중국에 와서 보니 공자를 크게 받들면서, 도처에 和諧라는 글자를 써 붙여 놓았다. 和와 諧 두 자는 같은 개념이다. 和만이고 不同은 없다. "和而不同"에서 和만 택하고 不同은 버리면 공자 사상이 훼손된다. 공자가 훌륭하다는 것과 배치된다. 공자는 중국인이라고 자랑하는 것과 맞물려 의도한 바와는 반대로, 공자 폄하 운동을 벌이는 결과를 초래한다.

중국은 和를 일방적으로 선호하지 말고 和而不同의 가치를 발현해야 한다. 중국만 그런 것은 아니다. 동아시아도, 세계 전체도 마땅히 和而不同해야 한다. 중국은 和를 이루어 외부의 不同과 맞서는 힘을 삼자고 생각한다면 더 큰 잘못이므로, 공자에게 물어 바로잡아야 한다.

학문의 크기

중국은 위대한 나라라고 강조해서 말하면서 역사가 오래 되고 땅이 넓다는 것을 자랑하면, 보편적 시야를 잃어 생각이 협소해진다. 한국은 작은 나라여서 그냥 머물러 살기 갑갑해 멀리까지 나돌아 다니면서 인식의 범위를 넓히도록 만든다. 나라의 크기와 학문의 크기가 상반되어 國大學小이고 國小學大일 수 있다.

나는 문학에서 인문학문으로, 인문학문에서 학문 일반으로 나아가면서, 한국에서 동아시아로, 동아시아에서 세계로 연구와 활동의 영역을 넓혀왔다. 중국, 대만, 일본, 인도, 카자흐스탄, 프랑스, 스위스, 네덜란드, 독일, 영국, 스웨덴, 러시아, 미국, 오스트레일리아, 이집트, 남아프리카 등지에서 학술발표를 했다. 지금까지 일반이론으로 행세해온 유럽문명권 여러 학설의 잘못을 시정하고 타당한 대안을 찾아 널리 알리기 위한 모험의 여정이다.

국가가 크고 작은 것은 학문에서 긴요하지 않다. 학문이 넓은가 좁은가 하는 것이 문제이다. 국가의 크기를 잊고, 국가의 범위를 넘어서야 커다란 학문을 한다. 동아시아 각국이 자국 방어의 학문을 해야 하는 시기는 지나갔다. 유럽문명권의 근대학문을 넘어서서 다음 시대를 여는 인류 전체의 학문을 선도하는 사명을 자각하고 수행해야 한다.

중세화

지금까지 '근대화'라는 용어는 널리 사용하면서, '중세화'는 돌보지 않았다. 그 이유는 근대화에 일방적인 의의를 부여하고, 중세화는 돌아보지 않았기 때문이다. 근대화를 숭상하고 평가하는 데 급급한 근대주의자들이 학문을 하고 논설을 쓰는 작업을 독점하다시피하면서 중세화는 언급조차 하지 않는 편파성을 보였다. 근대주의자들의 선전 때문에 흔들리지 않고 중세연구를 생업으로 하는 학자들은 실증사학을 하는 데 머물러, 이론과는 거리가 먼 사실 해명에 급급하고 한 나라 한 문명권의 범위 안에서 한 번만 일어난 일을 다루기나 했으므로, 중세화라는 개념을 정립하려고 하지 않았다.

근래 유럽문명권에서, 중세에 관해 실증사학의 범위를 넘어선, 총체적인 연구를 하고자 하는 움직임이 활발하게 일어나고 있지만, 다른 문명권과의 비교연구는 도외시하고 있어서 중세화에 대한 일반론을 개척하지 못하고 있다. 《봉건사회》(Marc Bloch, *La société féodale*, Paris: Albin Michel, 1939~1940)라는 저작이 높이 평가되어, '봉건'이라는 말로 중세의 성격을 총괄해서 일컫는 관습이 지속되는데, 그 말은 보편성이 없다. 그래서 새로운 출발이 필요하다.

무어라고 변명하거나 어떤 단서를 붙이든, 봉건은 지방분권사회를 뜻하고, 중앙집권 형태의 중세사회에는 해당되지 않는다. 블로크가 그 책에서 유럽과 함께 봉건사회를 형성해서 서로 비교될 수 있는 곳은 일본뿐이라고 말한 것이 그 때문이다. 지방분권이냐 중앙집권이냐는 중세가 앞뒤 시기와 다른 기본 특징을 말하는 데 하등 중요한 의의가 없는 사항이다. 중세사회는 분권과 집권의 양면이 있다. 그 가운데 어느 한쪽에 쏠린 것은 특이한 변이일 따름이다.

이제 '중세'라는 말을 세계사의 전 영역에서 공통되게 사용하고, '중세화'에 대해서 비교론을 전개해 일반론을 정립할 때가 되었다고 선언한다. '근대화'는 'modernization'의 번역어로 등장한 말이다. 그런데 '중세화'를 뜻하는 'medievalization'은 믿기 어려운 일이라고 하겠지만, 영어에 없는 말이다. 방대한 분량의 《옥스포드영어사전》(*Oxford English Dictionary*, Oxford: Clarendon, 1978)을 찾아 확인해보자. "medieval", "medievalism", "medievalist", "medievalize", "medievally" 등의 관련 어휘가 다양하게 수록되어 있으나 "medievalization"은 보이지 않는다. 프랑스어나 독일어에도 이에 해당하는 말이 없다. 그러므로 이제 동아시아의 용어 '中世化'를 'medievalization'으로 번역해 사용해야 한다.

사태가 이렇게 된 것은 일견 기이하지만 당연하다. 근대화에 관한 논의는 유럽문명권에서 먼저 이루어진 것을 그 용어와 함께 수입했지만, 중세화론은 동아시아 학계가 앞서서 개척하고 정립하는 것이 마땅하다고 생각해 나는 분발하고 있다. 힘든 탐구의 결과, 한국어로 발표한 논저가 동아시아 다른 나라 말로 번역되어 가까이서 동지를 얻고, 유럽문명권에도 널리 알려져 '후진이 선진'임을 입증하기를 기대한다. 영어와 불어로 내놓은 책은 몇 있지만, 중국어나 일본어본은 아직 없어 본말이 뒤집힌 것 같다.(*Korean Literature in Cultural Context and Comparative Perspective*, Seoul: Jimoondang, 1997; *Histoire de la littérature coréenne des origines à 1919* [Daniel Bouchez와의 공저], Paris: Fayard, 2002; *Interrelated Issues in Korean, East Asian and World Literature*, Seoul: Jimoondang, 2006; *History of Korean Literature*는 영국에서 출판중이다. 趙東一 等著, 韓國文學論綱, 北京: 北京大學出版社, 2003은 일부만 집필한 공저의 중국어 번역본이다. 《동아시아문학사비교론》은 일본어 번역이 2010년에 나왔다.)

지금 새삼스럽게 중세화론을 전개하자는 데는 두 가지 목표가 있다. 근대주의자들이 함부로 왜곡하고 폄하한 중세사의 실상을 찾아내서 역사 이해의 균형을 찾고자 한다. 그래야 그 다음으로 설정하는 더욱 크고 중요한 목표를 달성하는 데 필요한 기초공사를 할 수 있다. 근대가 역사의 종착점이라고 하는 근대주의자들의 착각을 시정하고 근대를 극복하는 다음 시대로 나아가기 위해서 지난 시기의 중세화에 대해서 깊이 연구해야 한다. 근대는 중세를 부정하기 위해서 고대를 계승한 시대였듯이, 다음 시대는 근대를 부정하기 위해서 중세를 계승하는 시대이다.

한 문

'文'이라고만 하던 글을 '漢文'이라고 하게 된 것은 '文'에 자국어 글인 '國文'도 있다고 하게 된 시대의 변화이다. 그렇게 하는 데 일본이 앞섰다. 1868년의 明治維新을 겪자 '漢文'(kanbun)과 '國文'(kokubun)이라는 용어를 만들어내고 國文을 공용문으로 삼았다.

1876년에 일본과 조선왕조가 수호조약을 체결할 때 사용언어가 최초로 문제되었다. 일본이 외교문서를 한문으로 쓰는 오랜 관례를 버리겠다고 해서 담판과 규정이 필요했다. 일본은 '其國文'을 쓰고 '譯漢文'을 첨부하겠다고 하고, 조선왕조는 '眞文'을 사용한다고 조약문에서 명시했다. '漢文'과 '眞文'은 동일 대상의 상이한 호칭이다. 조선왕조는 재래의 공용문을 계속 사용하기도 하고, 그 글을 전과 같이 '文'이라고만 할 수는 없어 '眞文'이라고 일컬었다. 민간의 속칭 '眞書'를 그렇게 표기했다. '眞文'이라는 말은 국제간에 통용 가능한 용어가 아니었으며 단명했다.

다음에는 한국도 변했다. 1894년의 甲午更張에서 공용문을 '國文'(kukmun)으로 바꾸었다. 정부의 모든 문서에서 "國文으로 本을 삼고 漢文附譯 或은 國漢文을 混用"한다고 했다. '漢文'(hanmun)이라는 말이 그 뒤에 널리 유통되었다. '漢文'이 등장하자 전에는 '詩'라고만 하던 것은 '漢詩'가 되었다. 얼마 동안 '國詩'와 '漢詩'를 구별하다가, '國詩'는 '詩'라고만 한다. 월남에서도 동일한 변화가 일어났다. '漢文'(hanvan)과 '越文'(vietvan)을 구분하고, '漢詩'(hanthi)라는 용어도 널리 사용한다.

중국의 경우는 어떤가? 白話文學 운동을 주도한 胡適이 《白話文學史》(上海: 新月書店, 1928)를 낼 때 '古文'과 '白話'를 구분했다. 일본·한국·월남에서 일제히 통용되는 '漢文'을 중국에서는 '古文', '文言文', '古漢語' 등으로 일컬어 용어가 통일되어 있지 않다. 그런 것들은 중국에서만 통용되는 중국어 단어이고, 동아시아 여러 나라가 공용하는 한문 용어가 아니다.

《中文大辭典》(臺北: 中華學術院, 1973)을 보자. "漢文: (1) 漢代之文章也, (2) 漢文帝也, (3) 中文也"라고 했다. (1)은 一代의 文일 따름이다. (3)은 '漢文'과 '洋文'을 구분한 말이고 고금의 中文을 함께 일컫는다. '漢詩'라는 항목은 없다.

중국에서 동아시아 다른 나라의 문학사를 쓸 때에는 중국 특유의 단어를 그대로 쓸 수 없다. 謝六逸, 《日本文學史》(上海: 北新書局, 1929)에서는 '漢文'·'漢詩'라는 용어를 사용했다. 일본의 관례를 따랐다고 생각된다. 韋旭昇, 《朝鮮文學史》(北京: 北京大學出版社, 1986)

에 등장시킨 용어는 '漢文文學'·'漢文詩'이다. 중국 독자를 배려한
선택이라고 할 수 있다.

이처럼 '漢文'과 '漢詩'는 일본·한국·월남에서 일제히 사용되
고, 중국에서는 생소하다. 중국에서 생겨 타국으로 전파된 고전어
와는 상이한, 새 시대의 용어이기 때문이다. 그러면 白話인가? 아
니다. 한문이다. 한문이 공동문어 기능을 계속 수행하고 있는 것을
입증한다. 새 시대의 학문 용어에서 중국이 받아들여야 한다. '漢
文'과 '漢詩'를 수용해 고립에서 벗어나야 한다. 동아시아문학을 함
께 거론하는 공동의 용어를 확보해야 한다.

일본한문학·한국한문학·월남한문학에 상응하는 중국의 유산
은 무엇이라고 해야 하는가? '중국한문학'이라고 하는 것이 마땅
하고 다른 대안은 없다. 중국한문학은 일본한문학·한국한문학·
월남한문학과 함께 동아시아한문학을 이룬다고 해야 총괄적인 이
해를 가능하게 하는 기본 용어가 확보된다. 동아시아한문학사를
쓰는 것이 시급한 과제이다. 각국 학자들이 모여 이 작업을 함께
하면서 글을 한문으로 쓰고 각국어로 번역하자고 일본에서 열린
학술회의에서 제안한 적이 있다.

통문과 통어

동아시아 각국은 글로 사용하는 通文과 말을 주고받는 通語에
관한 제도를 국가에서 마련했다. 한국의 경우를 들어보자. 조선왕
조 《經國大典》〈吏典〉京官職 조항에서 弘文館을 설치해서 "文翰"

이라고 한 한문글쓰기에 관한 일을 관장하게 하고, 藝文館을 설치해서 왕의 "辭命"이라고 한 문서를 짓는 일을 맡긴다고 했다. 承文院을 설치해서 외교문서를 담당하게 했다.

통어를 관장하는 기관은 司譯院이었다. 그 기관에 漢學・蒙學・倭學・女眞學 訓導를 두었다. 훈도는 가르치는 사람이다. 국경지대인 평안도에는 한학훈도, 경상도에는 왜학훈도를 두었다. 중국・몽골・일본・만주어의 통어만 할 수 있었다. 그 네 말을 배우는 譯學書는 한글로 발음을 표기한 장점이 있어 좋은 연구 자료가 된다.

琉球와는 외교관계가 있었으나 유구학훈도는 두지 않아 불편을 겪었다. 유구국에서 사신을 보낼 때 자기 나라에서 장사하는 일본인을 동원했다는 기록이 있다. 安南이라고 일컫던 월남과는 사신의 왕래가 없었으나, 제주도민이 표류해 그 나라에 머물다가 돌아오자 제주도에 安南學訓導를 얼마 동안 두었다.

한국 사신이 중국과 일본을 왕래하면서 견문한 바를 기록한《燕行錄》이나《海槎錄》에 여러 층위의 통문과 통어에 관한 흥미로운 자료가 많이 있다. 최상위의 사신은 통문의 능력을 최대 발휘한 國書를 전달하고, 그 다음 서열의 士族 수행원은 방문국의 문사들과 필담을 하거나 한시를 주고받는 것을 즐겨 했다. 공식적인 통어는 中人인 譯官이 담당했다. 馬夫 같은 하층의 수행원은 글은 모르면서 시정의 비속어에 통달해 비공식의 통어를 능숙하게 했다. 사신이나 사족 수행원은 한두 번, 역관은 여러 번, 하층 수행원은 더욱 빈번하게 왕래하므로 언어 습득의 정도가 달랐다.

중국은 외교관계를 가진 나라가 훨씬 많아 국가에서 양성하는 통어 역관이 더욱 다양했을 것인데, 구체적으로 아는 바 없어 고찰을 하지 못한다. 중국인이 외국인과 사사로운 관계를 가지면서 통문과 통어를 한 양상은 무척 복잡했겠으나 연구해 밝힐 필요가 있다. 월남에 관해서는 아는 바가 더 없어 분발이 요망된다. 한국과 월남의 사신이 중국에서 만나 필담하고 시문을 주고받은 것은 밝혀진 사실이지만, 월남 쪽의 자료를 들어 더 자세하게 고찰할 필요가 있다.

일본은 통문의 능력은 모자라고, 통어에서는 앞섰다. 사역원에 해당하는 기관은 없고, 통어를 민간에서 확대하고 발전시켰다. 九州의 博多 상인들은 여러 나라를 다니면서 많은 말을 배워 통어에 크게 기여했다. 통문의 중심은 北京이라면, 통어의 중심은 博多였다고 할 수 있다. 두 중심을 돌면서 이루어진 동아시아 통문과 통어의 내력에 대해 총괄적인 연구를 국제적인 공동작업으로 진행할 날이 오기를 기대한다.

대장경

불교의 경전인 佛經은 인류가 이룩한 가장 방대한 분량의 문자문화일 것이다. 오랜 기간에 걸쳐 다양한 형태로 이루어진 불경이 문명이나 문화의 경계를 넘어서 전달되고 번역되었다. 필사본뿐만 아니라 인쇄본으로도 국제적인 유통이 광범위하게 이루어졌다.

불교경전은 남·동남아시아문명권과 동아시아문명권이 공유한 창조물이다. 팔리어와 산스크리트로 이루어진 남·동남아시아문명권의 불교경전은, 상좌불교와 대승불교, 그리고 그 둘의 여러 분파에 따라 서로 달랐다. 티베트에서는 산스크리트 대승경전을 티베트어로 번역했으며, 그것을 몽골에서도 가져다 썼다. 중국에서는 산스크리트 대승경전을 다 모아들여 한문으로 번역하고 다시 동아시아에서 만든 경전까지 추가해 모든 경전을 한데 모은 '大藏經'을 이룩했다. 그것을 동아시아 여러 나라에서 함께 이용했다.

불경은 문명권의 동질성을 보장하는 데 가장 긴요한 구실을 했다. 불경을 공유한다는 점에서 남·동남아시아문명권과 동아시아문명권이 크게 보면 한 문명권이었다. 티베트어 불경을 사용하는 나라들은 별개의 문명권을 이루었다. 한문본 대장경을 공유한다는 점에서 동아시아문명권은 한 문명권이었으며, 대장경문명권이라고 일컬을 수 있다.

대장경이 이루어진 내력을 살펴보자. 2세기경에 시작된 불경 한문 번역본뿐만 아니라, 동아시아에서 추가한 불경, 불경에 대한 논의를 모두 포함해 대장경은 규모가 방대하다.(深浦正文,《佛教聖典概論》, 東京: 生田書店, 1924; 方廣錩,《佛教大藏經史》, 北京: 社會科學出版社, 1991) 최초의 집성과 간행이 971년에서 983년까지《宋版大藏經》1,076부 5,048권으로 실현되었으며, 후속 宋版이 몇 가지 더 있었다. 1031년에서 1064년까지의《遼版大藏經》, 1148년부터 1173년까지의《金版大藏經》이 다시 이루어졌다. 그 뒤 元·明·淸 시기에도 대장경을 여러 차례 판각해서 간행했다. 송·요·금·원의 판본은 남아 있지 않고, 명·청의 것들은 부실하다.

한국의 고려왕조는 1074년에서 1082년 사이에《初雕大藏經》을 만들었는데, 1232년에 몽고군이 침공했을 때 불탔다. 1236년부터 1251년까지에 현존 《高麗大藏經》을 다시 이룩했다. 《高麗大藏經》은 宋版을 기본으로 하고, 遼版 등의 다른 자료도 보태 한문본 불경을 집대성하고 총정리한 성과이며, 교정을 철저하게 해서 완벽을 기했다. 1,516부 6,815권에 이르는 분량이며, 경판 수는 81,258매이다. 전집의 성격을 지니고 있으며, 산스크리트 경전이나 티베트어 경전에서는 사라진 원본의 번역본도 있어 더욱 소중하다. 전부가 온전하게 보존되어 현존 최고의 대장경이다.

고려대장경은 국제사회에서 큰 인기가 있었다. 그 인행본을 여러 곳에서 원하고, 일본과 유구에서 국가적인 교섭을 해서 받아 갔다. 일본 여러 곳의 지방통치자들의 요청은 경중과 친소를 가려 수락했다. 久邊國王이니 夷千島國王이니 하고 사칭하는 국서를 가지고 대장경 인행본을 얻으려다 실패한 사건도 있었다.

일본은 임진왜란 때 한국에서 인쇄공을 다수 데려가 대장경을 판각할 능력을 갖추게 되었으며, 상당한 준비 기간을 거쳐 1637년부터 1648년까지에 《日本版大藏經》(天海版)을 1,453부 6,323권의 분량으로 만들었다. 그 뒤 1669년부터 1681년까지에 한 차례 더 만든 日本版(黃檗版)은 6,956권인데, 중국 明版을 가져가 분량을 늘였기 때문이다. 그래도 내용이 미비하고, 오자가 적지 않았다.

대장경을 근대의 활판인쇄로 간행하는 작업은 일본이 앞서서 했다. 몇 차례의 시도를 거쳐, 마침내 1924년부터 1934년까지 3,053부 11,970권 규모의 《大正新修大藏經》을 완성하기에 이르렀다. 《고려대장경》을 저본으로 하고, 기존의 대장경에 포함되지 않던 문헌들까지 포함시켜 불교문헌 전집을 만들고자 했다. 교정을 철저하게 해서 믿고 이용할 수 있는 것이 큰 장점이다. 그것이 한문대장경의 정본으로 인정되어 중국이나 한국에서도 널리 이용하고 있어, 대장경문명권의 중심이 바뀌었다.

한문대장경을 읽는 방식은 나라에 따라 달랐다. 중국에서는 시대나 지역에 따라 다른 발음으로 읽었다. 자국어 어순에 아래위를 오르내리면서 읽는 방식이 한국과 일본에 일찍부터 있었는데, 한국에서는 없어지고 일본에는 남아 있다. 한국의 조선왕조에서는 자국어를 표기하는 문자 訓民正音을 창제하자 1461년부터 1471년까지 불경 한국어 번역을 시도했다. 중국 청나라에서는 1772년부터 시작해서 20여 년 동안 청나라에서 만주어 번역을 추진했다. 그어느 쪽이든 일부만 번역했을 따름이었다. 번역본은 경전으로 인정되지 않았다. 대장경을 전부 번역하는 작업은 현대에 와서 실현되었다. 고금의 번역본이 경전으로 인정되지는 않는다.

남·동남아시아의 불경은 필사본이다. 기독교나 이슬람의 경전도 모두 필사본이다. 보편종교의 경전을 인쇄해 간행한 것은 동아시아 대장경문명권뿐이다. 인쇄 방법은 글을 판에다 새겨두고 먹을 묻혀 찍어내는 것이다. 목판인쇄의 기술이 이미 사용되고 있어서 불경에 사용했으며, 불경을 판각하고 인쇄하면서 목판인쇄가 더욱 발달했다.

목판인쇄는 적은 노력으로 많은 성과를 거둘 수 있는 장점이 있어 서적의 대량 보급을 가능하게 했다. 기독교 선교사 마테오 리치 (Matteo Ricci, 利瑪竇, 1552~1610)는 중국에서 목판인쇄술로 많은 책을 쉽게 찍어내 값싸게 파는 것을 보고 충격을 받은 사실을 유럽에 전했다. 유럽에는 활판인쇄술이 개발되어 기독교 경전부터 찍어내고 다른 책 출판에도 사용했으나 기술상의 어려움이 많고, 또한 종이가 고가여서 서적 보급이 뒤떨어졌다. 19세기에 산업혁명을 거치고 동력으로 활판인쇄를 하게 되자 유럽이 인쇄기술과 서적 보급에서 동아시아보다 앞설 수 있었다.

산업혁명 이전의 유럽 활판인쇄술보다 유리한 기술인 동아시아 목판인쇄술은 불경뿐만 아니라 다른 서적의 간행과 보급에서 크게 기여했다. 소설이 출현했을 때에도 동아시아가 유럽보다 작품의 분량, 구성, 유통 등에서 앞설 수 있었던 것이 그 덕분이다. 그러다가 동력을 사용하는 활판인쇄술이 등장하자 선진과 후진이 역전되어 동아시아가 뒤따르지 않을 수 없게 되었으며, 동아시아 안에서는 유럽 기술 도입에 앞선 일본이 우위를 차지했다.

불교미술

용문석굴에 두 가지 성격의 불상이 있는 것을, 가서 보고 분명하게 알았다. 北魏 때 만든 賓陽三洞의 석가모니불과 협시보살들은 온화한 느낌을 주면서 다정스럽게 다가온다. 唐나라 때 만든 奉先寺의 노사나불과 협시보살들은 삼엄하고 위압적인 자세를 하고 있어 두려워하면서 쳐다보게 한다. 북위가 이룬 업적을 당나라가 앗아 누구나 함께 신앙할 수 있는 만인평등 지향의 불교를 부정하고 대제국의 통치가 위대하다고 자랑하는 데 불교를 이용했다.

이런 일은 敦煌에도 있었다. 서북 여러 민족이 다양한 형태의 불교미술을 이룩한 돈황을 당나라가 차지하고서 엄청나게 큰 미륵불을 중간에다 세웠다. 다른 불상들과는 어울리지 않게 조화와 균형을 파괴하는 횡포를 저지르는 별난 짓을 해서 놀라 쳐다보게 한다. 공동의 창조물을 자기 것으로 삼으면서 점령군의 위세를 거듭 보여주었다고 할 수 있다.

炳靈寺, 麥積山, 雲岡, 용문, 돈황 등지의 불교미술은 여러 민족의 공동작업으로 중세문명을 이룩한 좋은 본보기이다. 유목민족이 세운 여러 왕국에서 힘써 만든 불교미술을 당나라 시기에 이르러 중국인이 차지해서 자기 방식대로 만든 것을 덧보태 모두 공유재산으로 만드는 결과에 이르렀다. 거기까지 이른 경과를 살펴보기로 한다.

한나라가 무너지고 하북지방에 여러 유목민족의 국가가 들어섰을 때, 통치자들은 정착민족이 한나라가 남긴 문자문화의 유산을 자랑하는 데 맞서기 위해서 서역을 통해서 받아들인 불교의 미술문화를 크게 육성했다. 유목민족의 고유한 문화만으로는 국가를 경영할 수 없고, 중국인을 함부로 누를 수 없어, 이미 중국에 들어와 있었으나 크게 발전하지 못한 불교를 적극 이용했다.

인도에서 시작해서 서역을 거쳐 들어오는 불교문화의 유입을 크게 환영하고 더욱 촉진해서, 무력에 의한 중국인 지배 이상의 업적을 성취하고자 했다. 불교의 승려나 예술인들이 지닌 고도의 지적 능력으로 중국 재래의 문화수준을 능가하는 창조물을 이룩할 수 있었다. 그런 능력으로 왕조를 빛내고 민심을 수습하면서 중세보편주의를 이룩하는 역사적인 과업을 수행했다.

불교는 문자문화와 미술문화 양면을 갖추고 있었으며, 인도에서는 그 둘이 균형을 이루었다. 불교가 전래되면서 사정이 달라졌다. 문자문화는 유목민족에게 그리 긴요하지 않았다. 불경을 원문 그대로 받아들일 수도 없고, 번역을 하는 데도 문제가 있었다. 유목민족의 언어는 불경을 번역할 만한 글이 마련되어 있지 않았다. 이미 공동문어가 된 한문을 이용해서 불경을 번역할 수밖에 없었는데, 그렇게 하자면 정착민족에 대한 유목민족의 우위를 입증할 수없었다. 미술문화는 그렇지 않아 유목민족이 주도해 발전시킬 수있었다.

한나라 시절에는 문자문화가 일방적으로 발달하고 미술문화는 상대적으로 빈약한 것이 약점이었으므로, 유목민족의 통치자들은 불교미술을 크게 일으켜 중국인에 대한 우위를 입증할 수 있었다. 미술문화의 장인은 서역에서 데려오면 되었으므로 걱정할 것이 없었다. 그뿐 아니라 유목민족은 중국인과 다른 미술문화의 독자적인 능력을 가지고 있어서 외래의 기능에다 토착의 기능을 보태서 함께 활용할 수 있었다. 고급의 기능은 외래의 예술가가 담당하고, 그 보조자로 토착의 기능인이 활약할 수 있었다.

그 점을 확인하는 데 만리장성의 서쪽 끝 嘉峪關6號墓라는 곳의 고분벽화가 긴요하다. 만든 시기와 만든 사람들에 관해서 알려지지 않은 그 그림이 돈황 벽화의 성립 배경을 이해하는 데 유력한 단서를 제공한다. 현장에서 보았으나 사진 촬영이 허용되지 않아 《魏晉墓磚畵》(北京: 新世界出版社, 1989)의 도록을 이용하고 설명을 시비한다. 그 책에서는 그림이 '魏晉墓磚畵'라고 일컬어 위진 시대에 이루어졌다 하고, 무덤의 주인은 경제적인 번영을 누리던 지방의 유력자라고 하고, 그림 가운데 한족과 소수민족이 함께 나타나 있다고 했다. 그림 자체가 명확하게 말해주고 있는 사실을 무시한 설명이다.

그것은 유목민족 제왕의 무덤 벽화이다. 제왕이 아니고서는 그런 무덤을 쓸 수 없다. 그림에 짐승을 기르고 잡는 장면이 여럿 있는데, 정착민족이라면 그런 것이 자랑스러울 수 없다. 사냥하고 전투하는 장면도 유목민족 생활의 묘사이다. 그 밖에도 사람이 살아가는 데 필요한 제반 활동을 다양하게 보여주는 장면을 소박한 필치로 대담하게 그렸다.

중국 한나라의 벽화가 장식적인 수법을 쓰면서 관념적인 내용을 나타낸 것과는 아주 거리가 멀다. 유목민은 관념적인 사고를 배제하고, 자기네 생활을 있는 그대로 묘사하는 관습을 아주 잘 보여주고 있다. 종교적인 내용은 전혀 없다. 불교를 받아들이지 않은 단계의 토착미술이다. 복잡한 구조를 가진 고분을 축조하면서 아취를 만들기까지 한 기술은 갖추고 있으면서 불교는 아직 받아들이지 않았다.

위에서 든 설명에서 유목민족이 만든 나라 이름은 전혀 들지 않고 중국 한족의 왕조만 들어 그것이 위진 시대의 것이라고 하는데, 말이 되지 않는다. 위나라와 동시대의 것이라도 위나라 통치력 밖의 유목민족 제왕의 무덤을 위나라의 것이라고 할 수는 없다. 晉나라가 그곳까지 세력을 뻗친 시기는 인정하기 어렵다. 五胡十六國

초기의 어느 유목민족 왕조의 유물이라고 보는 편이 타당하다.

그 벽화에서 보이는 토착미술의 수법이 돈황의 벽화에도 나타나 있다. 돈황의 벽화를 인도 아잔타의 벽화와 견주어보면, 불교미술의 高雅한 기풍은 공통되게 지녔으면서 돈황 쪽이 다소 俗化되어 있는 차이점이 있으며, 아잔타에서는 볼 수 없는 소박하고 대담한 수법의 풍속도가 돈황에는 적지 않다. 雅俗의 합작과 공존을 특징으로 지적할 수 있다. 돈황의 불교미술은 중국 안 다른 곳의 불교미술보다 그런 특징을 더 잘 보여주고 있다.

불교와는 거리가 먼 수렵도가 여럿 있다. 제249굴 〈狩獵圖〉의 활달한 수법을 주목할 만하다. 그런 것들은 유목민족의 고분벽화에서 볼 수 있는 토착미술의 기법과 내용을 연장시키고 있다. 서역에서 들어온 최고의 장인이 불교회화 본래의 그림을 격조 높게 그리는 데 조수로 동원된 현지의 장인이 세속 생활의 모습을 다채롭게 그려 불교의 영역을 확대해서 보여줄 때 그런 것이 추가되었으리라고 생각된다.

유목민족들이 이룩한 돈황 등지의 불교미술이 당나라 때는 성격이 달라졌다. 수나라에 이어 당나라가 남북조를 통일하고 유목민족을 지배하게 되면서, 유목민족의 불교미술을 중국인이 차지하고 자기 방식대로 만든 것들을 보탰다. 앞에서 이미 말한 바와 같이 어울리지 않게 거대한 크기의 미륵불을 세워 균형을 파괴하면서, 당나라가 천하를 차지했다고 선언한 것이 두드러진 예이다.

그래서 당나라의 세상이 된 것은 아니다. 돈황 제45굴 남쪽 벽에 〈胡商遇盜〉라는 그림이 있다.(敦煌硏究院,《敦煌藝術精華》, 香港: 香港

廣彙貿易, 1994, 58면에 도판이, 114면에 해설이 있다.) 도적을 만난 사람들을 그린 것이다. 도적떼는 중국인이고, 피해자인 상인들은 "胡商"이라고 일컬어지는 다른 민족이다. 코가 크고, 눈이 들어가 있으며, 수염이 곱슬곱슬한 것을 보아 터키인이나 아랍인 같다. 그런 상인 일행 6인이 당나귀 두 마리를 끌고 길을 가는데 숲 속에서 한족의 관복 같은 것을 입고 관원의 모자 같은 것을 쓴 도적떼가 칼을 들고 나타나서 재물을 탈취하고 있다.

그림 왼편에 그린 도적 셋은 전신 또는 상반신이 드러나 있고, 오른쪽 윗부분에 그린 다른 도적 셋은 하반신만 보인다. 도적의 모습은 다 드러나지 않아 더욱 큰 두려움을 느끼게 한다. 그림의 배경에는 험한 산이 있고, 숲이 있고, 오른쪽 아래에는 성채가 있다. 그런 곳을 지나다가 변을 당한 것이다. 위아래 두 곳에 설명하는 글이 있는데, 상인들이 도적떼를 만나자 관음보살을 열심히 찾았다는 것이 그 요지이다. 관음보살이 상인들의 보호자 노릇을 한다고 생각해서 불화 가운데 그런 그림을 그려 넣었다.

그 그림은 중국인과 다른 민족의 관계에 관한 기존 관념을 여러 모로 뒤집는다. 중국인은 문명인답게 살아가는데 다른 민족이 침입해서 약탈자 노릇을 하는 것이 상례였다고 잘못 알려진 상식을 부인하고 있다. 그 그림을 그린 시기는 盛唐이라고 했다. 당나라 한창 시절에는 제국의 전체 치안이 확보되어 있었다고 하는 것이 거짓이다. 돈황 지방을 한족이 다스리고 있었으리라는 추정도 부인한다.

국가 비문

한문으로 비문을 쓰는 일은 중국에서 시작되었다. 秦始皇이 기원전 221년에 통일제국을 이룩한 위업을 바위에 새겨 놓은 이른바 秦刻石이 있어 국가의 위업을 나타내는 비문의 시초를 보여주었다. 그런데 그 뒤에는 개인의 행적을 기리는 비문만 늘어나고, 앞의 序는 산문으로, 뒤의 銘은 율문으로 쓰는 규범을 일제히 사용하면서 내용이나 표현이 고착화되는 경향을 보였다.

국가의 위업을 나타내는 비문을 큰 규모로 이룩하는 작업은 주변의 여러 민족이 주도했다. 414년에 고구려에서는 〈廣開土大王陵碑〉를 세워 한문문명권에서 국가의 위업을 칭송한 비문을 공동문어로 쓰는 시대가 시작되었음을 알렸다. 건국시조의 행적을 서두에다 소개하고, 그 후손인 당대의 제왕이 경쟁세력을 물리치고 강역을 크게 넓혀 나라를 튼튼하게 한 공적을 산문으로 길게 서술하고, 끝으로 무덤을 지키는 사람들의 준수사항을 적었다.

율문 대목을 뒤로 돌리지 않고 앞에 둔 것은 독자적인 격식이다. 하늘의 뜻을 땅에서 받들어 백성을 돌보아 농업에 힘쓰면서 평화를 구가하게 했다고 한 사연을 앞세워 중세보편주의의 이상을 나타냈다. 그 대목을 들어보자.

恩澤□于皇天
威武振被四海
掃除□□

庶寧其業

國富民殷

五穀豊熟

은혜로운 혜택을 하늘에서 (받으시어)

위엄 있는 무력을 사해에 떨쳤노라.

(나쁜 무리를) 쓸어서 제거하시니

뭇 사람이 편안히 생업에 종사하도다.

나라는 가멸고, 백성은 잘 살아

온갖 곡식이 풍성하게 익었도다.

　고구려와 신라는 서로 밀고 밀리는 쟁패를 벌이면서 누가 백성을 더 잘 돌보는가 하는 경쟁을 금석문에서 벌였다. 신라는 진흥왕이 국토를 크게 넓힌 것을 기념해 세운 568년의 〈黃草嶺碑〉에서는 序에다 銘을 붙이는 방식을 채택해 공동문어 산문과 율문의 기능을 구분하고서, "夫純風不扇 則世道乖眞 玄化不敷 則邪僞交競"(무릇 純風이 불지 않으면 世道가 진실과 어긋나고, 玄化가 이루어지지 않으면 사특한 행위가 다투어 일어난다)는 말을 앞세우고, 하늘의 뜻을 받들고 조상의 과업을 이어 나라를 다스린다고 했다.

　771년에 이룩한 〈聖德大王神鐘銘〉은 金弼奧가 썼다고 명시했다. 김필오는 이름난 문인이 아니지만, 융성하는 시대정신 구현의 임무를 맡아 국가의 위업을 칭송하는 금석문의 완성형을 보여주었다. 종을 만들고 銘을 새기는 방식을 택해서, 종의 모습, 종에 쓴 글, 종소리가 일체를 이루게 했다. 불교신앙을 위한 梵鐘을 국가에서 만들고 국가의 상징으로 삼아, 불교사상과 국가이념을 일치시킬 수 있게 했다. 산문 序가 길게 지어진 다음 율문 銘이 있어, 그 두 가지 문체를 함께 사용하는 격식을 정착시켰다.

序는 "大至道包含於形狀之外 視之不能見其原 大音震動於天地之間 聽之不能聞其響"(무릇 지극한 道는 형상 밖까지 둘러싸고 있으나, 눈으로 보아서는 그 근원을 알아볼 수 없다. 큰 소리는 천지 사이에서 진동해 귀로 들어서는 그 울림을 알아들을 수 없다), "懸擧神鐘悟一乘之圓音"(神鐘을 매달아놓고 一乘의 圓音을 깨닫는다)는 말로 시작되어, 천지만물의 움직임을 하나로 포괄하는 크나큰 이치를 소리로 나타내, 들어 알 수 있게 하기 위해서 종을 만들었다고 했다. 銘에서는 신라가 본래 신령스러운 고장이고, 삼국통일을 이룩해서 무궁한 발전을 이룩하게 되었다고 했다. 그래서 크나큰 이치를 지상에서 구현한다고 했다. 그 대목을 들어보면 다음과 같다.

東海之上 衆仙所藏
地居桃埑 界接扶桑
爰有我國 合爲一鄕
元元聖德 曠代彌新
妙妙淸化 遐而克臻
將恩被遠 與物霑均

동해 바다 위에 뭇 신선이 숨어 있는 곳,
땅은 복숭아 골짜기며, 해 뜨는 곳과 경계가 닿네.
여기서 우리나라는 합쳐져 한 고장을 이루었으며,

어질고 성스러운 덕이 대가 뻗을수록 새로워라.

오묘하다 청명한 교화여 먼 곳일수록 더 잘 이르러,

장차 은혜가 멀리 미치어 모든 것을 고루 적시리라.

고구려, 신라뿐만 아니라, 南詔, 일본, 월남, 유구 등지에서 모두 국가의 위업을 나타내는 비문을 한문으로 쓰자 한문문명권이 형성되고 중세가 이루어졌다. 그 모든 나라가 중국 천자의 책봉을 받는 관계를 가지고 그 격식에 맞는 국서를 주고받았다. 그런데 국가의 위업을 칭송하는 금석문을 쓸 때에는 제왕이 하늘의 뜻을 직접 실행한다고 하면서 자주성을 드높이는 것이 예사였다.

중국과 맞서서 자주성을 드높인 비문의 더 좋은 본보기는 오늘날의 중국 운남지방에 자리 잡고 번영을 누리던 南詔에서 국왕 閣羅鳳의 치적을 칭송하려고 765년경에 세운 〈德化碑〉이다. 모두 5천여 자나 되어 다른 어느 나라 것보다 장문이다. 한문 글쓰기를 수준 높게 이룩해 주체성을 드높였다.

사실을 기록하는 앞의 序는 산문으로, 공적을 찬양하는 뒤의 銘은 율문으로 쓰는 전형적인 방식을 잘 갖추었다. 序에서는 천지만물의 이치와 합치되는 국가의 질서를 이룩했다고 하는 말을 앞세웠다. 銘에서는 당나라가 침공해 오자 싸워서 물리친 공적을 자랑했다. 요긴한 대목을 보자.

恭聞淸濁初分 運陰陽而生萬物 川岳旣列 樹元首而定八方 故知懸象
著明 莫大于日月 崇高辨位 莫大于君臣 道治則中外寧 政乖必風雅變

漢不務德 而以力爭

興師命將 置府層城

三軍往討 一擧而平

面縛群吏 馳獻天庭

　삼가 듣건대, 淸濁이 처음 나누어지자, 陰陽이 움직여 만물이 생겨났다. 강과 산이 정해지자, 極元을 으뜸으로 삼아 八方이 정해졌다. 그래서 알겠노라. 매달려 있는 형태로 빛을 내는 것은 일월보다 큰 것이 없고, 높은 자리를 숭상해 갈라서 서열을 나눈 데서는 군신보다 큰 것이 없다. 도를 다스리면 안팎이 안녕하고, 정치가 어지러워지면 風雅가 변한다.

　漢族은 덕행에 힘쓰지 않고 힘으로 싸우려 하므로,

　군사 일으키고 장수에게 명해 고을과 성을 만들었노라.

　삼군이 나아가서 토벌하자 일거에 평정하고,

　뭇 관원을 면면이 포박해 하늘 같은 조정에 바쳤다.

　중국은 국가의 위업을 자랑하는 비문을 쓰는 데 뒤떨어졌으며 실적이 빈약하다. 당나라가 서쪽으로 진출한 전공을 자랑한 〈平淮西碑〉가 거의 유일한 예인데, 시기가 한참 늦어 817년이다. 동아시아 다른 민족이 중국과 맞서서 민족사를 창조한 내력을 금석문을 써서 나타내는 일을 일제히 한 뒤에 중국에서 뒤늦게 비슷한 일을 했다. 그 비 한 대목을 든다.

天以唐克肖其德 聖子神孫 繼繼承承 於千萬年 敬戒不怠 全付所覆 四

海九州 罔有內外 悉主悉臣 高祖太宗 旣除旣治…

唐承天命 遂臣萬邦

埶居近土 襲盜以狂

하늘이 당나라로 하여금 (하늘과) 비슷한 德을 내려, 성스러운 아들 신령스러운 손자가 계속 이어져, 천만 년 동안이나 존경하고 경계하는 일을 게을리 하지 않고, 모든 것을 덮어서, 四海와 九州가 안팎을 가릴 것 없이 모두 임금과 신하의 관계를 가지게 하도다. 고조와 태종은 (나쁜 무리를) 제거하고, (나라를) 통치했다.

당나라는 하늘의 명을 받아, 만방을 신하로 삼았도다.

누가 가까이 살면서 강도가 되어 습격하는 미친 짓을 하겠는가.

당대 최고의 명문장가 韓愈가 맡아 모범이 되는 격식을 갖추고 당나라를 칭송하는 데 필요한 말을 풍성하고 화려하게 동원했다. 당나라는 하늘의 명을 받아 천하를 다스리는 천자의 나라이고 다른 모든 나라의 군주를 신하로 삼으니 아무도 넘볼 수 없다고 거듭 일렀다. 천하를 다스려 만민에게 어떤 혜택을 베풀었는가 말하지는 않고, 자기네가 아직 강성하니 침공할 생각을 하지 말라는 위협조의 말을 되풀이했다. 중세보편주의의 이상은 버려두고 무력을 과시했다. 당나라가 한창 시절을 지나 기울어지고 있을 때 이 글을 썼다. 쇠퇴하는 기운을 문장력으로 치장해 감출 수는 없었다.

월남은 장기간 중국의 통치를 받고 있다가 뒤늦게 독립해 오래 미루어두었던 숙제를 일거에 해내고자 한 것 가운데 하나가 국가 비문이다. 1121년의 〈大越國當家第四帝崇善延齡搭碑〉가 그 대표적인 예인데, 李朝 제4대 군주 仁宗이 훌륭하다고 칭송하는 말을 화려한 수식으로 이어 序도 銘도 장편으로 늘어나게 했다. 또한 "妙體玄寂"이나 "非中非外"니 하는 불교의 문자까지 동원해 정치와 종교가 하나임을 보여주고자 했다.

琉球는 한문문명권에 늦게 들어왔다가 일본에 병합되어 나라를 잃었다. 그러나 국가의 위업을 나타내는 금석문은 일본보다 더 많이 남겼다. 1458년에 만들어 왕궁에 건 〈萬國津梁鐘〉의 명문은 "琉球國者 南海勝地 而鐘三韓之秀 以大明爲輔車 以日域爲脣齒"(琉球國이라는 곳은 남해의 승지이나, 三韓의 빼어남을 뭉치고, 大明으로 輔車를 삼고, 日域으로 脣齒를 삼는다)는 말을 앞세워, 유구는 한국·중국·일본 중간에서 세 나라에서 모두 유익함을 얻는다고 자랑했다. 銘의 결말에서는 자기 나라를 다음과 같은 말로 칭송하면서 불교와 유교의 이상을 아우른다고 했다.

> 截流王象 吼月華鯨
> 泛溢四海 震梵音聲
> 覺長夜夢 輪感天誠
> 堯風永扇 舜日益明
> 물결 가르는 임금 코끼리, 달을 향해 물 뿜는 화려한 고래,
> 四海가 넘치도록 梵音이 진동하는 이곳에서,
> 긴 밤의 꿈을 깨고, 하늘에서 내린 정성을 받아 감격하면서,
> 堯임금의 바람이 길게 불고, 舜임금의 나날이 더욱 밝도다.

일본에는 596년에 세운 〈伊豫道後溫湯岡側碑〉가 있는데, 집권자가 온천을 찾은 내력을 적은 것이다. 국정의 이상을 막연하게 말하는 데 그치고 구체적인 내용이 없다. 국가의 위업을 빛내는 금석문을 더 만들지 않았는데, 한문 사용이 정착되지 않았던 것을 한 이유로 들 수 있다. 공동문어 글쓰기를 격식대로 하는 데 힘쓰지 않고 필요하면 자국어가 들어 있는 變體漢文을 사용했다.

근래의 동향

유럽에서 배타적인 우월성을 자랑하는 근대국가를 만들어 다른 나라와 치열하게 경쟁하는 것이 선진이라고 하면서 어디서든지 따르도록 했다. 유럽문명권의 주변부인 영국은 근대국가를 만드는 데 앞장서면서 고립을 자랑으로 삼고, 자기네 특수성은 민족주의의 일반적인 개념으로 이해할 수 없다고 했다. 영국에서는 자기네 애국주의가 남들과는 다른 특별한 의미와 가치가 있다고 여겨 'nationalism'이라는 일반적인 용어를 즐겨 사용하지 않는다고 했다.(Krishan Kumar, *The Making of English National Identity*, Cambridge: Cambridge University Press, 2003)

유럽의 전례에 따라 후진에서 벗어나 선진의 길을 가야 한다고 여겨, 동아시아 각국도 문명권의 동질성을 폄하하고, 민족문화를 예찬했다. 그 작업을 수행하는 구체적인 방법은 나라에 따라 달랐다. 동아시아문명에서 차지했던 위치와 근대에 들어서서 새롭게 형성된 처지라는 두 가지 요인이 결합되어 상이한 노선을 선택하게 했다.

먼저 변화를 보인 일본은 영국의 전례를 받아들여 더욱 극단화했다. 문명의 공유재산은 발전에 장애가 된다고 여겨 폄하하고, 자기네 고유문화가 배타적인 우월성을 지닌다고 했다. 일본에서도 자기네 애국주의는 특별하다고 자부해 일반화된 용어로 지칭하지 않고, 'nationalism'은 별개의 개념이라고 여겨 혼동을 막기 위해 'ナショナリズム'이라고 하는 것이 관례이다. 'nationalism'이 바로 민족주의라고 하는 한국과는 다르다. 자기 인식에 지나치게 신경을 쓰다가 자폐증이라고 할 수 있는 증상에 사로잡혀 일본인론을 거듭 저작하고 다투어 탐독한다.(船曳建夫, 《'日本人論'再考》, 東京: 日本放送出版協會, 2002; Yumiko Iida, *Rethinking Identity in Modern Japan, Nationalism and Aesthetics*, London: Routledge, 2001)

다른 한편으로는 새 시대의 공유재산은 유럽문명에 있다 하고, 아시아에서 벗어나 유럽의 일원이 되어 미개한 이웃을 다스릴 자격을 가진다고 했다. 이것이 바로 脫亞入歐의 논리이다. 福澤諭吉은 古來舊習에 머무르고 있는 "두 惡友" 중국 및 조선과 결별하고, 음양오행 같은 미신을 버리고, 일본은 유럽의 과학을 새로운 가치로 삼아야 한다고 했다.(〈脫亞論〉, 《續福澤全集》 2, 東京: 岩波書店, 1933) 그 뒤에 일본인은 백인의 혈통을 지녔다고도 하고, 일본의 언어를 영어로 바꾸어야 한다고도 하는 주장이 나왔다.

중국은 동아시아 공유재산이 모두 자기네가 독점해 마땅한 사유재산이라고 하면서 대국의 자존심을 키우려고 한다. 한문고전 經史子集에 대한 탐구가 모두 중국의 國學이라고 하는 주장을, 이미 고전이 된 錢穆,《國學槪論》(1931)에서 근래 대만에서 나온 杜松柏,《國學治學方法》(臺北: 五南圖書, 1998)에 이르기까지 계속 편다. 중국의 국학이 동아시아학과 어떤 관련을 가지는지 말하지 않고, 동아시아학은 존재하지 않는다고 여긴다.

域外漢學을 연구한다고 하면서 비슷한 생각을 나타낸다. 漢學은 중국의 국학이라고 하는 데 근거를 두고, 한국·월남·일본에서 해온 한학은 域外漢學이라고 한다. 한학은 중국·한국·월남·일본에서 함께 해온 동아시아의 공유물이므로 유럽을 비롯한 다른 문명권에서 해온 한학이라야 역외한학이라고 하는 것이 마땅하다고 여기지 않는다.

문학사 서술에서는 중국문학은 한족의 문학이라고 하고, 소수민족의 기여는 무시한다. 鮮卑族인 元稹, 元結, 元好問, 위구르족인 貫雲石, 몽골족인 薩都剌, 蒲松齡, 回族인 李贄, 만주족인 曹雪芹을 모두 한족이라고 한다. 문학사의 주역으로 활동한 뛰어난 작가는 모두 한족이라고 이해하도록 한다. 소수민족문학은 무시하다가 중국의 용어로 民間文學이라고 하는 구비문학으로 남아 있는 것들만 인정하고 문학사의 주변영역으로 고찰한다.

중화민족이라는 가상의 민족을 만들어 중국문학은 중화민족의 문학이라고 하기도 한다. "中國文學, 卽中華民族的文學"(중국문학은 중화민족의 문학이다)고 하고, "中華民族, 是漢民族和蒙, 回, 藏, 壯, 維吾爾等55個少數民族的集合體"(중화민족은 漢민족과 몽골, 회족, 티베트, 壯族, 위구르 등 55개 소수민족의 집합체)라고 한다.(《中國大百科全書 中國文學》, 北京: 中國大百科全書出版社, 1986 서두의 周揚·劉再

復, 〈中國文學〉) 국가와 민족을 동일시해 중국인을 중화민족이라고
했다. 한족과 다른 여러 민족의 집합체가 한 민족일 수 없다는 사
실을 무시하고, 여러 민족이 각기 지닌 문학의 상이한 유산을 단일
한 민족문화라고 한다.

월남은 식민지 통치자 프랑스가 유럽문명의 우월성을 내세워 통
치를 정당화하는 데 맞서서, 자기네 사유재산만으로는 역부족인
것을 알고 동아시아의 공유재산까지 들어 반론을 제기했다. 프랑
스는 영국처럼 민족문화의 특수성에 집착하지 않고 자유·평등·
박애를 기치로 삼아 인류의 이상에 대한 유럽의 자각을 실행한다
고 했다. 식민지를 지배할 때 그것이 거짓이었음을 潘佩珠,《越南
亡國史》가 증언했다.

월남인은 대응 논리를 마련해야 했다. 위선적인 통치가 악랄하
게 자행되는 것을 비판하는 데 그치지 않고 자유·평등·박애에
대응하는 가치관을 제시해야 했다. 유교의 가치관이 중국의 것이
라고 하지 않고 월남인의 자랑이며 능력의 원천이라고 했다. 프랑
스와, 다시 미국과 싸우면서 월남사상사의 의의를 더욱 높이 평가
했다.

널리 알려진 월남사 개설서(Nguyen Khac Vien, *Vietnam, une longue
histoire*, Hanoi: Éditions en langues étrangères, 1987)에서는, 유학자에 두
부류가 있어, 한쪽은 국왕을 위하고 민중을 억누르고 특권을 옹호
했으나, 다른 쪽은 올바른 도리에 입각해 국가와 사회를 위한 책임
을 수행하고자 했다고 했다. 외세의 침공을 물리치고 주권을 되찾
을 때에는 둘이 하나가 되었다가, 왕조가 쇠망의 길에 들어서서 민

중을 억압하기만 하면 뒤의 유학자들이 항거의 선두에 섰다고 했다.(93~94면) 같은 논자의 〈월남유교론〉(Nguyen Khac Vien, "Le Confucianisme", Alain Ruscio ed., Viet Nam, L'histoire, la terre, les hommes, Paris: L'Harmattan, 1989)에서는, 월남은 무인이 아닌 유학자가 존경받고 국가 요직을 담당하는 나라라고 하고, 시골 선비들이 유학의 인간주의와 도덕주의에 입각해 왕조의 지배를 전복시키는 운동의 선두에 섰다고 했다.

월남은 철학에서 이룬 바가 뚜렷하지 않다고 스스로 인정해서 철학사가 아닌 사상사라는 말을 쓰면서 그 분야의 유산을 정리해 논하는 업적을 거듭 이룩했다.(Tran Van Giau, *Su phat trien tu tuong o Viet Nam tu the ky XIX den Cach mang Thang Tam*〔월남 사상의 발전: 19 세기부터 8월혁명까지〕, Hanoi: Nha xuat ban khoa hoc xa hoi, 1973; Nguyen Tai Thur 편, *Lich su tu tuong Viet Nam*〔월남사상사〕, Hanoi: Nha xuat ban khoa hoc xa hoi, 1993; Quang Dam, *Nho giao xua va nay*〔유교, 과거와 현재〕, Hanoi: Nha xuat ban hoa, 1994; Phan Dai Doan, *Mot so van de ve nho giao Viet Nam*〔월남 유교의 몇 가지 문제〕, Hanoi: Chinh tri Quoc gia, 1998. 이 가운데 두 번째 것은 사회과학원 철학연구소에서 낸 공동저작이어서 대표작으로 들 수 있다. 집필자는 Phan Dai Doan, Nguyen Duc Su, Ha Van Tan, Nguyen Tai Thu라고 했다. 거기서 몇 대목을 든다.)

월남은 여러 강대국의 침략을 당한 천여 년 동안 애국주의를 이룩했다. 애국은 본능적 행동으로 적개심을 나타내기만 하지 않고,

전투의 방향, 운동의 동력, 필승의 이념의 근거가 되는 이론을 갖추고, 나라를 구하는 방법으로 발전했다. 동포면 서로 사랑하고 비호하는 의무가 있으며, 단결하면 힘이 있고, 힘을 합쳐서 협력하면 산을 움직이고 바다를 메울 수 있다는 원리를 정립했다.(21면)

중세시대의 유럽 각국의 세계관은 천주교라면, 옛날 베트남의 세계관은 유교·불교·도교의 결합체이다. 이 셋은 서로 다른 종교여서 다툴 때도 있었지만, 친밀한 관계를 가지고 서로 보완해 하나의 세계관을 이루는 것이 예사였다. 그 점에서 중국이나 일본과 달랐다.(22면)

월남인은 외부 세계나 내심의 영역에 대한 새로운 인식을 얻는 것은 긴요한 과제라고 여기지 않았다. 사회와 인생 문제에 관심을 많이 기울이고, 정치나 사회윤리의 문제를 중요시했다. 사람이 사람답게 사는 도리가 무엇인지 탐구하고 교육하는 데 힘을 기울였다.(22~23면)

문명권에서 차지하는 위치에서 중국은 중심부이고, 일본은 주변부이고, 한국과 월남은 중간부이다. 중심부는 공유재산이 많고 사유재산이 적으며, 주변부는 공유재산이 적으며 사유재산이 많다. 중간부는 공유재산과 사유재산이 균등한 비중을 가졌다. 이런 차이점이 오늘날 더 크게 확대되어 나타난다.

일본이 사유재산의 가치를 주장하고, 중국이 공유재산에 대해 독점권을 주장하면서 자부심을 키우고자 한 것은 그 나름대로 적절하다고 할 수 있다. 그러나 그 때문에 공유재산의 의의가 무시되고, 공유재산과 사유재산의 관계에 대한 인식이 혼란스러워졌다. 이런 잘못을 둘 다 바로잡는 길을 월남이 제시했다. 동아시아 공유재산에서 방어력을 찾은 것이 그 가치를 높이는 적절한 선택이었다. 한국은 방향을 정하지 못하고 방황을 겪었다.

일본의 침략에 맞서 싸우는 동안에는 동아시아 공유재산의 가치를 들어 새로운 공유재산은 유럽문명에 있다는 일본의 주장을 반박하고자 했다. 의병 지도자 柳麟錫은 《宇宙問答》에서 "正學術 以正人心之不正而一之也"(학술을 바르게 해서 바르지 못한 마음을 바로잡아 하나 되게 해야 한다)고 했다. 동아시아 사상의 정수를 이어받아 그릇된 세상을 바로잡아야 한다고 했다. 지나친 이상주의로 나아가 설득력이 부족했다.

그 다음 세대는 일본의 전례를 따라 민족고유문화인 사유재산만 소중하게 여겨 마땅하다고 하면서 사유재산이 일본보다 못해 고민했다. 일본보다 풍족하게 지닌 공유재산을 중국의 사유재산이라고 여겨 넘겨주고 가난을 자초했다. 그래서 일본에 대항할 힘이 약화되고, 유럽문명을 주체적으로 수용할 수 있는 능력을 많이 잃었다.

잘못을 바로잡으려면, 월남의 선택에서 교훈을 얻어 공유재산의 가치를 재평가해야 한다. 동아시아철학의 발전에 기여한 바를 새로운 각성의 원천으로 삼는 작업에서 한 걸음 더 나아가야 한다. 방향 미정립의 결함이 전환을 가능하게 하는 출발점이 된다.

생극론

生克論은 동아시아학문의 오랜 원천에서 유래했다. 이른 시기 저술에 산견되는 발상이다. 공자가 "和而不同"을 말하고, 《周易》에서 "一陰一陽謂之道"(한번은 음이고 한번은 양인 것을 일컬어 도라고 한다)(〈繫辭傳〉제1장)고 하고, 《老子》에서 "有無相生"(있고 없음이 상생한다)(제2장), "萬物負陰而包陽 沖氣以爲和"(만물은 음을 품고 양을 껴안아 텅 빈 기로써 화를 이룬다)(제42장)라고 한 것을 그 가운데 특히 주목할 만하다.

나중에 든 두 논거에서, 천지만물은 음과 양으로 이루어져 있고, 음과 양의 관계 외에 도라고 할 무엇이 별도로 인정되지 않는다고 한 것이 첫째 원리이다. 없으므로 있고, 있으므로 없는 상생의 관계가 陰陽에서 구현되어, 음과 양은 있음의 관계를 가지고 서로 싸우면서 없음의 관계를 가지고 서로 화합한다는 것이 둘째 원리이다. '相生'과 '和'만 말하고, 그 반대의 개념은 말하지 않았으나 보충해 넣을 수 있다. 첫째 원리만이면 '음양론'이고, 둘째 원리까지 갖추면 '음양생극론'이다. '음양생극론'을 '생극론'이라고 줄여 말할 수 있다.

周敦頤가 제시한 ◉ 이 모양을 太極圖라고 하지만, 태극이 음양으로 나누어져 운동하는 모습을 보여준다. 음양은 상극의 싸움을 하면서 움직이는 방향이 반대여서 상생의 조화를 이루기도 한다. 이런 생각을 함께 하면서 태극과 음양의 관계에 관해서는 후대에 견해가 갈라졌다. 理氣二元論에서는 태극은 理이고 음양은 氣라고 하고, 氣一元論에서는 太極도 氣이고 음양도 氣라고 했다.

이기이원론에서는 생극이 태극에는 미치지 못하고 음양에 국한되어 한정된 의의만 가진다고 보았다. 기일원론에서는 태극이 하나이고 음양이 둘인 것이 생극이고, 음양의 양면이 또한 생극이라고 했다. 생극론을 존재의 기본 양상에 관한 총체적인 이론으로 삼은 것은 기일원론 쪽이다. 그 작업을 하는 데 한국의 徐敬德이 결정적인 기여를 했다.

"一不得不生二 二自能生克 生則克 克則生"(하나는 둘을 생하지 않을 수 없고, 둘은 능히 스스로 생극하니, 생하면 극하고, 극하면 생한다)(〈原理氣〉)고 한 말을 보자. 하나니 둘이니 하는 것은 氣의 양상이다. 하나인 기가 둘을 낳아 음양이 생극의 관계를 가진다고 하고, 상생하면 상극하고 상극하면 상생한다고 했다. 하나가 둘이고, 둘이 하나라는 명제를 하나인 氣와 둘로 갈라진 음양 사이의 관계로 구체화했다. 음양은 둘이면서 하나여서 상생하고, 하나이면서 둘이어서 상극하는 것이 생극의 이치이다.

민중이 전승하고 창조하는 구비전승, 특히 설화나 민속극에도 상생이 상극이고 상극이 상생이라는 발상이 있어 체험의 영역을 확대한 탐구자들이 각성을 얻어 한문 논설로 옮겨올 수 있었다. 元曉는 광대 노릇까지 하는 파격적인 언동으로 체득한 바를 "染淨諸法 其性無二"(더럽고 깨끗한 여러 법이 그 본성은 둘이 아니다)라고 할 때 실감이 충만하게 활용했으리라고 생각된다. 李奎報가 "物自生自化"(물은 스스로 생겨나고 스스로 변한다)고 한 것은 구비철학에서 가져왔다고 할 만한 발상이고, 외부의 영향을 받고 한 말이 아니다.

중국이 먼저 이룩한 理氣哲學을 한국에서 수용하면서 이기이원론 쪽은 원본에 충실하고자 했으나, 기일원론을 이룩하는 작업은 중국의 전례를 넘어서서 한층 과감하게 진행하고 선명한 논리를 갖추었다. 서경덕에서 시작되고 任聖周·洪大容·朴趾源·崔漢綺로 이어진 한국의 기일원론은 동아시아 공유재산인 생극론을 더욱 가다듬고 한층 풍부하게 하는 데 특별한 열의를 가지고 다른 유파의 잘못을 시정하기 위해 노력했다.

그 성과가 널리 알려져 세상을 바꾸는 데까지 이르기 전에 파탄이 닥쳤다. 유럽문명권의 세계 제패에 따른 전반적인 변화가 전통학문을 무력하게 만들었다. 전통철학을 되돌아보고자 하는 경우에도 이기이원론을 받들면서 복고주의에 사로잡히고, 기일원론에는 관심을 가지지 않는 것이 예사여서 생극론이 되살아나지 못한다.

유럽에서 들어온 여러 철학사상 가운데 변증법, 특히 유물변증법이 커다란 힘을 가진다. 이에 대해 할 수 있는 말이 생극론 부흥의 관건이 되는 의의를 가진다. 毛澤東은 〈矛盾論〉에서 제시한 기본명제를 먼저 들어보자. 모순은 처음부터 있었고 중간에 생기지 않았다고 했다. 모순뿐만 아니라 조화 또한 중간에 생기지 않았고 처음부터 있었다고 생극론은 말한다. 처음부터 끝까지 모순이 조화이고, 조화가 모순이다.

〈모순론〉에서는 또한 모순과 조화에 차등을 두었다. "對立的統一(一致, 同一, 合一), 是有條件的, 一時的, 暫存的, 相對的. 互相排斥的對立的鬪爭 則是絶對的, 正如發展運動, 是絶對的一樣"(대립적 통일[일치

·동일·합일)은 조건적·일시적·잠정적·상대적이다. 상호배척적·대립적 투쟁은 발전·운동이 절대적이듯이 절대적이고 일관된 양상이다)라고 했다.(馮友蘭, 《中國現代哲學史》, 香港: 中華書局, 1992, 256~261면에서는, 張載의 "仇必和而解"에 의거해 모택동은 '仇'에 치우치고 '和'를 소홀하게 여긴 것이 문제라고 했다.) 모순 쪽인 상극과 조화 쪽인 상생은 상극이 상생이고, 상생이 상극인 관계를 가진다고 생극론은 말한다.

모택동은 상이한 모순은 상이한 방법으로 해결해야 한다 하고, 논의의 중심으로 삼은 계급모순은 혁명으로 해결해야 한다고 했다. 계급모순과 함께 민족모순 또한 심각하게 문제되는데, 갖가지 모순을 열거한 데 민족모순은 없으므로 새로운 논의가 필요하다. 계급모순은 어느 정도 완화되자 민족모순이 과거 어느 때보다 심각하게 나타나 인류를 고통스럽게 하는 것을 중국에서 특히 절감하므로 새로운 논의가 다른 어느 곳보다 더욱 간절하게 요청된다.

모택동은 矛盾을 내세웠는데 지금 중국에서는 和諧를 표방하면서, 둘이 어떤 관계인지 해명했다고 알려지지 않았다. 시대가 달라졌다고 하면 될 것이 아니다. 모순이든 화해이든 편리한 대로 쓰는 정치적 구호인 것처럼 이해되지 않아야 한다. 모순과 화해는 화이부동의 양면을 하나씩 택하고 다른 것은 버려 잘못 되었다고 할 수 있다. 화이부동을 더욱 분명하게 한 생극론을 들어 논하면 사리가 명백해진다. 상극이 상생이고 상생이 상극인데, 모순에서는 상극만, 화해에서는 상생만 택했다. 상생이 없는 상극, 상극이 없는 상생은 잘못되고 무력하므로 바로잡아야 한다.

상생이 상극이고 상극이 상생이어서 언제나 둘이 동시에 이루어지는 것은 아니다. 상극에서 상생으로 나아가기도 하고, 상생이 상극으로 바뀌기도 한다. 소수의 가해자가 다수의 피해자를 괴롭히는 계급모순을 상극의 투쟁으로 해결하려고 하면, 역전으로 결말을 삼지 말고 상생의 화합을 이루는 데까지 나아가야 한다. 다수의 가해자가 소수의 피해자를 괴롭혀 생긴 민족모순이라면 상생의 화합을 이루자는 것을 출발점으로 삼아 다음 단계로 나아갈 수 있는 발판을 마련하고 상극의 투쟁을 무력을 사용하지 않고서도 벌여야 한다.

유물변증법은 양면적인 평가를 하는 것이 마땅하다. 상극에 관해서는 맞고, 상생은 부차적인 것으로 돌리거나 제외하는 점에서는 틀렸다. 한쪽으로 기울어진 것을 바로잡으려면, 유물변증법을 음양생극론으로 바꾸어놓아야 한다. 상극과 상생의 관계에 관한 이론적인 탐구와 실제의 양상에 대한 검증을 아우르면서, 위에서 든 예증의 범위를 넘어서서 더욱 복잡한 문제를 해결하는 능력을 생극론에서는 개발한다.

정신은 물질의 한 형태라는 것도 상극과 상생의 분리와 기본적으로 같은 주장이어서 함께 문제가 된다. 물질에 관해서는 타당한 견해가 "정신은 물질의 한 형태이다"라고 하면서 물질과 정신에 차등을 두어 정신에 관해서는 부당하다고 하지 않을 수 없다. 이에 대한 해결책도 음양생극론이 제시한다. 음양의 氣는 유물변증법에서 말하는 물질을 포함하면서 그 이상의 것이다. 생명을 중심에다 두고 물질과 정신을 아우른다. 생명은 상호관계나 내부에서나 상생이 상극이고 상극이 상생이어서 활동하고 성장한다.

상극의 투쟁으로 역사는 발전한다고 변증법에서 말하는 것도 타당하지만, 투쟁하는 쌍방이 같은 조건을 지니지는 않아 재고가 요망된다. 기존의 강자는 정도가 지나쳐 스스로 파탄을 일으키는 동안 뒤떨어진 쪽이 불리한 처지에 대한 자각을 발판으로 삼고 새로운 방식으로 분발해, 투쟁이 예상과는 다르게 진행된 결과 선진과 후진이 교체된다고 생극론은 일깨워준다. 이것은 상극이면서 상생이고, 상생이면서 상극이어서 진행되는 변화의 하나이지만, 논의를 확대하기 위해 갈라 말할 필요가 있다. 상생이 상극이고 상극이 상생이라고 하는 것과 함께 선진이 후진이고 후진이 선진이라고 하는 것이 생극론의 기본명제이다.

선후의 교체는 일방적인 희망이 아니고, 역사의 실상에 근거를 두고 파악된 사실이다. 고대에서 중세로, 중세에서 근대로 전환할 때 후진이 선진이 되고, 선진이 후진이 되는 변화를 겪었다. 고대의 후진이었던 아랍인이 이슬람교를 만들어내 주변의 선진을 아우른 것을 잘 알고 있다. 그러다가 선진에 대한 자만이 후퇴를 가져와 근대에는 후진이 되었다. 중세 동안 유럽에서 후진이었던 영국은 근대를 이룩하는 데 앞섰으므로 근대를 극복해야 하는 지금에 와서는 어려움을 겪고 있다.

문명과 문명의 관계에 관해서도 같은 원리가 있다. 유럽문명권은 중세에는 다른 여러 문명권보다 후진이었으므로 근대에는 선진이 되었다. 동아시아문명권은 중세에 유럽문명권보다 선진이었으므로 근대에는 후진이 되었다. 선진이 후진이 되고, 후진이 선진이 되는 변화는 다시 일어나 근대를 넘어선 다음 시대를 열 것으로 예상한다. 있었던 일이 다시 일어나면서 역사는 앞으로 나아간다. 순환이 발전이고 발전이 순환이라는 것도 생극론에서 일깨워준다.

이제 역사가 종말에 이르렀다는 것은 오판이다. 지금까지 선진이었던 곳이 파탄을 일으켜 만들어낸 착각이다. 과거에도 한 시대의 누구나 지배자는 자기 시대가 역사의 종착점이라고 주장했으나, 그 말대로 되지 않았다. 그렇게 말하는 것 자체가 물러날 때가 되었다는 증거이다. 역사종말론은 선진이 후진이 되고 후진이 선진이 되는 변화가 다가왔다는 증거이다.

다음 시대로 나아가는 전환은 근대에 후진인 곳에서 선도해 근대의 평가기준에서는 가치를 인정할 수 없는 방법으로 시작된다. 유럽문명권의 침해를 받고 위축되어 있던 동아시아가 분발의 선구자가 되는 것이 당연하다. 근대 동안 최상위로 오른 군사력이나 경제력의 열세를 극복하는 문화나 학문을 추진력으로 삼아 역사 창조의 방법을 바꾸는 것이 마땅하다. 학문 내부에서는 인문학문이 앞서서 사회학문을, 다시 자연학문을 혁신하는 것이 적절한 순서이다.

이런 생각을 가지고 나는 전환의 원리를 밝히고 교체를 실현하는 데 기여하는 학문을 한다. 생극론을 이어받아 오늘날의 철학으로 삼고 학문원론을 마련해 문학사를 비롯한 여러 영역의 많은 문제를 다루는 것이 구체적인 작업이다. 연구 성과를 축적해 생극론을 유럽의 근대학문을 넘어서서 다음 시대를 여는 인류 전체의 지혜를 마련하는 원천이 되게 가다듬고자 한다.

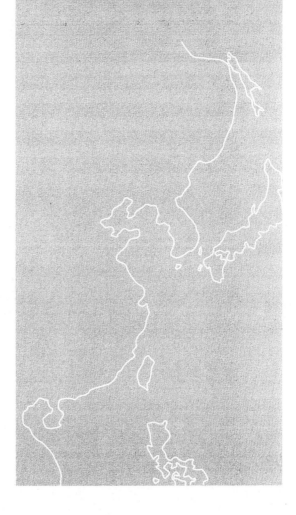

제 2 부

2-1. 한문의 유산 재평가

선입견 시정

한문은 익히기 어렵다는 이유에서 규탄의 대상이 된다. 한국에서는 열등한 문자인 한자를 버리고 우수한 문자인 한글만 쓰자는 말을 자주 한다. 그러나 한자는 한문을 위한 문자이다. 익히기 어려워 열등한 문자라고 하는 이유에서 한문의 가치를 부정하는 것은 잘못이다. 한문을 잃으면 동아시아문명의 계승이 중단된다. 산스크리트·아랍어·라틴어문명의 계승자들보다 무식해진다.

글자와 글을 혼동하지 말아야 한다. 익히기 쉬운 글자로 쓴 라틴어 글은 누구나 읽을 수 있어도 뜻은 알지 못한다. 한문은 글자 알기와 글 알기가 직결되고, 라틴어의 경우에는 글자 알기와 글 알기가 전혀 다른 과정이다. 뜻을 알기 어려운 것은 한문만이 아니고, 다른 문명권의 공동문어 라틴어·산스크리트·아랍어도 마찬

가지이다.

한국뿐만 아니라 동아시아 다른 나라들도 한문문명권의 일원이 된 것은 슬기로운 선택이었다. 한자문명권이라고 하지 말고 한문 문명권이라는 용어를 확립해 혼란을 막자. 글자는 문명권 소속을 판정하는 기준이 아니다. 인도네시아나 월남이 라틴문자를 채택해 라틴어문명권이 되었다고 하지 않는다. 한문문명권이 마땅하지 않 다면 산스크리트를, 아니면 아랍어나 라틴어를 공동문어로 삼아 그 문명권에 들어가야 중세화에 동참할 수 있었다.

공동문어를 함께 사용하는 문명권은 중세에 생겼다. 고대에는 없던 공동문어가 중세에 생겨난 덕분에 문자생활이 확대되고 기록 문학이 널리 퍼진 것이 세계사의 커다란 전환이다. 공동문어가 보 편종교의 경전어 노릇을 하면서 규범화된 사고를 정착시키고 국제 간의 교류를 담당해 문명권의 동질성을 보장해주었다. 한 나라 안 에서도 공동문어를 공용의 글로 사용한 덕분에 구두어가 서로 다 른 사람들이 정치적이고 정신적인 동질성을 확인할 수 있었다.

공동문어를 받아들이지 않고서 민족어 글쓰기를 이룩하고, 민족 어를 근대의 국어로 발전시킨 곳은 하나도 없다. 어느 곳이 자기네 만 예외였기를 바라는 것은 무리이다. 필리핀군도의 여러 집단은 한문도 다른 어느 공동문어도 받아들이지 않고 고립되어 있다가 스페인의 침공을 받고 스페인어로 글을 쓰기 시작하고, 미국의 통 치를 받으면서 영어를 사용했다. 토착 언어는 각기 다른 상태로 남 아 있고 글쓰기의 전통이 없으며 통합되는 과정을 거치지 않아 영 어를 대신하는 공용어로 성장하기 어렵다. 한국·일본·월남은 그렇지 않아 자기 말을 국어로 삼아 전국에서 사용하고 있다.

공동문어가 민족구어에 타격을 주어 위축을 가져왔다고 하는 것은 일방적인 이해이다. 兩層言語의 관계를 가지고 오랫동안 공존한 공동문어와 민족구어, 공동문어문명과 민족구어문화는 일방의 승리가 아닌 생극의 관계를 가졌다. 상층의 위세가 상극으로 다가오는 데 대한 하층의 반격이 상극을 상생으로 바꾸어놓는 작용을 하는 것이 상례였다. 공동문어 문자를 이용해 민족구어를 표기해 문자 생활을 시작하고 공동문어 글쓰기를 자기 것으로 바꾸어 활용했다. 공동문어문명에서 국가를 이룩하고 사고방식을 통일하는 방법을 알아내 민족구어를 공용의 언어로 삼을 수 있었다. 민족구어문화의 성장에서 얻은 역량으로 공동문어문명을 더 잘 이해하고 한층 풍부하게 재창조했다.

한문 수용의 의의

동아시아 각국은 한문을 공동문어로 했다. 중국에서 한문을 받아들이는 일을 한국인뿐만 아니라, 일본인이나 월남인도 했다. 한문을 받아들인 것이 잘못이었던가를 따지기 위해서, 두 나라의 경우를 함께 고찰해야 한다. 한문을 받아들인 상황이나 직접적인 이유는 서로 달랐지만, 한문을 이용해서 무엇을 했던가를 살피면 기본적인 공통점이 있다.

한문을 받아들일 때 월남인은 중국의 지배하에 있었다. 漢나라가 월남을 침공해서 七郡을 설치했을 때에 독립을 잃고 그 지배를 받고 있던 월남인이 중국인에게서 한문을 배웠다. 한나라가 한국도 침공해서 四郡을 설치했을 때 한국인은 일부가 그 지배하에 있는 상태에서 한문을 받아들였다. 일본인은 중국과는 직접적인 관계를 가지지 않고 한국인에게서 한문을 배웠다.

일본인은 한문을 사용하고 또한 한문을 자기네 언어를 문명어로 만드는 데 이용한 덕분에 국가를 경영하고 강역을 확대해 나갔다. 일본인과 경쟁관계인 아이누인은 문자 생활을 하지 못하고 국가를 경영하지 못한 탓에 계속 밀리고 침탈당하는 처지가 되었다. 일본 역사는 중세에 들어서고 근대로 나아갔으나, 아이누인의 역사는 고대에 머물러 있어서 그런 차이가 생겼다.

공동문어를 받아들이는 것이 중세화의 필수적인 과제이다. 중세화가 공동문어에 의해 시발되는 것은 아니고, 내부적인 변화가 선행되어야 했다. 중세화가 추진되고 있어야 공동문어를 받아들여야 할 필요성이 생긴다. 고대와는 다른 중세의 국가를 조직해서 운영하고, 사회통합에 필요한 사상을 마련하고, 대외적인 교류를 하려면 공동문어가 반드시 있어야 했다. 공동문어를 받아들여야만 이미 추진되고 있던 중세화가 실현되었다. 공동문어를 받아들일 수 없으면 중세화가 중도에서 좌절될 수밖에 없었다.

만약 아이누인이 한문을 받아들여 중세화를 이룩하고, 일본인은 그렇지 못했다면, 지금 아이누인이 일본열도를 차지하고, 일본인은 九州 남쪽의 보호구역으로 밀려나는 신세가 되었을 수 있다. 한문을 받아들이는 것이 일본인에게 재앙이었다는 말을 할 수는 없다. 한문을 받아들이지 못한 것이 아이누인에게 재앙이었다. 일본인과 아이누인과의 싸움에서 일본인이 이길 수 있었던 것은 중세의 힘 덕분이다.

아이누인에 대한 일본인의 승리가 정당했다고 하기 위해서 이런 말을 하는 것은 아니다. 유감스럽지만 어쩔 수 없었던 사정을 지적하자는 것이다. 일본인과 아이누인이 둘 다 원시 단계에 머물러서 서로 해치지 않고 평화롭게 사는 것이 바람직한 일이었다. 둘 다 고대 단계에 들어서서 서로 싸우기는 하지만 승패의 불균형이 결정적으로 벌어지지 않았더라면 나쁘다고 할 수 없다. 어느 한쪽은 중세화하는 데까지 나아가고 다른 쪽은 고대에 머무른 불균형은 뒤떨어진 쪽에 커다란 불행을 가져다주었다.

아이누인이 중세화한 일본인에게 일방적으로 밀리지 않고 서로 대등한 관계를 가지려면, 중세화한 일본인의 정체를 알아야 하고, 국가를 경영하고, 군사를 동원하고, 생업을 마련하는 방식도 대등했어야 한다. 두 민족이 대등한 관계에서 평화롭게 살면서 선의의 경쟁을 하는 것은 바람직했다. 그렇게 되지 못한 이유는 한 마디로 지적해서 말하면 아이누인이 중세화하지 못한 데 있다.

한국인은 일본인처럼 한문을 받아들인 것이 불만이라고 하고, 아이누인처럼 외래문화를 멀리하고 민족 고유의 문화를 온전하게 가꾸어야 했다고 하는 주장은 타당하지 않다. 중세화되기를 거부하고 고대까지의 민족고유문화를 지켜오기만 하면 이미 중세화된 민족에게 정복당하고 통치받는 수모를 피할 수 없다. 고대의 힘으로는 중세를 막을 수 없다.

월남인은 고대왕국이 중국에게 망해 중국의 직접통치를 받는 동안에 중세화의 길에 들어서서 한문을 받아들이고 유교를 익혔다. 그래서 민족이 소멸되는 길에 들어섰는가? 아니다. 그것과는 반대이다. 중세화한 역량이 있어서 중국의 지배에서 벗어나 독립을 쟁취할 수 있었다. 중국은 통일제국을 이룩할 때마다 월남의 독립을 부인하고 월남을 침공해서 합병했다. 월남인은 그때마다 영웅적인 투쟁을 해서 독립을 되찾았다. 중국의 지배를 받는 소수민족이 되는 신세에서 벗어나서 민족국가를 지키고 발전시켰다. 주권을 수호하는 과업을 월남의 여러 소수민족은 할 수 없고, 월남민족은 할 수 있었다.

그럴 수 있었던 힘이 중세화를 제대로 한 데 있었다는 것을 잘 알고서, 월남의 역대왕조는 한문문명을 중국과 대등한 수준으로 발전시키는 데 힘을 쏟았으며, 한문문명권의 일원으로서 결격사유가 없게 하려고 애썼다. 월남이 명나라를 물리치고 독립을 성취한 내력을 밝힌 阮廌의 명문 〈平吳大誥〉에서 "仁義之擧 要在安民"(어질고 정의로운 거사는 백성을 편안하게 하는 것을 요체로 삼는다)고 하는 말을 앞세우고 "我大越之國 實爲文獻之邦"(우리 大越의 나라는 문헌의 고장이다)라고 한 것은 월남 한문학의 수준을 천하에 알리고자 하는 뜻이 있었기 때문이다. 그 뒤에 국사서를 다시 편찬하고, 과거제를 강화해 문화발전의 역량을 기르는 데 힘썼다.

일본이 자랑하는 聖德太子의 〈十七條憲法〉에서 "以和爲貴"(화합을 귀하게 여긴다) 하며, "信是義本"(믿음을 의로움의 근본으로 삼는다)고 하고, "絶忿棄瞋 不怒人違"(분노를 없애고 성냄을 버리며, 노해서 사람들과 어긋나지 않는다)는 말로써 일본 중세화의 이념을 표명한 것은 한문과 함께 유교·불교를 받아들였기 때문이다. 원시시대나 고대의 일본에도 그 나름대로 훌륭한 사상이 있었겠으나, 화합과 신의를 소중하게 여기고, 너그러운 태도를 지니고 백성을 다스려야 한다고 한 것은 스스로 깨달아서 안 바가 아니다. 동아시아 다른 나라가 중세화할 때 그런 새로운 이념 정립에 동참해 일본이 뒤떨어지지 않을 수 있게 된 것이 커다란 발전이었다.

한문을 사용해서, 힘써 이룬 국가의 위업을 당대에 자랑한 금석문이 있고, 역사를 서술한 후대의 저술도 있다. 일본에서는《日本書紀》를, 월남에서는《大越史記全書》를 마련해서 한문문명권 공동의 역사서술 방식을 받아들여 동아시아문명의 동질성을 구현하면서, 자기 역사에 대한 주체적인 인식을 높인 것이 그 양면에서 모두 평가해야 할 일이다.

한국·일본·월남뿐만 아니라, 南詔, 琉球 등의 나라가 기본적으로 같은 방식으로 중세화해 동아시아문명권을 확장했다. 그 여러 나라는 공동문어인 한문을 사용해서 문명권 중심부의 '천자'와 책봉관계를 가지면서, 나라의 위엄을 자랑하는 글을 새긴 비석을 세우고, 국사를 기록하고, 민족의 삶을 되돌아보는 시문을 지었으며, 다른 한편으로는 민족어문학을 일으켜 공동의 규범을 자기 것으로 만드는 다른 길을 개척했다. 그렇게 해서 동아시아는 하나이면서 여럿인 시대가 시작되었다.

공동문어와 민족어가 양층언어의 관계를 가지고 함께 쓰이면서 상호작용하는 과정을 대부분의 지역이 함께 겪었다. 그러면서 그 구체적인 양상은 문명권에서 차지하는 위치에 따라, 시대에 따라 달랐다. 중세문명이 먼저 이루어진 곳과 나중에 전해진 곳은 사정이 달라 중심부·중간부·주변부가 구분되었다. 중국은 중심부, 한국은 중간부, 일본은 주변부의 특징을 보여주는 좋은 본보기이다. 이에 대한 인식을 비교연구와 상호이해의 필수적인 기초로 삼아 평면적인 우열론에서 벗어나야 한다.

과거제의 기여

공동문어인 한문은 문명권 전체에 통용되는 의사소통의 수단이었으며, 문화 수준을 비교할 수 있는 척도를 제공했다. 공동의 경전에 근거를 두고 인간성이나 가치관에 대한 이해를 함께 갖추고, 감수성에서도 서로 가까워지게 하면서, 법률과 제도에 관한 지식이나 실생활에 필요한 기술을 제공하는 구실도 했다. 공동의 유산을 지켜 나가고 문어가 구어에 휩쓸리지 않게 하기 위해, 글쓰기 방법을 엄격하게 정비해 개인차를 줄이고, 시대 변화를 거부했다.

이렇게 규정될 수 있는 공동문어의 기능을 동아시아의 科擧에서 특히 잘 구현했다. 과거는 천인이 아닌 양인이라면 한문 능력 시험을 거쳐 관직에 나아갈 수 있도록 하는 제도여서 획기적인 의의를 가졌다. 중세의 신분제를 이 정도 완화한 것은 다른 문명권들에서는 없던 일이다. 중국에서는 589년부터, 한국은 958년부터, 월남은 1075년부터 과거제를 실시해 동아시아 중세문명이 앞서 나아갈 수 있었다. 그렇게 하는 데 동참하지 않은 일본은 신분에 따라 관직을 담당하는 관습을 유지해, 문명권 주변부의 모습을 오랫동안 지녔다.

과거제를 실시하면서 문벌을 배경으로 관직을 얻는 것을 아주 막지는 못했다. 그러나 과거 급제자라야 명예를 누리면서 높이 올라갈 수 있었다. 과거제가 기회 균등의 명분을 그대로 실현하지는 못했어도, 신분의 고착을 완화하는 데 상당한 기여를 했다. 과거제를 실시한 동아시아의 중세사회는 다른 곳들보다 한층 역동성을 지녔다.

과거제가 잘못 운영되고 폐단을 자아내기도 했다고 해서 비판의 대상으로 삼는 것은 부적절하다. 과거제가 없는 곳에서는 무력 다툼과 신분 세습으로 관직을 차지해, 혜택을 보지 못하는 학자나 문인은 능력이 아무리 뛰어나도 실무기술자의 지위에 머물렀다. 획기적인 의의를 가진 역사의 창안물이 다 그렇듯이, 과거제에서도 긍정적인 기여가 차츰 줄어들면서 부정적인 작용이 나타났다.

18세기 중엽의 중국 작가 吳敬梓는《儒林外史》라는 소설을 써서, 과거제가 잘못 되어 백성에게 해를 끼치는 출세주의자들만 합격해 세상이 그릇되고 있는 양상을 다각도로 그려냈다. 한국에서는 과거 보기를 거부하고 진정한 학문을 하고 올바른 글을 쓰려고 하는 선비를 높이 평가하는 풍조가 나타났다. 오경재와 동시대에 한국의 朴趾源은 빼어난 문장가이면서 과거를 보려고 하지 않았다. 마지못해 과거장에 가서는 답안을 쓰다가 이상한 그림이나 그리면서 딴전을 부렸다는 일화를 남겼다.

과거제가 폐단이 심해져 철폐해야 한다는 요구가 일어날 때 유럽인들이 그 가치를 인식했다. 동아시아에 와서 자기네는 생각하지도 못한 제도를 발견하고 놀라 근대 고시제도를 만드는 데 이용했다. 일본이 선두에 서서 동아시아 각국이 유럽의 고시제도를 받아들여 아직까지 실시하고 있으면서 지난 시기의 과거제는 나무라는 것은 본말전도의 잘못이 있다. 동아시아문명의 우위를 입증해 고시제도로 이어진 과거제가 계속 소중한 증거력을 가진다.

동아시아 중세의 과거제와 유럽에서 만들어낸 근대 고시제도의 가장 두드러진 차이는 시험과목에 있다. 한쪽은 문학고시이고, 다른 쪽은 법학고시이다. 문학고시에서는 법학은 하위과목으로 취급해 행정실무를 담당하는 하급급제자를 뽑는 데 이용했다. 법학고시 쪽에서는 문학은 아무 소용도 없다고 여겨 아주 배제한다.

문학과 법학 가운데 어느 것이 나라를 다스리는 데 더욱 긴요한가 하는 질문을 제기하면 두말할 필요가 없이 법학이라고 하는 것이 근대인의 상식이다. 그러나 동아시아 중세인은 생각이 달랐다. 사람을 알아야 나라를 다스리는데, 사람을 아는 일은 문학에서 가장 잘 할 수 있다고 여겼다. 문학은 삶의 변두리에 있는 장식물이 아니고 사람이 하는 모든 일 가운데 가장 값지다고 하는 중세인 공통의 생각을 동아시아에서 특히 명확하게 나타내 제도화했다.

동아시아 중세에서는, 법에 따라 움직이는 실무활동의 상위에, 가치관을 정립하고 정신을 개발해 사리를 종합적으로 판단하는 문학이 있어야 한다고, 과거제를 문학고시로 만들었다. 실정법과 자연법이라는 용어를 사용해 법학의 측면에서 문제를 다시 논하면, 실정법 위에 자연법이 있다고 여기고, 자연법에 관해 최상의 판단을 내릴 수 있는 실정법 전문가를 문학인이 지도해야 바람직한 사회가 이루어진다고 한다는 것이 과거제의 취지였다. 이른 시기 유럽에서 철학자가 국가를 통치해야 한다고 했던 공상을, 철학자를 문학인으로 바꾸어 실현했다.

중심부 · 중간부 · 주변부의 사정

중국이 중심부이고, 한국은 중간부이고, 일본은 주변부여서 생긴 차이를 민족우열론의 시각에서 파악하는 것은 극력 경계해야 한다. 문명권의 중심부 · 중간부 · 주변부에 대한 고찰을 세계적인 범위로 넓혀 일반론을 마련해야 근시안적인 이해의 잘못을 피하고 학문 발전에 적극 기여하는 성과를 얻을 수 있다. 이런 이유에서 한문에 대한 논의를 공동문어 전반에 관한 것으로 확대한다.

문명권의 중심부일수록 공동문어문학이 오래 지속되고, 주변부 일수록 민족어문학이 일찍 생겨난 것은 어디서나 볼 수 있는 공통의 현상이다. 공동문어문학은 중심부에서 생겨나 주변부로 전해졌으므로, 기록문학의 역사가 중심부에서 먼저 시작되었음은 물론이다. 주변부에서 민족어문학이 일찍 생겨났다는 것은 중세화 과정에서 공동문어문학을 받아들이면서도 공동문어문학에 경도되지 않고, 공동문어문학에서 문자와 글쓰기 방식을 배워 민족어문학을 일으키는 데 힘썼다는 말이다. 주변부에는 구비문학이 풍부하게 전승되고 있어서 민족어기록문학의 직접적인 원천이 되었다.

중국에서 근대문학을 이룩할 때 비로소 민족어를 사용하는 白話문학을 일으킨 것과, 멀리 아이슬란드에서 중세문학이 시작되자 바로 민족어문학을 풍부하게 마련한 것이, 양극단을 이룬다. 여러 문명권 내부의 상황을 보면, 중국과 일본, 인도 중원지방 힌디어권과 자바, 아랍세계 중심부와 스와힐리, 이탈리아와 영국 및 아이슬란드, 비잔틴제국과 그루지아가 각기 중심부와 주변부의 특징을 잘 나타내고 있다.

중심부의 공동문어문학은 문명권 전체의 보편성을 중요시하고, 역사서술에서도 문명사라고 할 것을 서술했다. 司馬遷의 《史記》는 다루는 범위를 최대한 넓히고, 유럽에서는 종교사의 관점에서 문명사를 서술했으며, 아랍문명권 대역사가 이븐 칼둔(Ibn Khaldun)의 《세계사서설》은 보편적인 인식이 성숙된 모습을 보여주었다. 그 밖에도 여러 형태의 문명사가 있었다. 문명사는 어느 것이나 공동문어 글쓰기의 좋은 전범을 보여주었다.

문명권의 주변부에서는 자기 민족의 역사를 민족어로 서술하는 데 힘썼다. 아이슬란드, 영국, 그루지아 등지에서 그런 성과를 보여주었으며, 일본의 경우도 이에 해당한다고 볼 수 있다. 아이슬란드에서는 자기네 역사를 사실의 차원에서 중요시하면서 역사서를 흥밋거리로 삼았고, 에티오피아에서는 자기 나라가 신성한 나라임을 거듭 주장해서 자부심을 가지는 근거로 삼았다. 그 점에서 에티오피아의 《왕들의 영광》은 일본의 《神皇正統記》와 상통하는 성격을 지니면서 더 큰 구속력을 가졌다.

문명권의 중간부에서는 그 양극단의 중간이 되는 노선을 택했다. 민족어가 아닌 공동문어를 사용해서 문명사와는 구별되는 자국사를 썼다. 문명권 전체의 공통된 이념을 자기 나라에서 훌륭하게 구현했다고 하는 논리로 보편주의와 민족주의를 함께 구현했다. 《三國史記》 이래의 한국의 역사서와 월남의 《大越史記》가 좋은 예이다. 일본은 주변부이지만 중간부의 성향도 지녀 그런 사서를 쓰는 데 참가했다. 유럽에서는 중간부의 헝가리나 폴란드, 주변부이면서 중간부에 가까운 영국과 덴마크에서 공동문어를 사용해서 자국사를 서술했다.

어느 민족이 문명권의 중심부·중간부·주변부 가운데 어디에 자리 잡았는가는 스스로 결정한 일이면서 또한 주어진 일이다. 지리적인 위치는 주어진 조건이다. 문명을 이룩하고, 받아들이고, 발전시키는 것은 스스로 한 일이다. 그 둘이 어떻게 복합되었던가는 계속 연구해야 할 과제이다. 지금까지 밝혀낸 성과는 빈약하다.

문명권의 중심부·중간부·주변부 가운데 어느 쪽에 속하는 것은 불행이고 어느 쪽에 속하는 것은 행운인가 일률적으로 말할 수는 없다. 그 점은 역사의 시기에 따라서 다르고, 문화 창조의 국면에 따라 다르다. 한 시대의 행운이 다음 시대의 불운이고, 다음 시대의 불운이 그 다음 시대에는 행운이다. 자기가 속한 곳이 창조적인 사명을 다하고 침체기에 들어섰을 때에는 개인이 크게 분발해서 비상한 노력을 한다고 해도 성취하는 바가 그리 크지 못하다. 그런 불운은 어떻게 할 수 없다.

그런데 자기가 속한 쪽이 문명 전체를 새롭게 활성화하는 커다란 창조를 이룩해야 하는 단계에 이르렀는데도 그런 줄 모르고 후진 타령이나 하고 있는 것은 어리석다. 후진이 선진이 되는 것은 이치로 보아 필연적이지만, 모든 후진이 아무 노력도 하지 않아도 선진으로 전환되는 것은 아니다. 후진이 선진으로 전환되는 필연적인 이치를 깨닫고, 자기가 그 주체가 될 조건을 갖추었음을 판단하고, 합당한 노력을 과감하게 해야 실제로 그렇게 된다.

문명권 중심부의 문학을 살피면, 한 문명권의 문학을 이해할 수 있다고 생각하는 것은 잘못이다. 중국·인도·아랍문학사는 문명권 전체의 문학사가 아닌 그 중심부의 문학사에 지나지 않으므로, 중간부나 주변부의 상황에 관한 자료는 제공하지 않는다. 그런 이유에서 그 문명권의 문학을 줄곧 대표할 수 있는 위치에 있지 않다. 그 문명권에서 공동문어문학이 성립된 중세전기의 상황을 알기 위해서는, 중심부를 우선적으로 고찰해야 한다. 그러나 그 뒤의 변화는 중간부나 주변부의 문학에서 더 잘 나타나 있다. 중간부의 문학이나 주변부의 문학은 문학사 전개의 어느 단계의 변화를 가장 잘 나타내주어, 그 점에 관해서는 그 문명권문학을 대표한다고 할 수 있다.

중심부의 문학만 살펴서는 고대가 끝나고 중세가 시작된 경계선을 알기 어렵다. 중심부에서 이루어진 공동문어문학을 중간부에서 받아들일 때 비로소 중세가 시작되었다. 그때 중간부뿐만 아니라 문명권 전체의 중세가 시작되었다. 중세에서 근대로의 이행기의 시작은 주변부에서 더 잘 알 수 있다. 민족어문학이 대중화되는 변화가 주변부에서 더 잘 나타나기 때문이다. 그러나 중세에서 근대로의 이행기문학이 언제 근대문학으로 바뀌었는지 판단하는 데는 주변부보다 중간부의 문학이 더욱 긴요하다. 주변부의 문학에서는 공동문어문학이 차지하는 위치가 그리 크지 않아, 공동문어문학을 청산하고 민족어문학만 하게 된 전환을 확인하기 어려울 수 있기 때문이다.

중세전기에 이루어진 공동문어문학의 규범은 중국에서, 중세후기에 공동문어문학과 민족어문학이 벌인 논란은 한국과 월남에서, 중세에서 근대로의 이행기에 민족어문학이 대중 취향의 상품으로 성장한 양상은 일본에서 찾아내야 동아시아문학사에서 일어난 뚜렷한 변화를 선명하게 확인할 수 있다. 그러나 문학사의 전개를 통괄해서 이해하는 시각을 마련하고, 시대구분의 기준을 찾기 위해서 중간부의 사정을 우선적으로 고려해야 하고, 어느 면에서는 주변부를 특히 중요시할 필요도 있다.

그런 여러 가지 이유에서, 문학사의 전개를 포괄적으로 파악할 수 있는 거점은 중간부이다. 한국이 중간부의 나라여서 중간부의 유리한 점을 합리화하자는 것이 아니다. 양쪽을 다 이해하면서 세계문학사를 논하는 데 필요한 통찰력을 얻기에 중간부가 유리하다는 점을 지적하는 것이다. 중국과 일본 사이의 한국에서 양쪽을 다 살펴 동아시아를 이해한 성과와, 그것을 다른 여러 문명권에 널리 적용할 수 있는 능력이 오늘날의 학문을 위해서 유용하게 쓰인다.

중간부에서는 문명권의 동질성과 이질성을 한꺼번에 파악할 수 있다. 중심부에서는 동질성을, 주변부에서는 이질성을 더욱 중요시하는 편향성을 중간부에서 시정하고, 동질성과 이질성의 상관관계에 관한 총괄적인 이해를 하는 것이 가능하다. 중심부에서는 공동문어문학을 동질성의 관점에서, 주변부에서는 민족어문학을 이질성의 관점에서 이해하려고 하는 경향이 있게 마련이다. 공동문어문학의 동질성 속에 이질성이 있고, 민족어문학의 이질성 속에 동질성이 있는 양면의 표리관계를 실상대로 살피는 데 중간부가 상대적으로 유리하다.

라틴어문명권의 독일, 아랍어문명권의 페르시아, 한문문명권의 한국과 월남, 그리고 산스크리트문명권의 타밀은 어려운 조건에서 민족주체성을 지켜 나가면서, 공동문어문학을 통해서 민족의식을 키운 공통점이 있다. 공동문어문학으로 구현되는 보편주의가 자기 나라를 지키는 민족주의와 상치되지 않고 합치된다고 판단했으므로 그럴 수 있었다. 문명권 전체의 보편주의를 자기 것으로 만들고, 자기 민족이 이룩한 창조적인 성과가 문명권 전체에 널리 통용될 수 있는 의의를 가지게 하는 것이 민족사 발전의 길임을 밝히는 문학을 했다.

문명권의 중심부에서는 보편주의를 내세우기만 하고 보편주의와 민족주의의 상관관계에 대해 말할 필요가 없었다. 문명권의 주변부에서는 보편주의를 거부하는 민족주의를 택하고, 공동문어문학을 얼마쯤 경험하고서 바로 민족어문학을 발전시키는 데 힘썼다. 문명권의 중간부에서는 보편주의가 민족주의이고, 민족주의가 보편주의라고 하면서 그 둘을 아우르려고 해서, 중세에는 중심부보다 뒤떨어지고, 근대에는 주변부보다 뒤떨어졌다고 할 수 있지만, 근대에서 이룩한 발전의 성과를 중세의 지혜를 이어받아 재조절하는 과업 수행에서 앞설 수 있다. 그렇게 해서 근대를 극복하고 다음 시대로 나아가는 지표를 마련할 수 있다.

중간부에 속하는 나라는 여럿이며 그 특징이 서로 같으면서 다르다. 산스크리트문명권의 타밀, 아랍어문명권의 페르시아도 중간부이다. 유럽의 독일도 중간부라고 했다. 타밀·페르시아·독일은 문명권 전 영역을 위한 철학의 보편적인 논리를 새롭게 발전시킨 성과를 이룩했다. 한국도 그 점에서는 자기 구실을 했다. 그 가운데 독일은 근대민족어 철학을 이룩하는 데 앞서는 성과를 보여주었다.

그 이유는 어디 있는가? 민족성이 아닌 문화적인 위치에 의문을 해결하는 단서가 있다. 문명권 중심부의 철학과 가까운 위치에서 밀접한 관련을 가지고 토론하고 투쟁하는 경우에는 중간부의 철학이 크게 일어날 수 있다. 페르시아·타밀·한국의 경우가 그렇다고 할 수 있으면서, 중심부와 더욱 가깝고 먼 차이가 있다.

시대적 변천

문명의 중심부·중간부·주변부는 시대에 따라 바뀐다. 고대에서 중세로 넘어오면서 커다란 변동이 있었다. 고대에는 중심부에서만 일방적으로 문명이 발달했으며, 중간부는 어딘지 말하기 어렵고, 넓게 펼쳐져 있는 주변부는 어둡기만 했다. 그런데 중심부의 고대문명 가운데 중세문명으로 이어지지 못하고 사멸한 것이 적지 않다. 고대의 주변부였던 아라비아에서 새로운 중심부의 사상 이슬람교를 창건했다. 중세에서 근대로 넘어오면서 세계 전체의 중심부·중간부·주변부가 새롭게 형성되었다.

중세 동안에는 일단 설정된 중심부·중간부·주변부의 관계가 오래 지속되었다. 그러면서 역사 창조의 활력이 점차 중심부에서 중간부로, 중간부에서 주변부로 이동했다. 그래서 선진이 후진이고 후진이 선진임을 입증했다. 중세전기에 중심부가, 중세후기에는 중간부가, 중세에서 근대로의 이행기에는 주변부가 창조적인 재능을 더욱 적극적으로 발휘하는 것이 상례였다.

중세전기는 중세보편주의를 중간부나 주변부에서도 중심부와 대등하게 구현하고자 하는 시대였다. 그 희망은 달성되지 않아, 중심부의 위세가 더 높았다. 그런데 중세후기는 중세보편주의를 중간부나 주변부에서 독자적으로 구현하는 시대였다. 중간부나 주변부가 다 그렇게 하는 데 성공했으면서 강조점이 서로 달랐다. 중간부에서는 중세보편주의를 구현한다는 점이 강조되고, 주변부에서는 그것을 독자적으로 구현한다는 점이 강조되었다. 그러다가 중세에서 근대로의 이행기에 이르면, 중세보편주의를 근대민족주의로 대치하려고 하는 움직임이 광범위하게 일어났다. 그렇게 하는 데 중간부보다 주변부가 앞서는 것이 당연한 일이었다.

중심부에서 이룩한 공동문어문학은, 중세 동안에 최고의 권위와 가치를 자랑했다. 중심부의 사람들은 위세가 당당하고, 중간부나 주변부에서는 주눅이 들어 있었다. 중심부에 가서 견문을 넓히고 문장 수련을 하고 인정을 받기까지 하는 것이 다른 쪽 문인들의 한결같은 희망이었다. 주변부는 중심부와 격차가 워낙 커서 그런 소원을 이루기 어려운 줄 알았지만, 중간부에서는 조금만 노력하면 성공할 수 있다고 믿고 단념하지 않았다. 주변부에서는 그 대신에 민족어문학을 존중하는 독자노선을 선포했으나, 중간부에서는 변화를 지연시켰다.

공동문어문학에 힘쓰지 않고 민족어문학을 광범위하게 이용하는 것은, 중세보편주의의 가치기준에서 보면, 공부를 계속하지 않고 학교를 중퇴하는 것과 같은 일탈행위였다. 정도를 벗어나서 쉬운 길을 택하니 나무라고 멸시해야 마땅했다. 조선통신사가 일본에 갔을 때 일본인은 한문학에 능하지 못해 일본어문학으로 그 대용품을 삼는 것을 보고 한심스럽게 여긴 것이 그 나름대로 당연하다. 중세이념에 입각해서 그렇게 판단한 것은 나무랄 일이 아니다.

그러나 중세보편주의를 버리고 근대민족주의를 새로운 시대의 이념으로 삼자, 공동문어문학은 버려야 할 유산 또는 부끄러운 실수라고 매도되고, 민족어문학만 일방적으로 평가하게 되었다. 중세 동안에도 공동문어문학보다 민족어문학에 더욱 힘쓴 것이 자랑스러운 일이라고 평가되었다. 가치 기준을 그렇게 바꾸자, 중세의 열등생이 근대의 우등생이 되었다. 중세 동안에 열등생 노릇을 한 과거의 성과가 민족어문학을 발전시키는 근대의 과업 수행을 선도할 수 있는 밑천으로 직접 활용되었다.

자기 문명권 안에서 주변부의 민족어문학이 각광을 받은 것만은 아니다. 동방기독교문명권에서는 공동문어의 경전을 민족어로 번역해서 사용한 것이 민족문학 성립을 촉진시킨 쾌거라고 평가했다. 산스크리트 불경을 자기 말로 번역해서 사용한 티베트에 관해서는 같은 평가를 할 수 있다. 그렇다면, 다른 곳에서는 보편종교의 경전을 원문 그대로 사용한 것이 불행한 일이었다. 한국에서는 불경은 번역하다 말고, 유교경전은 번역을 해놓고서도 원문의 이해에 필요한 보조자료로 삼기나 한 것이 잘못이라고 할 수 있다.

그러나 보편종교의 경전을 번역해서 사용한 경우에는, 공동문어를 제대로 익히지 못해 공동문어로써 창조된 보편종교의 경전 이외의 문화유산을 광범위하게 이해할 길이 막혔다. 그 때문에 신앙이 편협해지고 극단화되며, 철학의 빈곤이 생겨났다. 보편종교의 경전은 원문 그대로 사용했지만, 다른 영역에서 민족어를 일찍부터 광범위하게 사용한 곳도, 중세보편주의를 섭취한 정도가 낮아, 철학이 자라지 못했다. 일본철학사가 없는 것이 바로 그 때문이다.

지금은 민족어문학을 근대문학으로 삼고, 국어교육에서 민족어 사용을 가르치는 일이 일반화되었다. 민족어 자체가 생성되지 못한 곳은 계속 진통을 겪지만, 공동문어 때문에 민족어가 억압되고 있다고 하는 곳은 없다. 공동문어의 횡포는 끝났다. 그러므로 공동문어를 비난하고 배격해야 민족어를 육성할 수 있다고 하는 것은 시대착오의 사고방식이 되었다. 민족어를 사용하는가 하는 것이 문제가 아니고 민족어 글쓰기에서 무엇을 나타내야 하는지 고민해야 할 때가 되었다.

민족어 사랑만 내세우고 공동문어로 이룩한 문화유산을 배격하며, 공동문어를 사용한 것 자체가 민족주체성을 저버린 잘못된 일이라고 하는 주장은 사상의 빈곤을 가져온다. 공동문어문학에 힘쓰지 않아 공부를 중도에 폐지한 후유증이 이제 심각하게 나타난다. 사상의 근본을 문제 삼는 철학은 문명권 단위로 공동문어를 통해서 창조·개발해온 일이다. 문학에서는 공동문어와 민족어가 함께 사용되거나 민족어 쪽이 더욱 중요한 구실을 할 때에도 철학은 공동문어의 영역이었다. 공동문어보다 민족어를 더 많이 사용한 것이 문학을 위해서는 다행한 일이었어도, 철학을 위해서는 불행한 일이었다.

공유재산 계승의 과제

이제 철학의 경우를 살피기 위해 한국에서 하는 말을 들어보자. 한국철학이라는 것은 중국철학이거나 그 연장이라고 하고, 일본에서는 일찍부터 고유사상을 발전시켰는데 한국은 중국에 매달리는 잘못을 저질렀다고 하는 논자들이 있다. 과연 그런지 검토하자면, 이미 사용한 개념만으로는 부족하고 공유재산과 사유재산이라는 용어가 필요하다.

철학은 문명권의 공유재산으로 성장했다. 어느 문명권이든 문학에서는 양층언어를 사용하는 동안에도 철학은 공동문어의 전유물이었다. 고전은 물론 한문을 공동문어로 삼아 후대에 이룩한 철학도 동아시아문명의 공유재산이다. 공유재산을 독자적으로 활용하고 발전시킨 성과는 사유재산의 성격도 지니지만 공유재산에서 분리되지는 않았다.

일본은 주변부답게 공유재산보다 자기네 고유문화를 더욱 높이 평가하면서 사유재산 늘이기에 힘썼으며, 사상과 관련된 논의에 민족어를 사용하기도 했다. 그래서 중세에 미련을 가지지 않고 근대로의 전환에 이웃 나라들보다 앞설 수 있었으나, 유럽의 근대학문을 따르는 것을 자랑으로 삼았다. 사유재산의 특수성을 자랑하는 사고 수준으로는 보편적 이치 논쟁에 참여하지 못한다. 성공사례라고 생각되던 것이 실패사례로 판명되었다.

중간부인 한국은 공유재산을 활용하고 발전시키는 데 몰두하고 그 과정에서 사유재산이 축적되는 것은 의식하지 않았다. 그런데 근대 일본의 선택을 오판의 근거로 삼아, 공유재산을 스스로 이룩해 사유재산이기도 한 것들까지도 모두 중국의 사유재산이라고 여겨 넘겨주어야 한다고 한다. 유럽 각국이 공유재산의 적극적 활용을 사유재산으로 삼아 부자 노릇을 하는 것과 많이 다르다.

고유문화로는 유럽문명권과 경쟁할 수 없다. 특수성으로는 보편성을 이겨내지 못해 추종자가 되고 만다는 교훈을 일본에서 얻어야 한다. 한문문명의 보편적 가치를 힘써 되찾아 새롭게 활용해야 유럽과 대등해져 선의의 경쟁을 하는 학문을 할 수 있다. 공유재산으로 사유재산을 만들고, 사유재산이 공유재산이게 하는 작업을 민족문화의 활력을 살려 적극적으로 진행해야 한다. 이것이 우리 학문을 세계화해 인류에 기여하는 길이다.

이제 순수한 한국어로 학문을 해야 한다는 주장이 있다. 유럽철학 용어를 한자어가 아닌 한국의 고유어로 번역해 일본의 영향에서 벗어나는 것이 먼저 할 일이라고 한다. 그러나 일본의 잘못은 유럽철학의 번역과 수용을 지상의 과제라고 여긴 나머지 동아시아철학을 새로운 창조의 원천으로 삼아 유럽과 경쟁하려고 하지 않은 데 있다. 번역어가 한자어이냐 고유어이냐 하는 사소한 시비에서 벗어나 학문하는 방향을 크게 돌려놓아야 한다. 수입학에 미련을 가지지 말고 창조학으로 나아가야 한다.

유럽철학이 인류의 공유재산이 된 것은 중세문명의 공유재산이었던 라틴어철학을 민족어철학으로 이어받아 재창조하는 과정을 오래 겪었기 때문이다. 라틴어를 사용하다가 민족어로 철학을 하면서, 라틴어 용어를 그대로 노출하던 단계를 거쳐 민족어로 받아들여 용해하는 데 이르렀다. 한문철학을 민족어철학으로 이어받아 재창조하는 작업을 같은 과정을 거쳐 수행해야 동아시아의 공유재산을 인류의 공유재산으로 키울 수 있다.

2-2. 한문학과 민족어문학

동아시아 어문의 양상

동아시아 사람들이 누구나 한문을 사용한 것은 아니다. 한문문
명권에 속한다고 하기 어려운 민족도 적지 않다. 동아시아에 살아
온 수많은 민족을 문자 사용 여부와 문자의 유래에 따라서 나누어
보면 다음과 같다.

(가) 한문을 사용해서 한문학의 작품을 남기고, 한자를 이용해
서 민족어를 기록하는 문자를 만든 민족은 협의의 한문문명권을
이룬다. 여기 속하는 민족들은 다시 몇 부류로 나눌 수 있다.

(가1) 한문문명의 주역인 漢族은 중국이라는 거대국가의 지배민
족이고 다수민족의 지위를 이어오고 있다. 한족의 한문학은 이용
할 만한 자료가 아주 많다.

(가2) 한문을 사용하고 한자를 이용해서 민족어를 표기한 한국·

월남·일본인은 오늘날까지 민족국가를 이어왔다. 이들 민족은 문학사를 서술할 만한 자료가 풍부하다.

(가3) 琉球國을 이어오다가 일본에 병합된 琉球人이나, 南詔國의 여러 민족 가운데 白族은 오늘날까지 민족문화를 이어오고 있다. 이들 민족의 경우에는 공동문어문학과 민족어문학을 함께 고찰할 자료가 있다.

(가4) 西夏의 黨項人, 遼의 契丹人, 金과 淸의 女眞人은 한자를 이용해서 자기 언어를 표기하는 문자를 만든 민족인데, 지금은 거의 소멸되었다. 공동문어문학이든 민족어문학이든 문학에 관해서 논할 수 있는 자료가 희귀하다.

(가5) 국가를 창건하지는 않았으나 한문을 받아들이고, 한자를 이용해서 자기 문자를 만든 민족이 중국 안에 소수민족으로 남아 있는 경우도 있다. 중국 남부의 壯族은 오늘날까지 큰 규모의 민족 집단을 이루고 있다. 그러나 자료가 부족해서 기록문학에 관해서 논의하기 힘들다.

(나) 한문이나 한자는 거의 사용하지 않고 독자적인 문자를 만들어 쓴 민족도 있다. 독자적인 문자는 자획에서는 한자를 이용하지 않았지만 한자를 알고서 문자 창제의 원리를 깨달아 만들었다. 東巴문자를 사용한 納西族, 彝文을 사용한 彝族, 水書를 사용한 水族이 이런 예이다. 이들 민족은 한문문명의 영향을 직간접으로 받아 한문에 대응하는 민족어 글쓰기의 독자노선을 마련했다.

(다) 문자는 사용하지 않고 구비문학만 이어온 민족들이 있다. 중국 苗族, 布依族, 瑤族, 侗族 등, 일본의 아이누민족, 월남의 여러

소수민족이 이런 경우이다. 이들 민족은 한문문명권의 이웃 민족들과 가까이 살면서 문화적 영향을 받아왔다는 이유에서 광의의 한문문명권에 포함된다.

이 밖에 동아시아에 함께 살고 있지만 공동문어 사용에서는 다른 문명권에 속하는 민족들도 있다. 이슬람교를 믿고 아랍어문자를 이용해서 민족어를 표기한 민족인 위구르, 키르기즈, 타지크, 柬鄕族 등은 아랍어문명권에 속하므로 한문문명권에서 제외된다. 인도에서 들어온 불교를 믿고 산스크리트문자를 이용해서 민족어를 표기한 티베트는 산스크리트문명권에 속한다. 몽골은 그 불교를 받아들이고 티베트어 경전을 사용했으므로 티베트를 매개로 해서 산스크리트문명권에 소속되었다고 보아 마땅하다. 월남의 소수민족이 된 참파인도 산스크리트문명권에 속한다.

한문학사의 전개

한문학사는 위의 (가)에서 (다)까지로 구분한 곳 가운데 (가)의 전역에서 창작된 공동문어문학의 역사이다. (가4)나 (가5)의 한문학에 관해서는 알기 어려우나, (가1)·(가2)·(가3)의 한문학은 고찰할 만한 자료가 있고 개별적인 연구는 각기 상당한 정도로 이루어졌다. 그러나 그 전모는 알지 못하고 있다.

동아시아 전역의 한문학사의 전개를 한꺼번에 파악하는 것은 쉬운 일이 아니다. 각국의 한문학사를 서로 연결시켜 하나로 만든 저술이 아직 없고, 상호관련이 제대로 밝혀지지 않았으며, 연구가 미진해 분명하게 말하기 어려운 대목이 허다하다. 그러나 한문학사를 동아시아 전체의 범위에서 총괄해서 말하지 않고서는 민족어문학과의 관계를 논의할 수 없고, 장차 다른 문명권과의 비교도 시도할 수 없다. 너무 길게 말하면 세부에 매몰되고 말 염려가 있으므로, 전체가 한눈에 들어오는 조망을 확보하기로 한다.

고대에는 중국에서만 문자를 사용하고 기록문학을 일으켰다. 이른 시기에 이루어진 중국의 저작 《周易》, 《詩經》, 《楚辭》, 《論語》, 《孟子》, 《莊子》, 《史記》 등이 동아시아 공동문어의 원천이었으며, 불변의 고전으로 평가되었다. 고대는 중국 이외의 동아시아 다른 나라에서는 기록문학을 일으키지 못해, 중국이 독주한 시대이다. 그러나 중국에서 고대에 산출한 문명이 나중에 동아시아 전체의 것으로 계승되고 발전되었다.

중국에서 고대가 끝나고 중세가 시작된 시기가 언제인가에 관해서는 논란만 많고, 합의는 어렵다. 오늘날 중국에서는 기원전 5세기 戰國시대 이후에 중국의 용어로는 '中古'시대인 중세의 '봉건사회'가 시작되었다고 하는 것은 연대를 지나치게 올려 잡은 결함이 있고, 사회와 문화 전반의 변화에 대한 해명을 갖추지 못했으며, 세계의 전개와 동떨어져 있다. 중세가 언제, 어떻게 시작되었는지 밝히려면, 중국문화의 전반적인 변화를 동아시아 다른 나라의 동향과 함께 살피는 포괄적인 이해가 필요하다.

중세의 시작에 관한 두 가지 의문 가운데 "어떻게"가 "언제"보다 긴요하다. "어떻게"를 알아야 "언제"를 찾을 수 있기 때문이다. "어떻게"에서는 중국의 중세화가 다른 나라의 중세화와 기본적으로 일치한다. 유교를 정통으로 삼고, 다시 불교를 받아들여 문명권 전체의 보편종교로 만들고, 유교와 불교의 경전어인 한문을 공동문어로 삼아 문학 창작에서도 광범위하게 활용해 駢儷文에서 古文으로, 古詩에서 律詩로 나아가면서 시문의 규범을 확립하는 일을 중국에서 먼저 하고, 동아시아 여러 나라가 그 성과를 나누어 가진 시기가 중세이다.

그런 변화는 대체로 보아 기원 전후의 漢나라 이후에 시작되어 고대에서 중세로의 이행기에 들어섰다가 5세기에서 6세기까지의 남북조시대에는 중세에 들어서 7세기 唐나라 때 중세화가 일단 완성된 모습을 보여주었다. 그런 단계를 거친 일련의 변화가 다른 문명권의 경우와 상통해서 비교해 이해할 수 있다. 동아시아 자체만으로 판단하기에는 너무나도 시비가 많기 때문에, 비교론을 미리 전개해서 혼란을 어느 정도 수습할 필요가 있다.

한나라는 거대하고 강력한 고대제국이면서 중세로의 이행기로 나아가는 변화를 막지 못해 붕괴된 점이 로마제국과 상통한다. 그 두 제국이 불교나 기독교를 받아들이기만 하고 정착시키지는 못한 것은 중세제국으로 변모할 수 없었기 때문이다. 보편종교를 통한 중세화가 진행되기 위해서는 그 전 단계의 세계제국이 무너져야 했다.

남북조시대에 北朝의 역대 왕조를 창건한 여러 이민족이 한문을 자기네 글로 삼고, 불교를 정착시킨 것이 게르만민족이 대이동을 한 뒤의 유럽과 같았다. 3세기부터 6세기까지 이어진 그 기간 동안에, 중국 밖에서도 여러 민족국가가 등장해 한문을 널리 사용하고,

불교를 받아들여 새로운 시대의 이념으로 삼아, 중세문명 건설에 동참했다. 한족이 아닌 다른 여러 민족이 함께 사용하면서 동일한 이상을 표현하자, 한문이 동아시아의 공동문어가 되었다.

그러나 문학 창작의 규범을 마련하는 일은 한민족의 왕조가 이어진 南朝에서 주도했다. 3세기에 晉의 궁정문인 노릇을 한 陸機는 〈文賦〉라는 이름의 문학론에서 "理扶質以立幹 文垂條而結繁"(理는 실질을 북돋우어 줄기가 되고, 文은 가지를 드리워 열매가 풍성하게 한다)는 방식으로 형식이 연결되는 원리를 제시하고 화려하고 세련된 수사를 갖춘 賦를 창작해서 크게 평가되었다. 제왕의 통치를 찬양하고, 국가의 위업을 수식하는 것을 문인의 사명으로 삼았다.

6세기 초의 劉勰은 《文心雕龍》에서 유교와 불교를 합친 관점에서 도리를 표현하는 것과 문장을 가다듬는 일이 둘이 아니고 하나임을 보여주어, 한문학의 갈래와 작법에 관한 이론을 정비해서 실제 창작을 위한 지침이 되게 했다. 서두 〈原道〉편의 첫 문장에서 "文之爲德也大矣 與天地幷生何哉"(문의 덕이 커서, 천지와 더불어 생긴 것은 어째서인가?) 하고 묻고, 몇 가지 논의를 거쳐 다음과 같이 응답했다.

爲五行之秀 實天地之心 心生而言立 言立而文明 自然之道也
오행의 빼어남을 갖추었으니, 실로 천지의 마음이다. 마음이 생기니 말이 이루어진다. 말이 이루어지면, 글이 밝아진다. 이것은 자연의 도리이다.

간략하게 간추린 말에다 많은 뜻을 포함시켰으므로, 생략한 부분을 보충해서 이해해야 한다. 오행의 빼어남을 갖추었다는 것은 사람이 그런 존재라는 말이다. 사람은 몸이 오행의 정수로 이루어져 있으므로, 마음에서 천지와 상통한다고 했다. 그런 마음을 나타내려면 말을 하고, 글을 쓰는 것이 당연해서, 자연의 도리라고 했다. 몸인 身, 마음인 心, 말인 言, 글인 文의 넷의 관계를 그렇게 말해서, 글은 말에서, 말은 마음에서, 마음은 몸에서 나온다고 했다. 사람의 몸이 오행의 빼어남을 갖추고 생겨났다고 하는 데서, 마음·말·글로 이어지는 그 다음 것들이 훌륭한 이유를 찾았다.

문학이 무엇이며 어째서 소중한가 하는 이유를 이렇게까지 조리 정연하게 밝힌 것은 대단한 일이다. 劉勰은 그 때문에 높이 평가되어 梁나라 조정에 발탁되고, 蕭統과 교분을 가지면서, 두 사람이 하는 일이 연결되었다. 梁의 태자 蕭統은 6세기에 《文選》을 편찬해서 화려한 수식을 높이 평가하는 관점에서 역대의 명문을 모아, 한문학 창작의 기본 교본이 되게 했다.

〈文賦〉에서 《文選》까지 이어지는 화려한 기풍의 宮庭문학과 함께, 소박한 삶을 소중하게 여기면서 내심의 만족을 찾는 山野문학이 중세문학에서 또 하나의 흐름을 이루었다. 산야문학의 연원을 마련한 사람은 5세기 초의 陶淵明이다. 陶淵明은 한족이 아닌 이민족 출신의 선조가 무장으로 공을 세워 귀족의 반열에 오른 가문에서 태어났으나 농사를 지으면서 가난하게 살아야 할 처지였다. 하급관원이 되어 벼슬길에 올랐다가 버리고 향리로 돌아가면서 〈歸去來辭〉를 지어 전원생활로 복귀하는 것이 자연스러운 삶을 편안하게 누리는 길이라고 했다. 그런 뜻을 시로 나타낸 〈歸園田居〉에서는 다음과 같이 말했다.

少無適俗韻	젊어서부터 속된 가락과는 맞지 않고,
性本愛丘山	천성이 본디 산과 언덕을 좋아했다.
誤落塵網中	먼지 덮힌 세상 그물 속에 잘못 떨어져
一去三十年	한꺼번에 삼십 년이나 흘러가고 말았다.
羈鳥戀舊林	사로잡힌 새는 옛날의 숲을 그리워하고,
池魚思故淵	연못의 고기는 전에 살던 못을 생각한다.
開荒南野際	남쪽 들 가장자리 황무지를 개간하면서
守拙歸園田	졸열한 분수 지켜 전원에 돌아와 사노라.

벼슬하는 삶을 "塵網"이라고 하고, 그곳에서 하는 문학의 기풍을 "俗韻"이라고 했다. 자기는 그쪽에서 뜻을 펼 수 없고, 편안함을 느끼지 못해 전원으로 돌아가 산을 벗삼아 농사를 짓는 생활을 하겠다고 했다. 그렇다고 농민이 된 것은 아니다. 농민들의 마을과는 어느 정도 거리를 둔 곳에서 전원의 삶을 누리면서, 살고 죽는 것은 자연에 맡겨 天性을 온전하게 하겠다고 했다. 그래서 궁정문학과는 다른 산야문학, 관인의 시와는 다른 寒土의 시를 제시했다.

그 두 가지 노선은 계속 따로 놀지 않고 다음 시기 당나라의 문학에서 하나로 모아졌다. 그래서 한문문명권의 중세문학이 완성되었다. 7세기의 唐나라는 5세기 산스크리트문명권의 굽타제국, 8세기 아랍어문명권의 압바시드제국, 9세기 라틴어문명권의 카로링즈

제국에서 볼 수 있는 바와 상통하는 한문문명권 중세제국을 더욱 뛰어나게 완성하고, 문학의 규범을 마련하는 일도 모범적으로 완수했다. 다른 문명권에서는 중세전기에는 궁정문학만 하다가, 중세 후기에 들어서야 산야문학의 반론이 일어났는데, 한문문명권에서는 그 둘이 중세전기에 이미 갈등관계에 있으면서 공존한 것이 문학의 수준을 높이는 데 큰 구실을 했다.

궁정문학의 화려한 기풍에 제동을 걸고 산야문학이 소박한 것을 자랑하기만 하는 것도 마땅하지 않다고 여겨, 글쓰기의 새로운 규범을 마련했다. 산문에서는 형식미를 지나치게 추구하다 내용이 공허해진 騈儷文이 궁정문학을 주도한 데 불만을 가지고, 실질적인 내용에 형식이 따르도록 하는 古文을 마련했다. 시에서는 그 반대의 폐단이 있어 지나치게 단순하고 소박한 寒士의 기풍을 古詩로 보여준 데 불만을 가지고, 율격을 엄격하게 가다듬은 더욱 정교한 창작품인 율시 또는 근체시의 형식을 만들어냈다.

李白과 杜甫 같은 당나라 시인들은 산야에서 자라났으면서도 제왕의 부름을 받거나 나라 일을 걱정했으며, 유랑하는 신세가 되어서도 나라의 흥망을 자기가 당한 일인 양 심각하게 생각했다. 율시의 엄격한 규칙을 자유롭게 구사한 것이 또한 그런 의의를 가진다. 그러다가 송나라 문인 蘇軾은 벼슬하다가 귀양살이하는 양극의 삶에서 모두 산야문학을 표방하는 추이를 보였다. 궁중과 산야 사이를 오가야 하는 進退의 고민은 한문문명권 다른 나라 문인들도 함께 겪었으며, 그 가운데 물러나서 마음을 바르게 하는 것이 문학을 하는 바람직한 길이라는 생각이 일반화되었다.

중세전기까지의 문학에서는 중국이 홀로 우뚝하고, 다른 나라는 배우고 따르기 위해서 힘써도 수준을 높일 수 없었다. 陶淵明・李白・杜甫・韓愈・柳宗元・蘇軾 같은 걸출한 문인이 계속 존경과 모방의 대상이 되었다. 그렇게 해서 이룩한 근체시와 고문은 동아시아 중세문학의 최고 창작물로 인정되고, 지속적인 영향을 끼쳤다. 중국 밖의 다른 나라에서는 그런 수준의 문인이 나오지 못했으며, 중세보편주의를 중국과 대등하게 구현하려고 하는 노력이 기대하는 성과를 거두지 못했다.

중국 밖의 동아시아 다른 여러 나라에서는 한문학 창작의 수준에서는 중국과 대등할 수 없었지만, 한문을 익혀서 나라의 위엄을 자랑하는 글을 새겨 비석을 세우고, 자국의 역사를 편찬하는 등의 과업을 힘써 하는 새로운 길을 개척했다. 414년에 세운 고구려의 〈廣開土大王陵碑〉나 766년에 세운 南詔의 〈德化碑〉는 한문이 공동 문어로 받아들여져 동아시아에서 중세가 시작되었음을 분명하게 입증하는 의의를 가지면서, 한문이 민족적 각성과 연관되어 사용되는 새로운 길을 보여주었다. 이른 시기 국사서 가운데 오늘날까지 남아 있는 일본의 《日本書紀》또한 그런 의의를 가지면서, 한문이 정착되는 모습을 확인할 수 있게 한다.

그 가운데 南詔의 〈德化碑〉를 살펴보자. 그 나라의 閣羅鳳이라는 통치자를 칭송한 〈德化碑〉는 나라의 위업을 자랑하는 한문문명권의 금석문 가운데 가장 장문이며, 격식이 훌륭하고 표현이 뛰어나 널리 모범이 될 수 있는 것이다. 국가의 내력, 통치자의 자질, 통일국가 건설, 통치 이념 구현, 외적 격퇴 등에 관한 사항을 두루 갖추어 나타냈다. 당나라가 책봉체제의 국제적인 질서를 무시하고 남조국을 복속시키려고 침공해 오자 싸워서 격퇴한 내력을 특히 중요시해서 기록했는데, 중국에서 그 글을 《全唐文》에다 수록하고서 높이 평가했다.

긴요한 대목을 몇 군데 인용하고, 고찰해보자. "恭聞淸濁初分 運陰陽而生萬物 川岳旣列 樹元首而定八方"(삼가 듣건대, 淸濁이 처음 나누어지자, 陰陽이 움직여 만물이 생겨났다. 강과 산이 정해지자, 極元이 으뜸이 되어 八方이 정해졌다)라고 서두에서 말해 천지만물이 생겨나고 움직이는 이치를 말했다. 그 다음 대목에서는 국가를 창건해서 통치하는 제왕의 덕에 관해서 "通三才而制禮 用六府以經邦 信及豚魚 恩露草木"(三才를 통괄해서 禮를 마련하고, 六府를 이용해서 나라를 경영하니, 믿음이 돼지나 물고기에게까지 미치고, 은혜가 초목까지 적신다)라고 했다. 그런데 중국 당나라가 침공해 와서 격퇴하지 않을 수 없었다고 하고, "漢不務德 而以力爭 興師命將 置府層城 三軍往討 一擧而平"(한족은 덕행에 힘쓰지 않고, 힘으로 싸우려 하므로, 군사를 일으키고 장수들에게 명해서 고을을 두고, 성을 세웠으며, 삼군이 가서 토벌하자 일거에 평정했도다)라고 했다.

南詔는 그런 글을 쓸 수 있는 능력으로 국가를 운영하고 외침을 막아냈다. 군사력이 대단한 것 못지않게 한문을 구사해 사상을 표현하는 능력이 뛰어나, 당나라가 함부로 짓밟지 못하고 물러나 존중하지 않을 수 없게 했다. 그래서 동아시아의 한문학이 하나이면서 여럿이고, 여럿이면서 하나이게 하는 데 크게 기여했다.

한문을 사용해서 나라의 위업을 알리는 비문을 쓰고, 국가서를 편찬하는 일은 그 뒤에 동아시아 모든 민족국가에서 힘써 했다. 한국에서 《三國史記》, 월남의 《大越史記》가 그 가운데 특히 중요한 위치를 차지한다. 한문문명권의 일원으로 뒤늦게 참가한 琉球 또한 선행자가 수행한 과업을 부지런히 뒤따라가서 많은 금석문을 남기는 한편, 《球陽》을 이룩하기까지 국사 서술을 거듭해서 했다.

한문학의 여러 영역 가운데 문학적 가치에서 으뜸을 이루고, 또한 중세문명의 특징을 가장 잘 보여주는 것은 시였다. 격식을 제대로 갖추면서 나타내는 사연이 진실된 한시를 지어 널리 인정받을 수 있는 시인이 있는 나라여야 문명국이었다. 시를 배우고 지으며, 주고받는 관계가 국경을 넘어 서로 왕래하는 사람들 사이에서 이루어졌다.

누군지 이름은 밝혀져 있지 않은 발해의 왕자가 당나라에 머물면서 시를 짓다가 고국으로 돌아갈 때, 9세기의 당나라 시인 溫庭筠이 지어준 〈送渤海王子歸本國〉이 《全唐詩》에 수록되어 전한다. 시가 어떤 의의를 가졌는가 확인할 수 있는 적절한 자료이다.

疆理雖重海	나라 사이에는 비록 바다가 여러 겹이나,
車書本一家	수레와 글에서는 본디 한 집안이라네.
盛勳歸舊國	성대한 공훈 세우고 고국으로 돌아가면서,
佳句在中華	아름다운 글귀는 중국에 남겨두셨다.
定界分秋漲	정해놓은 경계가 가을 물결을 나누었으나,
開帆到曙霞	돛을 달고 떠나자 새벽 해안에 이르리라.
九門風月好	황제의 궁궐 九門의 풍월이 좋다지만,

回首是天涯　　머리를 돌리니 보이는 곳이 하늘 끝이로구나.

　발해와 당나라는 다른 나라고 그 사이를 가로막은 바다를 건너려면 배를 타야 한다. 그런데 발해의 왕자가 당나라에 가 머물면서 아름다운 글귀로 이루어진 시를 지은 것은 나라가 달라도 문명은 하나이기 때문이다. 수레라고 일컬은 제도, 글이라고 일컬은 정신이 서로 같아서 아무런 간격 없이 왕래할 수 있었다. 동아시아문명이 하나임을 지적해서 말하는 적절한 표현을 갖추었다.

　처음 네 줄에서 그런 뜻을 나타내고, 다음 네 줄에서는 생각을 더욱 확대했다. 사람이 경계를 지어 물결에도 국경이 있는 듯이 착각하게 하지만, 바다는 열려 있어 아무 거리낌없이 넘나들 수 있다고 했다. 황제의 궁궐 九門의 풍월이 좋다고 하지만, 하늘 끝 저 먼 곳에 펼쳐져 있는 공간에 견주면 지극히 좁고 갑갑한 곳이다. 사람이 살면서 구분하고 만든 것은 무한한 시공에 견주어보면 지극히 작은 줄 알아 마음을 넓게 열어야 한다고 암시했다.

　이런 서정시는 말은 간결하면서 뜻하는 바는 깊어, 시간과 공간, 자연과 인간, 문명권과 국가, 타인과 자기, 관념과 사물이 서로 나누어져 있으면서 또한 하나임을 나타냈다. 그 점을 깊이 깨달아 중세인은 서정시를 문학의 으뜸으로 삼았다. 공동문어 서정시는 문명권을 하나로 만드는 공동의 이상을 확인하는 최상의 방법이었다. 그러므로 동아시아 한문문명권의 일원이 된 여러 나라 많은 민족은 한문을 익혀 한시를 짓는 데 뒤지지 않으려고 일제히 노력하는 것이 당연한 일이었다.

월남인은 당나라의 통치를 받고 있어서 자기 작품을 별도로 내놓지 못했지만, 段義宗 같은 시인이 활약한 南詔의 한시는 당나라에서 인정하고 평가하지 않을 수 없었다. 신라와 발해는 선두의 위치를 두고 서로 경쟁했으며, 일본 또한 자기 나름대로 수준을 갖추려고 노력했다. 한문을 하는 것을 전문기능으로 하는 文士 집단이 새롭게 등장해 당나라와 긴밀한 관계를 맺고 역량을 키워 시대 변화를 촉진했다.

당나라에서 외국인을 위해 賓貢科라고 하는 과거를 실시하자, 여러 나라 사람들이 가서 급제하고 지위와 이름을 얻고자 했다. 六頭品이라고 일컬어지던 신라의 文士 집단이 그 기회를 적극 이용해서 사회적 진출을 가속화하려고 했다. 崔致遠이 그 가운데 특히 두드러진 활동을 해서, 《桂苑筆耕集》이라는 이름으로 자기 스스로 엮은 문집이 오늘까지 전하고, 그 밖에도 많은 작품을 남겼다.

《桂苑筆耕集》에 실려 있는 당나라 시기 작품은 글의 종류나 내용이 다양하지만, 크게 두 부류로 나눌 수 있다. 산문은 대부분 글 쓰는 직책을 수행해서 생계의 방도를 삼는 '筆耕'의 소산이고, 시에서는 이따금 자기 내심을 토로했다. "海內誰憐海外人 問津何處是通津"(해내의 사람 누가 해외 사람을 가련하게 여기리, 묻노라 어느 곳이 건널 만한 나루인가?)라고 하는 말로 시작되는, 당나라의 관원에게 준 시 〈陳情上太尉詩〉에서는 고국을 그리워하는 심정을 나타냈다.

같은 시기인 9세기에 일본에서는 국가 사업으로 《凌雲集》, 《文華秀麗集》 등의 한시집을 편찬한 것도 오늘날까지 전한다. 그 일을 주관한 菅原道眞은 할아버지가 당나라에 다녀온 이래로 한문하는 것을 전문으로 하는 '博士'의 직책을 대대로 이어온 집안에서 태어나, 계속 분발하고 노력해 일본한문학을 본궤도에 올렸다. 그래서 영광을 누린 것만은 아니고 많은 어려움을 겪고 비방을 산다고 〈博士難〉이라는 시에서 하소연했다.

그 두 사람의 경우를 함께 살펴, 중세문학의 일반론을 마련하는 단서를 얻을 수 있다. 모든 것을 넘어선 조화를 최고의 이상으로 삼은 이면에 여러 겹의 분열이 있고, 시공을 넘어선 보편주의가 각국에서 당면하고 있는 현실과 서로 달랐던 시대의 모습을 드러내 문제삼는 것이 중세문학의 사명이었다. 그런데 주어진 규범을 따르면서 공공의 사업을 하는 외향의 문학과 자기 내심을 전에 없던 방식으로 토로하는 내향의 문학이 어긋나 그 어느 쪽에서도 그 일을 온전하게 하기 어려웠다.

조화와 분열의 양면 가운데 조화를 훌륭하게 구현하는 것을 바람직하게 여기고 분열에 대해서는 의의를 부여하지 않는 것이 당시의 문학관이었다. 중국의 대가들은 조화가 조화일뿐만 아니라 분열이 또한 조화임을 납득할 수 있게 형상화해서 앞서나갔다. 한국, 일본 등 그 주변국의 문인들은 조화와 분열이 따로 노는 것을 막지 못해, 조화는 공허하고 분열은 생경하게 보이도록 하기 일쑤였다. 한문학을 하는 능력이 모자라고, 분열의 양상은 감당하기 어렵게 심각해, 그런 차질을 빚어냈다고 할 수 있다.

동아시아 여러 민족이 여러 형태의 한문학을 창작하기 위해서 일제히 노력했어도, 중세전기 동안에는 한문학의 수준에서는 중국이 압도적인 우위를 차지하고 다른 곳에서는 중국과 경쟁을 할 수 없었다. 그런데 중세후기에 이르면 사정이 달라졌다. 그 이유는 다 각도로 분석해야 하지만, 한 마디로 말해 조화의 시대가 가고 분열의 시대가 이르렀기 때문이라고 할 수 있다. 중국에서 조화에 매달려 문학이 생기를 잃을 때, 그 주변의 여러 나라에서는 분열 인식을 새로운 미학의 근본으로 삼은 혁신 노선이 나타나 한문학을 다원화하고, 민족어문학에 근접시켰다. 그래서 중세보편주의를 독자적으로 구현하는 방향으로 나아갔다.

중국의 중세후기는 南宋 이후라고 할 수 있다. 그때부터는 중국이 절정기를 지나 쇠퇴기에 들어서기 시작해서, 동아시아 전체의 규범이 되는 문학을 산출하지 못했다. 12세기 남송 이후의 시문은 동아시아 다른 나라에서 고전으로 인정하지 않아 읽지 않고 무시했다. 남송의 문인 가운데 북송의 蘇軾처럼 널리 알려진 사람은 하나도 없다. 바로 그 점은 중세전기가 끝나고 중세후기가 시작되었다는 명백한 증거이다.

남송 이후 청대까지의 중국 시문은 생동감을 잃어 수준이 날로 저하되고, 중국을 대신해서 다른 나라에서 한문학 창작의 새로운 활력을 보여준 것은 서로 연관되어 있는 양면현상이다. 한쪽이 내려가면 다른쪽은 올라가게 마련이다. 중세후기는 문명권의 중심부를 대신해서 중간부가 활기를 띤 시대였다. 주변부의 등장은 그 다음의 중세에서 근대로의 이행기에 볼 수 있는 일이다.

새 시대 역사 창조의 충만된 경험을 공동문어문학의 영역에서 표현하는 것이 중세후기의 공통된 과제였다. 13세기 한국의 李奎報, 15세기 월남의 阮廌가 그렇게 하는 데 앞서서 한문학 창작을 통해서 민족과 민중을 발견하는 감동을 표현했다. 중국 안에도 李奎報와 동시대인인 금나라에서 벼슬한 선비족 元好問이나 원나라의 재상이 된 거란족 耶律楚材가 한족의 한문학에 맞서는 북방민족의 한문학을 이룩하려고 했으나, 민족국가의 발전이 그 배경이 되지 못해서 한때의 시도에 그칠 수밖에 없었다.

阮廌의 작품을 한 편 들어보자. 제목을 〈白藤海口〉라고 한 것이다. 중국과의 싸움이 빈번하게 이루어진 장소인 백등강이 주는 감회를 다음과 같이 노래했다.

朔風吹海氣凌凌	삭풍이 바다로 불어 그 기운 늠름한데,
輕起吟帆過白藤	시인의 배를 가볍게 일으켜 백등강을 지나간다.
鰐斷鯨剮山曲曲	악어를 베고, 고래를 쪼갠 산 모양 구비구비,
戈沉戟折岸層層	창이 떨어지고 쌍지창이 꺾인 해안 층층이,
關河百二由天設	물가 요새 백두 곳은 하늘이 설치하고,
豪傑功名此地曾	일찍이 호걸들은 이곳에서 공명을 이루었도다.
往事回頭嗟已矣	지난 일 되돌아보면 슬프다고 하고 말 것인가.
任流撫景意難勝	흐름 따라 풍경 스치며 마음 가누기 어렵다.

이 시는 세 층위로 이루어져 있다. 험준한 산세가 물속으로 치달아 험준하고 날카로운 섬들을 여럿 만들어낸 광경 묘사가 그 세 가지 층위에서 하고자 하는 말이 모두 범상할 수 없게 한다. 무기를 휘둘러 전쟁을 한 자취가 기이한 형상을 한 바위에 남아 있다고 한 말이 조화의 가상을 깨고 분열의 실상을 나타내는 구실을

거듭해서 하면서, 세 층위에서 각기 다른 의미를 지닌다. 이 시는 세 층위에서 모두 중세전기문학과는 다른 중세후기문학의 특성을 보여준다.

표면에 있는 첫째 층위에서는 白藤江이라는 강 어구에서 본 바다 경치를 그렸다. 전쟁의 자취가 바위에 남아 있다고 한 말은 묘사를 하는 데 쓴 비유이다. 자기 나라 산천의 아름다움을 둘러보고 칭송하는 것은 한시가 민족문학일 수 있게 하려는 시인이 감당해야 할 첫 번째 과업이다. 이 시에서 노래한 현장은 이름난 명승지여서, 관광객이 많이 찾는다.

그 아래의 둘째 층위에서는 역사를 회고했다. 전쟁의 자취가 바위에 남아 있다고 한 말은 현재에서 과거로 방향을 돌리기 위해서 필요한 지시어이다. 백등강은 중국 가까운 곳에 있는 천연의 요새이다. 그곳에서 지난 시기에 중국의 침공을 물리치는 빛나는 승리를 거듭해서 거두었다. 원나라의 침공을 물리치고 빛나는 승리를 거둔 위업을 기린 張漢超의 〈白藤江賦〉가 민족의 고전으로 전승되고 있다. 阮鷹는 그런 전례를 이어 이 시를 지었다. 외적을 물리치고 승리를 거둔 자랑스러운 역사를 회고하면서 민족의식을 북돋우는 과업을 시인이 맡아 나섰다.

맨 아래에 숨겨져 있는 셋째 층위에서는 과거가 아닌 현재의 상황을 노래했다. 전쟁의 자취가 바위에 남아 있다고 한 말은 이제부터 이루어야 할 소망의 암시이다. 지난날을 생각하니 슬프다 하고, 눈앞의 풍경을 보고 마음 가누기 어렵다고 해서, 현재의 불만을 토로하면서 그런 말을 했다. 중국의 명나라가 월남을 침공해서 통치하고 있는 것이 당시의 상황이다. 그 때문에 분개하면서 지난 시기의 영웅적인 투쟁을 되살려 독립을 되찾고자 해서 이 시를 지었다. 시인이 앞장서서 민족사의 진로를 제시했다.

중세후기의 한문학은 한편으로 민족을 인식하고 민중과 공감을 나누는 현실 참여의 방향으로 나아가고, 다른 한편으로는 내면의 진실성을 찾는 데 힘썼다. 한문학의 오랜 전통인 궁정문학과 산야문학, 관인의 시와 寒士의 시 둘 가운데 앞 노선은 버릴 수 없었지만 대단하게 여기지 않고, 뒷 노선을 이어 발전시키는 데 특히 힘쓰면서 그것을 외향과 내향 둘로 갈라 현실 참여와 내심의 각성 가운데 어느 쪽을 택할까 고심했다. 진퇴의 문제가 그런 방식으로 다시 제기되었다.

그 시기에 중국·월남·한국에서 불교가 禪宗으로 바뀌어, 不立文字를 내세우면서 내심의 진실을 스스로 찾는 것이 또한 새로운 풍조로 등장한 것이 그것과 서로 관련된 일이다. 한문문명권 중세후기사상을 이룩하면서 성리학을 주류로 한 신유학과 선불교가 서로 협동하면서 경쟁하는 관계에 있었다. 그런데 일본에서는 신유학은 아직 등장하지 않아, 五山의 禪僧들이 세상에서 물러나서 얻은 지혜로 한 시대를 이끌어나가는 구실을 했다.

그 선구자인 14세기의 詩僧 別源圓旨는 원나라에 가서 십여 년 머물면서 공부하고 귀국해서 五山 여러 절의 주지 노릇을 하며 일본 禪宗를 이끌었다. 원나라에서 쓴 시문집과 함께, 귀국 후에 일본한문학이 국제적인 수준에 이른 것을 입증하는 작품을 남겼다. 그러나 밖으로 나다닌 것이 자랑스럽다고 하지 않고, 소란한 세상에서 벗어나 산수를 찾아 마음의 평화를 얻는 것이 가장 보람 있는 일이라고 했다. 그 점을 깨닫기 위해서 멀리까지 가서 많은 수고를 한 것이다.

世上紛紛幾變遷　세상 어지러이 얼마나 변하더라도
靜中風景尙依然　고요한 풍경은 언제나 그대로 있도다.
天恩只在林閒久　하늘의 은혜 한가로운 숲에 오래 머물러
未奪閑窓一枕眠　고요한 창가의 잠을 빼앗아가지 않는다.

〈漫成〉이라고 한 시이다. 제목이 '한가로이 이루었다'는 말이다. 무엇이든 급히 이루려고 애쓰는 것은 헛되고, 모르는 사이에 저절로 이루어지는 것만 참되다고 했다. 세상은 소란스럽게 변해도 고요하고 변하지 않은 곳이 있어, 마음의 안정을 얻을 수 있다 했다. 시에서는 그 경지에서 잠드는 山僧이 홀로 편안하기를 구한다고 말했지만, 그렇게 해서 세상에서 벌어지고 있는 허위에 찬 다툼을 넘어서는 길을 보여주고 있다고 인정되어 널리 숭앙되었다.

16세기 한국의 유학자 李滉은 시골의 한미한 가문에서 태어나 스스로 노력해서 당대의 스승이 된 사람이다. 불교를 배격하고 朱熹의 성리학을 이어받아 세상을 구하는 도리로 삼으면서, 물러나서 마음을 바르게 해 그 근본을 다지는 데서 한 걸음 더 나아가고자 했다. 세상에 나가 벼슬을 하다가 山林으로 돌아와 지극한 즐거움을 누리는 것이 다행스러운 일이라고 했다. 산림에서 사는 것을 즐긴다고 해서 도의를 저버리는 것이 아니고, 도의의 근본이 되는 심성을 기르기 위해서 고요한 곳을 찾는다고 했다. 陶淵明을 숭상해 화답한 시를 여러 편 지은 가운데, 다음과 같은 구절이 여기저기 있다.

物與我同樂　　만물이 나와 함께 즐거워하는데,
貧病復何疑　　가난이나 병이 무슨 근심이리오.

我本山野質　　나는 본디 산야의 기질이어서,
愛靜不愛喧　　고요함이 좋고, 시끄러움은 싫다.

萬物各自得　　만물이 각기 스스로 얻은 바 있어
玄化妙無乖　　조화의 신묘함에 어긋남이 없네.

古來英傑上　　옛날부터 영걸스러운 선비는
終不墮風塵　　티끌 먼지 속으로 떨어지지 않았네.

　궁정문학의 화려한 기풍을 멀리하고, 산야로 물러나 이런 시를 지으면서 내심의 진실을 찾았다. 그렇게 해서 시인이 권력의 가호에서 벗어나 고난의 길에 들어서서 만인의 스승이 되고자 한 것은 다른 문명권에서도 볼 수 있는 중세후기문학의 일반적인 경향이었다. 산스크리트문명권의 구도승(bhakti)은 '숲'으로 물러나서, 아랍어문명권의 수행자(sufi)는 '사막'을 찾아가면서 그 과업을 수행했다. 동아시아에서는 불교의 새로운 노선을 개척한 禪僧들이, 선비의 무리라는 뜻으로 '士林'이라고 일컬어지는 성리학자 또는 도학자들과 함께 '산'을 정신적 고향으로 삼는 공통점을 보이면서, 다른 한편에서는 서로 경쟁하고 배격하는 관계를 가졌다.

그 둘의 경쟁에서 선승이 불리하게 된 것이 전반적인 추세였다. 그 이유는 선승의 사상으로는 사회를 조직하고 문화를 창조하기 어려운 결함을 신유학에서 시정했기 때문이다. 선승과의 경쟁에서 승리한 사림은 비판자의 자리를 떠나 집권세력이 되어 내면의 진실 못지않게 외면을 지배하는 규범을 중요시하게 된 것이 '박티'나 '수피'의 경우와 다르다.

선승과 사림의 경쟁관계가 결판이 난 구체적인 양상은 나라에 따라 달랐다. 월남에서는 陳朝 말기인 14세기에 선승들의 활동이 두드러져 국왕이 승려가 되기도 하다가, 15세기에 黎朝가 등장하면서 유학자들이 주도권을 가졌다. 한국에서는 그런 변화가 일거에 더욱 뚜렷하게 나타나, 14세기 말 조선왕조의 건국과 더불어 선승의 시대는 가고, 사림의 시대가 시작되었다. 일본에서는 그러한 변화가 몇 백년 뒤에 와서, 중세후기는 선승들의 시대였다.

13세기 이후의 중세후기에는 물론, 17세기 이후 중세에서 근대로의 이행기에 이르러서도 표면상으로는 한문학의 주도권을 중국에서 잡고 있었다. 그러나 그 이면의 사정은 크게 달라졌다. 다른 나라에서는 한문학이 민족문학이고, 또한 민중의 현실에 참여하는 문학일 수 있게 하고자 노력하는 새로운 움직임을 나타내고 있을 때, 중국 안의 한족 문인들은 조화의 미학에 집착하는 의고적인 표현을 되풀이하면서 정통한문학의 낡은 집을 지키는 것 외에 다른 움직임은 적극적으로 보이지 않았다. 명대에는 李夢陽, 청대에는 王士禎 같은 의고파 시인들이 한 시대를 풍미하는 영향력을 가졌으나, 오늘날의 중국문학사 서술에서는 대단하게 여기지 않는다.

그 이유가 무엇인가 따진다면, 민족의식의 각성, 민족어문학의 발전과 같은 변화를 중국에서는 겪지 않아 새 시대의 문학을 창조하는 작업이 활발하게 진행되지 못했다고 할 수 있다. 그래서 민족문화를 다양하게 발전시키는 상승세를 탄 쪽과 그렇지 못한 쪽의 하강세가 대조를 이루었다. 그것은 시대가 바뀌면서 선진이 후진이 되고, 후진이 선진이 되는 전환의 전형적인 본보기이다.

중세에서 근대로의 이행기의 한문학은 민족어문학의 도전을 받고 열세에 몰리기 시작했으므로 혁신되어 새로운 가치를 발현할 수 있었다. 한문학과 민족어문학의 관계에서 중세전기에는 한문학이 일방적으로 우세하고, 중세후기에는 민족어문학이 일어났어도 한문학에 대해서 가치의 서열이 저급한 위치에서 벗어나지 못했다. 그러나 중세에서 근대로의 이행기에는 민족어문학이 크게 성장해서 한문학과 맞서려고 했으며, 한문학은 민족어문학의 새로운 창조물을 받아들여 시대 변화에 동참하려고 했다.

동아시아는 하나이면서 여럿이라는 것이 언제나 변함없는 사실이지만, 그 가운데 어느 쪽이 더욱 소중하게 평가되었는가 하는 것은 시대에 따라서 달랐다. 문명권 전체의 보편적 이상을 중세전기 동안에는 어디서나 대등하게 구현하려고, 중세후기에는 각기 자기 나름대로 독자적으로 이룩하려고 노력했다. 그런데 중세에서 근대로의 이행기에 이르면, 보편주의에 대한 이해를 상대화해서 누구나 민족문화의 발전을 통해서 보편적 가치를 추구하는 것이 마땅한 일이라고 했다. 민족어문학이 발달한 다른 여러 나라는 그 노선에서 새로운 한문학을 이룩했다.

중세에서 근대로의 이행기의 새로운 한문학이 산문에서는 野談이고 시에서는 樂府詩이다. 설화를 받아들여 野談을 만들고, 민족어시를 한시로 옮겨 樂府詩를 지어 한문학을 민족적이고 민중적인 문학으로 만들고자 하는 운동이 일어난 것이 획기적인 일이다. 그런데 야담을 만들고 그것을 가다듬어 한문소설을 창작하는 데는 한국에서만 특별한 열의를 가졌으며, 악부라고 할 수 있는 시는 다른 여러 나라에서도 광범위하게 출현했다.

樂府詩는 낡은 명칭을 지닌 새로운 문학이었다. 민간의 노래를 한시로 옮겨 樂府라고 하는 것은 중국에서 일찍 이루어진 관례이다. 중국에서는 樂府가 사라진 시기에, 다른 여러 나라에서는 자기 민족의 노래인 새로운 樂府를 다양하게 갖추는 데 일제히 힘썼다. 그런 배경을 가지고 창작된 樂府詩가 중세에서 근대로의 이행기에서 한문학의 가장 소중한 영역을 이루었다.

민족어시를 한시로 옮긴 飜譯樂府, 자국의 역사를 노래한 詠史樂府, 당대의 풍속을 다룬 紀俗樂府를 한국·월남·일본에서 각기 풍부하게 보여주었다. 18세기 말에서 19세기 초에 걸쳐서 활동한 동시대인 한국의 金鑢, 월남의 阮攸, 일본의 賴山陽은 하층민의 삶에 대해서 관심을 가지고 현실인식을 형상화한 기속악부의 명편을 창작하는 과업을 함께 수행했다. 중국 안에서는 한족 시인들이 아닌 소수민족 시인들이 새로운 한시를 지어 민족의 삶을 되돌아보는 데 힘썼다. 몽골인 蒲松齡이나 白族의 李於陽이 그 좋은 본보기를 보였다.

金鑢의 〈古詩爲張遠卿妻沈氏作〉을 한 본보기로 들어보자. 이 작품은 중국 漢代의 악부 〈古詩爲焦仲卿妻劉氏作〉을 본뜬 작품이다. "焦仲卿의 처 劉氏를 위해 지은 古詩"라고 하는 작품 이름을 사람 이름만 바꾸어 다시 사용해서 "張遠卿의 처 沈氏를 위해 지은 古詩"라고 했다. 장편 五言古詩인 점이 서로 같다. 오늘날 통용되는 용어를 사용하면 둘 다 서사시이며, 남녀관계를 다룬 범인서사시이다. 두 작품은 각기 중국문학사와 한국문학사에서 큰 비중을 두고 다루는 공통점도 있다. 그런데 불행히도 하나는 작자 미상이고, 다른 하나는 전문이 전하지 않아 미완이다.

두 작품은 이루어진 시기가 천여 년의 차이가 있고, 다룬 사건이 서로 다르다. 먼저 것은 시어머니가 시집에서 내쳐서 남편과 헤어져 애정을 잃고, 친정에 오니 어머니는 개가하라고 해서 정절을 지킬 수 없게 되자 죽음을 택한 여인의 가련한 처지를 동정했다. 나중 것은 세상살이 고난을 무수히 겪고 양반의 지위를 얻은 관원이 백정 출신의 천한 처녀를 아내로 맞이하게 된 경위를 다루어, 하층민의 생활에 대해서 새로운 인식을 하고, 신분의 차이를 넘어선 평등한 관계를 이룩해야 한다는 주제를 나타냈다.

빈부귀천이 엄연히 다른데 평등을 말하는 것은 납득할 수 없다. 그런 의문을 푸는 것은 쉬운 일이 아니다. 사람이 사는 것이 서로 다르지 않다는 것을 실감나게 그려서 차등이 부당하다고 하는 근거로 삼고, 기존 관념에 대한 반론을 전개해야 한다. 백정 처녀에게 구혼을 하는 양반 관원이 다음과 같이 말한 대목이 과연 그렇다고 인정할 것인가 독자가 판단해야 할 일이다.

六歲識繰絲	여섯 살에 실 자을 줄 알고,
七歲通諺書	일곱 살에 언문을 깨쳤네.
八歲髮點漆	여덟 살에 윤기 흐르는 까만 머리,
學姊能自梳	언니 본떠서 혼자 빗질을 하네.
時向華燈下	밝은 호롱불 아래 앉아,
朗吟謝氏傳	謝氏傳을 낭낭하게 읽으면,
微風送逸響	선들바람이 귀여운 목소리 실어
琮琤破玉片	쨍그렁 구슬 깨지는 소리로다.
九歲辨晉字	아홉 살에 천자문 알고,
十歲曉歌詞	열 살이 되어서는 가사를 깨쳐
短閱山有花	산유화 짧은 가락을
延嚨益凄其	목을 뽑아 애처롭게 부르네.

주인공이 커가는 과정을 이렇게 묘사했다. 백정의 딸로 태어났다고 해서 미련하고 무식한 것은 결코 아님을, 해마다 있었다고 하는 일을 하나씩 차례대로 들어 납득할 수 있게 보여주었다. 건강하고 아리따운 모습으로 자라나면서, 길쌈하고, 몸단장 하는 일을 일찍 익혔을 뿐만 아니라, 글공부도 하고 노래도 익혀 모자랄 것이 없다고 했다. 글공부를 한쪽만 하지 않고 국문을 익혀 소설을 읽으면서, 천자문을 또한 깨쳐 한문도 안다고 했다. 노래를 통해서는

기층문화의 유산을 이어받아, 상하의 교양을 모두 쌓았다고 했다.

한 마디로 간추려 말하면, 상하남녀의 지체에 따라 나누어져 있던 여러 가닥의 어문문화를 나이 어린 하층여성이 온몸으로 아울러 하나가 되게 한 것이다. 그런 대단한 일이 이루어지고 있는 줄 상층남성은 알지 못하고 인정하지 않기 때문에, 작품 속에서 구혼자로 나선 양반 관원이 놀라운 발견을 하도록 설정한 시를 한시로 써서, 한시라야 읽는 독자들을 깨우쳤다. 그렇게 하면서 한시가 우월하다는 오랜 편견을 부정했다.

지체를 나누어놓는 구실을 하던 한문학이 그것을 뒤집는 구실을 하게 된 것은 놀라운 변화이다. 중원과 변방에 관해서도 그런 말을 할 수 있다. 중원이 홀로 우뚝한 것을 입증하던 한문학이 그 반대의 상황을 말해주는 데 이르렀다. 문명권의 '중간부'인 한국에서 이런 작품을 산출했을 뿐만 아니라, 그 '주변부'인 일본에서도 주목할 만한 반격을 했다. 한문학의 규범을 '중간부'에서는 이어나가면서 새롭게 이용하려고 했는데, '주변부'는 아예 뒤집어엎으려고 했다.

狂詩라고 하는, 고전명시를 우스꽝스럽게 뒤집어엎는 戲作樂府가 일본에서 크게 성행한 것이 그런 현상이다. 정상적인 어법에서 벗어난 變體漢文은 다른 시대 다른 나라에서도 사용되었으나, 중세에서 근대로의 이행기 일본에서 특히 긴요한 구실을 했다. 安藤昌益은 말이 제대로 되는가 염려하지도 않고 일본어가 섞인 한문을 마음 내키는 대로 써서, 사상혁신의 과업을 중국의 王夫之, 한국의 洪大容, 월남의 黎貴惇보다 더욱 과감하게 수행할 수 있었다.

중국의 민족어문학

동아시아 다른 나라에서는 한국의 鄕歌, 일본의 和歌, 월남의 國音詩, 白族의 白文詩, 유구의 琉歌 같은 민족어시가 공동문어시와 공존하는 오랜 기간 동안에 중국에서는 공동문어시만 있고 민족어시는 없었다. 민간의 노래를 기록한 樂府라도 공동문어를 사용했다. 공동문어시를 지으면서 구어를 일부 섞는 경우는 있었으나 그것은 예외에 지나지 않았다. 白話詩라고 하는 구어시는 20세기에 들어와서 비로소 마련되었다. 그 점에서는 중국문학의 발달이 가장 뒤떨어졌다. 공동문어문학의 선진국이 민족어문학의 후진국이 되는 것은 당연한 일이다.

그렇다고 해서 중국문학이 공동문어문학으로 일관하기만 한 것은 아니다. 중국에서도 민족어문학을 일으켰다. 중세후기에 내놓은 희곡과 소설에 일상생활의 구어가 사용되어 민족어문학으로 나아가는 길을 보여주었다. 그 점에서 중국이 동아시아 다른 나라와 보조를 같이 하는 것처럼 보였다. 세계문학사의 전개에서 중국문학만 예외라고 해야 할 이유가 없게 했다.

胡適이 《白話文學史》에서, '일천 년 동안 중국문학사는 古文문학의 末路史이며 白話문학의 발달사'라고 한 것은 지나치다 하겠지만 어느 정도 타당하다. 백화의 요소를 어느 정도 지닌 문학을 백화문학이라고 하고서, 그런 문학이 생겨나서 자라난 것이 중국문학 발전의 전반적인 추세임을 지적한 것은 대세와 부합하는 말이다. 고문문학의 힘이 너무 커서 백화문학의 성장이 순조롭지 못한 사정을 밝혀 논하고, 다른 나라와의 비교론을 곁들였더라면 논의가 정확하게 이루어졌을 것이다.

소설이나 희곡의 실상을 보면, 일상의 구어를 그대로 살리지 못하고 공동문어에 적지 않게 의존해 그 둘이 섞여 있는 '중간문체'라고 해야 할 것을 사용하는 것이 상례였다.《西廂記》나《紅樓夢》은 중세에서 근대로의 이행기의 시대정신을 생동하게 표현한 의의를 가져 높이 평가되지만, 아직 문어에 많이 의존하고 있어 구어 사용을 일반화하는 데 기여했다고 하기 어렵다. 여러 형태의 說唱이 성행했어도, 정통 한시와 맞설 수 있는 구어시형을 만들어내지는 못했다.

중국어 또는 漢語라고 일컫는 언어는 많은 개별 언어로 이루어져 있다. 듣고 이해할 수 있는 정도를 들어 말하면, 프랑스어·이탈리아어·스페인어보다는 멀고, 프랑스어·영어·러시아어 정도의 거리인 것들이다. 그 가운데 사용자 수가 세계의 많은 언어 가운데 30위 안에 드는 것만 들어도 다음과 같다. 언어 이름을 여럿 병기한다. 뒤의 숫자는 백만 명 단위로 나타낸 사용자이다.(http://www.sil.org/ethnologue/top199.html)

1위　Mandarin 官話(北京語, 普通話) 885

10위　Wu 吳語(上海話) 77

16위　Yue 粤語(廣東話) 66

21위　Min Nan 閩語(福建話) 49

22위　Jinyu 晋語(山西話) 45

28위   Xiang 湘語(湖南話) 36

30위   Hakka 客家語 34

　소수민족의 문학은 관심을 가지고 조사하고 연구하면서, 이들 언어의 문학에 대해서는 알려주지 않아 열심히 찾아도 성과가 부족하다. 吳語 구비서사시 자료 보고가 있는 것이 희귀한 예이다.(姜彬 主編,《江南十大民間敍事詩》, 上海: 上海文藝出版社, 1989) 地方戱라고 하는 연극은 개별 언어를 사용했음은 부인할 수 없는 사실인데, 음악이나 공연 방식이 다른 점을 논하는 데 그치고 대본은 논의 대상으로 삼지 않는다. 소설의 경우에는 표준어와 다른 언어를 이따금 사용한 것이나 거론한다.(周振鶴·游汝杰,《方言與中國文化》, 臺北: 南天書局, 1990)

　근래 지방문학사가 나오기 시작해서 새로운 경지를 개척하는 것 같다.(鍾賢培·汪松濤 主編,《廣東近代文學史》, 廣州: 廣東人民出版社, 1996; 陳書良 主編,《湖南文學史》, 湖南敎育出版社, 1998; 李玫,《明淸之際蘇州作家群硏究》, 北京: 中國社會科學出版社, 2000; 羅可群,《客家文學史》, 廣州: 廣東人民出版社, 2000) 그러나 특정 지방에서 배출한 작가들이 전개한 문학활동을 정리해 논하면서 지역사회와의 관련을 문제 삼는 데 그친다. 사용한 언어에 관해서는 관심을 가지지 않는다. 연극을 공연하거나 오늘날의 문학을 창작할 때에는 당연히 문제되는 개별어의 사용 여부는 논의의 대상이 아니다.

　다만《客家文學史》에서는 "客家方言"이라고 일컬은 客家語를 사용한 작품에 관해 고찰했다. 洪秀全을 비롯한 太平天國의 지도자들은 모국어가 客家語여서 거사의 강령을 선포한 시를 구비시가의 형식을 받아들이고 지을 때 이따금 객가어를 사용했다고 했다. 그러나 그 전례가 이어지는 것은 아니다. 위에서 든 것들을 비롯한 많은 언어가 독립된 언어로 인정되지 않고 있어 상해어문학, 광동어문학, 복건어문학 등이 별개의 문학으로 자라나지 않고 있으며, 그래야 한다는 주장도 들리지 않는다. 사용자 수에서 세계 16위인 광동어가 홍콩영화에서나 제 목소리를 내고 있다.

남아시아의 산스크리트문명권이나 서유럽의 라틴어문명권에서는 산스크리트나 라틴어가 여러 언어로 분화되어 각기 그 나름의 민족문학을 발전시켰다. 이런 과정이 중국에서 나타나지 않은 것은 분명히 특이하고 예외적인 일이므로 원인을 찾아야 한다. 이에 관해 두 가지 추정을 해볼 수 있다. 첫째는 한문이 말이 아닌 글이어서 언어분화를 막고, 구어가 글의 영역으로 들어오지 못하게 하는 작용을 하지 않았던가 하는 것이다. 둘째로는 중국에 들어선 거대제국이 해체되지 않아 개별 민족국가가 생겨나지 못한 것이 그 원인이었다고 생각된다.

한문이 글이 아니고 말이었다면 말은 하는 동안에 변해서 지역에 따라 다른 구어가 파생했을 것이다. 산스크리트문명권이나 라틴어문명권에서는 그런 일이 일어났다. 한문은 말과는 별도로 쓰이는 글이어서 말을 직접 기록할 필요가 없으므로 구어가 글의 영역으로 들어오지 못하게 했다고 할 수 있다. 그런데 한국·월남·일본에서는 한문을 사용하는 다른 한편에서 자기네 구어를 표기하는 문자생활을 시작했다. 한문의 기능이 달라서 그랬던 것은 아니고, 민족국가가 수립되어 민족어를 돌보고자 했기 때문이다. 첫째 원인만으로는 그런 차이점을 설명할 수 없어 둘째 원인까지 들어야 한다.

만약 중국에 원나라 또는 명나라가 망한 뒤에 통일이 다시 이루어지지 않고 여러 나라가 병립했더라면 인도아대륙이나 유럽에서처럼 각기 자기네 민족어를 기록해서 문자생활을 하는 방안을 강구해서 한문학과 민족어문학을 병행했을 것이다. 명나라가 그렇게 하는 데 일차적인 제동을 걸고, 그 뒤를 이은 청나라는 중국의 판도를 더 넓혀서 민족국가의 출현을 막았으며, 공동문어문학이 민족어문학으로 전환하는 추세에 제동을 걸었다. 그렇지만 중국 안에서도 넓은 의미의 한족에도 속하지 않은 소수민족, 그리고 중국 밖의 여러 민족은 한자를 이용해서 자기 언어를 표기하면서 민족어시를 기록문학으로 발전시켰다. 그래서 세계문학사 전개의 일반적인 과정에 비추어볼 때 중국문학사는 예외이지만 동아시아문학사는 예외가 아니게 했다.

한국·월남·일본의 민족어문학

한자를 이용해서 자국어를 표기하고, 민족어시를 짓는 일을 한국, 일본, 월남에서 일제히 했다. 이들 민족의 민족어시는 중국 한족의 민족어시보다 일찍 발달해서 면면하게 이어지고, 시대에 따른 변화를 뚜렷하게 나타냈다. 그래서 공동문어문학과 민족어문학이 대등할 수 있는 관계를 가진 점이 중국과는 다르다. 한국의 鄕

歌, 일본의 和歌, 월남의 國音詩를 들어 그 점에 관해 구체적으로 고찰해보자.

한국의 鄕歌는 시조로 바뀌고, 鄕札 표기가 訓民正音 표기로 대치되어, 중세전기와 중세후기의 민족어시가 뚜렷하게 달라진 사례를 보여준다. 월남에서는 중세후기에 이르러서 國音詩가 자리 잡았다. 한국의 鄕歌, 일본의 和歌와 맞서는 월남의 용어는 國音詩 또는 國語詩이다. 그처럼 歌라고 하지 않고 詩라고 한 작품을 창작해서, 한시와 형식, 품격, 사상 등에서 동질이고 동격인 작품을 창작하려고 한 점이 특이하다.

월남에서 그랬던 이유는 두 가지로 이해할 수 있다. 월남에서는 민족어시의 발달이 늦게 이루어졌다. 공동문어시가 일방적인 우위를 굳힌 시기에 민족어시를 힘들게 일으켜서 그 둘이 균형을 맞추도록 해야 했기 때문에 민족어시를 歌의 자리에 두지 않고 詩로 승격시켜야 했다. 월남어는 중국어와 마찬가지로 단음절의 단어가 많은 고립어이고 聲調語이므로, 5언 또는 7언의 한시 율격을 한시와 흡사하게 재현할 수 있었다.

한국이나 일본은 그 두 가지 조건이 월남의 경우와 상이해, 민족어시가 한시와 크게 달랐다. 한국어와 일본어는 다음절의 단어가 많으며, 명사에는 격어미가, 서술어에는 활용어미가 붙은 교착어여서, 한시의 율격을 받아들일 수 없었다. 자기 언어의 특색을 자연스럽게 살린 민요의 율격을 이용해 민족어시를 이룩하는 것 외에 다른 길이 없었다. 그 일을 일찍 해서 민족어시는 詩가 아닌 歌라고 하는 전통이 확립되었다. 민요에서 받아들인 율격은 음절수가 일정하지 않은 말의 토막이 모여 시의 행을 이루는 것이었다.

그렇지만 민요의 율격을 그대로 두고 이용하기만 해서는 민족어시의 품격이 높아질 수 없었다. 일본에서는 민요의 율격을 정비해서 음절수가 한 줄은 5언이고 다음 줄은 7언으로 고정시킨 5·7을 만들고, 5·7·5·7·7 같은 결합형을 애용해서 한시 못지않은 규칙이 있게 했다. 한국에서는 토막을 모아 줄을 구성하고, 줄을 모아 작품을 완결 짓는 방식을 가다듬었다. 네 토막씩 세 줄로 구성하고, 마지막 줄의 첫 토막은 기준 음절수 이하이게 하는 시조형을 만들어낸 것이 그 때문이다.

민족어시가 공동문어시와 대등한 가치를 가지도록 하는 것은 한국에서나 일본에서도 힘써 해야 할 필수적인 과제이다. 歌를 詩처럼 만들어 중세보편주의를 독자적으로 구현하려고 하는 노력을 어디서나 일제히 했다. 한국에서 李滉은 도학에서 추구하는 바를 민족어시로 나타낸 〈陶山十二曲〉을 짓고 그 발문에서 溫柔敦厚한 마음가짐의 바른 자세를, 읊기만 하는 詩보다 노래 부르고 춤추는 歌로 나타내야 감화가 더 크다고 했다. 일본에서는 민족어시의 정서적인 품격을 높이는 데 특히 힘쓰면서 미세한 언사에 거대한 의미를 부여하는 전통을 마련했으며, 그 절정을 장식한 松尾芭蕉가 대단한 숭앙을 모았다.

그런데 월남에서는 민족어시가 공동문어시와 사상이나 정서뿐만 아니라 형식에서도 대등해야 한다는 더욱 적극적인 대응책을 마련했다. 國音詩를 본격적으로 창작하는 일을 선도해서 그렇게 하는 데 앞장선 阮廌는 공동문어시와 민족어시의 균형을 가장 잘 보여주었다. 李滉은 공동문어시를 주로 창작하면서 민족어시도 몇 편 지어 그 가치를 입증하고, 松尾芭蕉는 민족어시에 힘쓴 歌人이기만 했으나, 阮廌는 공동문어시와 민족어시 창작에 함께 힘써 그 둘을 작품의 수나 질에서 대등하게 창작한 시인의 예로서 동아시아 전체 또는 세계 전체에서 특히 주목할 만하다. 중세후기문학이 성숙된 시기인 15세기에, 중세문학의 자랑인 공동문어시와 근대문학으로 나아가는 새로운 문학인 민족어시를 대등하게 창작해서, 그 둘이 상보적이고 경쟁적인 구실을 수행하게 하는 세계문학사 전개 과정의 중심점에 阮廌가 자리 잡고 있다.

阮廌의 한시와 國音詩를 한 편씩 들어본다. 〈寶鏡警戒〉라고 해서 〈경계하는 데 쓰는 보배스러운 거울〉이라는 말을 표제로 삼은 연작 가운데 15번이다. 민족사의 위기를 극복하기 위해서 마땅히 가져야 할 자세가 무엇인가 말해서 경계로 삼았다.

同胞 사이에는 骨肉의 유대가 있나니,
북쪽 가지이든 남쪽 가지이든 한 줄기에서 생겨났다.
좋은 田地 차지하고 남들에게는 나쁜 것 주지 말고,
人倫에 따라, 아랫사람을 윗사람이라고 여기자.
하나라도 상하면 되살려놓을 수 없으니,
헐벗은 무리에게는 입을 것을 주자.
이 세상에서는 많이 참는 것이 훌륭한 事業이니,
剛柔 두 극단을 아우를 줄 알자.

이 작품은 앞에서 든 한시 〈白藤海口〉와 7언율시의 형식을 갖추고 있는 점에서 서로 같고, 작품의 품격에서도 상하의 차이가 있다고 할 수 없다. 그러나 나타낸 사연이나 말하는 방식은 서로 대조가 된다. 〈白藤海口〉는 국난을 극복해야 한다고 근심하는 사람들과 같은 심정을 가질 수 있어 공감을 나누려고 쓴 작품이지만, 구체적인 사연은 없다. 구국의 영웅들이 침략자를 물리쳤던 현장에서 지난날을 회고하면서 험준한 산천을 묘사한 말로 다시 살려야 할 기개를 암시했다. 그것만으로 할 말을 다했다고 여겨, 불필요한 설명은 생략했다. 그런데 여기서는 자기 내면에서 하는 말을 표출했다. 심정을 산수에다 기탁하는 수법을 쓰지 않고, 직설법을 사용했다.

國音詩에서는 표현의 격식을 차릴 필요가 없어서 그랬다고 하겠지만, 전달의 범위를 넓히고자 하는 의도가 있었던 것이 차이점이 생긴 더욱 중요한 이유라고 생각된다. 한시는 알지 못하고, 암시적인 수법을 써서는 무슨 말을 하는지 알기 어렵지만, 군대를 지휘하고 국정에 참여하고 하는 사람들에게 나라를 구하고 백성을 돌보는 크나큰 도리를 일깨워주려면 국음시를 지을 필요가 있었다. 국음시는 읽을 수 없어도 들어 욀 수는 있으니, 전달되는 범위가 한시보다 훨씬 넓었다.

표현은 한시가 절묘하다고 하겠다. 대구의 격식을 잘 살린 덕분에 그런 평을 듣는다. 국음시 또한 7언율시의 형식을 본떠서 여덟 줄로 이루어져 있으나, 대구를 만드는 규범을 준수하지 않았다. 누구나 이해할 수 있는 말을 꾸밈새 없이 일러주었으나, 다시 생각하면 그 이치가 단순한 것은 아니다. "아랫사람을 윗사람이라고 여기자"고 하는 것은 전에 볼 수 없는 새로운 각성이다. 품격 높은 표현 대신에 수준 높은 사상을 갖추어 한시와 국음시가 대등할 수 있게 했다.

월남이나 한국은 문명권의 중간부에 자리 잡고 있어 공동문어시를 계속 힘써 창작하면서 민족어시를 발전시켰다. 한시와 대등한 詩라고 하면서 출발한 월남의 國音詩가 중세에서 근대로의 이행기에 이르면 민요의 상승을 적극 받아들여 歌로 바꿔고, 장편화해서 교술시나 서사시를 발달시키는 구실을 했다. 한국에서도 중세에서 근대로의 이행기에 장편가사, 사설시조, 판소리가 발달한 것은 구비시가의 활력을 적극 이용했기 때문이다.

월남에서나 한국에서는 공동문어시와 민족어시의 관계가 달라진 데 따라서 문학사의 시대구분을 구체화할 수 있다. 그런데 일본에서는 민족어시가 그 나름의 독자적인 역사를 가지고 있어, 공동문어시와의 관계가 그리 문제되지 않는다. 공동문어문학을 받아들여 기록문학을 할 수 있는 수련을 하자 바로 민족어시를 기록해서 창작하는 데 열의를 가져 방대한 규모의 《萬葉集》을 이룩해서, 민족어시를 일찍 확립했다. 《萬葉集》에서 시작된 和歌가 시대적인 변천을 하는 데 한시와의 관계가 개재되지 않았다.

민족어시가 일찍 확립되고 독자적인 역사를 가진 두 가지 특징은 일본이 문명권의 주변부에 자리 잡고 있어서 생겼다고 볼 수 있다. 문명권의 중심부인 중국에서는 공동문어시가 우세하고, 그 중간부인 한국과 월남에서는 공동문어시와 민족어시가 서로 경쟁하고, 그 주변부인 일본에서는 민족어시가 우세한 것이 당연한 일이다. 문명권의 중심부, 중간부, 주변부에 그런 차이점이 있는 현상은 장차 다른 여러 문명권의 경우를 들어 비교 고찰하면 더욱 분명하게 밝혀질 것이다.

일본에서 《萬葉集》에 수록된 작품을 이룩하던 시기에는 山上憶良 같은 시인이 공동문어시와 민족어시를 함께 지으면서 그 둘을 연결시키는 구실을 했다. 그 뒤에도 絶海中津 같은 禪僧이나 藤原惺窩 같은 유학자들이 한문학의 전문가로서 활동해서 일본이 한문문명권의 일원으로서 결격 사유가 없게 했으나, 한문학은 일본문학의 방계로 취급되었으며, 민족어시 和歌의 솜씨를 자랑하는 歌人들이 문학사를 이끌어왔다. 觀阿彌·世阿彌 부자가 탈춤을 상층 취향의 고급의 예술로 발전시켜 노오(能)를 만들고 많은 각본을 쓴 것은 다른 나라에는 없는 일이다.

일본에는 과거제가 실시되지 않아 한문학을 할 수 있는 사람이 드물고, 그 독자 또한 많지 않았다. 한문학의 작품 창작이 분량에서나 다양성에서나 상당히 제한되어 있었다. 그래서 일본에서는 민족어문학이 공동문어문학보다 더 큰 비중을 가지고 더욱 적극적인 기능을 수행한 점이 한국이나 월남과 다르다. 과거제가 실시된 한국과 월남에서는 한문학이 문학의 기본 영역을 이루고, 공식적인 가치를 인정하지 않은 민족어문학이 한문학과 힘겨운 경쟁을 하는 과정에서 문학사가 전개되었다.

그런데 한국에서는 민족어문학을 訓民正音으로 표기해서 읽기 쉽게 했으나, 월남에서 사용한 字喃은 한자를 이용하고 한문 표현을 그대로 쓰기 때문에 이해하기 어려웠다. 한국에서는 한문을 몰라도 국문을 알 수 있었지만, 월남에서는 한문을 알아야 字喃을 알 수 있었다. 한국에서는 상층남성은 한문학을, 상층여성과 하층남성은 국문문학을 자기 것으로 하고 하층여성은 구비문학에 머물렀다. 월남에서는 상층남성이 한문학과 자남문학을 자기 것으로 했으며, 상층여성·하층남성·하층여성이 모두 구비문학을 즐겨야만 했다. 월남에서는 구비문학이 그만큼 큰 비중을 가졌다.

상층남성이 창작하고 독자 노릇을 한 字喃문학이 구송되어 구비문학의 영역에 들어가서 그 영역을 확대하고 구비문학을 풍부하게 했다. 중세에서 근대로의 이행기에 한국·일본·월남에서 일제히 소설이 나타났는데, 한국소설에는 한문소설과 국문소설이 병존하고, 일본소설은 국문소설인 점이 서로 다르지만 그 둘은 산문을 사용했으나, 국문소설만인 월남소설은 율문을 사용한 노래였다. 소설이 노래였으므로 구송될 수 있었다.

일본의 민족어시는, 기본적인 성격이 좌우되는 변화를 겪지 않고 형식이나 표현의 일관성을 유지한 점이, 세계문학사에 다른 예가 없다고 할 만큼 특이하다. 그 이유가 어디 있는가 추적하기 위해서 한국 및 월남의 경우와 견주어보면, 문명권의 중간부와 주변부의 차이를 재확인할 수 있다. 일본의 和歌는 그 자체의 형식이나 미의식에서 그 자체의 독자적인 영역이 분명하게 확보되어 있어 한시와의 대결을 위해 고민하지 않았다. 철학사상의 전환이나 역사의식의 혁신에 관여하지 않아, 시대 변화에 초연할 수 있었다. 일본에서는 공동문어를 사용하는 사상활동을 힘써 하는 대신에, 민족어 글쓰기를 일찍부터 발전시킨 결과, 문학의 소관사가 감각적인 영역으로 순수화하거나 또는 축소 조정되었다고 총괄해서 말할 수 있다.

일본문학이 지닌 그런 특징을 17세기의 뛰어난 시인 松尾芭蕉가 특히 잘 보여주었다. 5·7·5·7·7로 이루어진 和歌 형식에서 7·7을 떼어내고, 글자 수가 5·7·5만으로 이루어진 최단형시 俳句를, 松尾芭蕉는 가장 품격 높은 예술품으로 승격시켰다고, 오늘날까지 줄곧 높이 평가된다. 작품 몇 편을 들어보자.

閑かさや岩にしみいる蟬の聲
고요함이여 바위에 스며드는 매미의 소리

石山の石より白し秋の風
바위산 돌보다 희구나 가을 찬 바람

此秋は何で年よる雲に鳥
이 가을에는 어찌하여 늙는가 구름 속의 새

此道や行人なしに秋の暮
이 길이야 가는 사람도 없이 저무는 가을

계절은 가을이고, 시간은 저녁이다. 시인은 길을 가면서 덧없이 사라지는 것들을 본다. 그래서 다가오는 허전함을 나타내는 짧은 말에 미세한 시선, 정밀한 감각, 오묘한 착상이 놀라울 정도로 잘 갖추어져 있어 잔잔한 충격을 준다.

일본에서는 섬세하고 고결한 아름다움을 이런 방식으로 드높이는 뛰어난 기교가 한 시대의 숭앙을 모으고 있을 때, 월남과 한국의 민족어시는 다른 길로 나아가, 지체가 하향 조정되면서 사회 저변의 다양한 경험을 받아들이는 추세를 보였다. 그래서 민족어문학이 다원화된 것도 사실이지만, 오늘날의 문학 연구에서 더욱 소중한 작품을 드러내서 평가하는 취향의 차이에서 이질성이 더욱 확대된다.

월남의 경우를 들어 말하면, 여류시인이 여럿 등장해서 문학의 기풍을 바꾸어놓은 것이 특기할 만한 사실이다.(Tran Cuu Chan, *Les grandes poétesses du Viêt-nam*, Saigon: Imprimerie de L'union, 1950) 선진화된 중세사회의 공통된 관습인 여성 차별에 대해서 월남의 여성은 동아시아 다른 어느 나라 여성보다 더욱 과감하게 맞섰다. 글공부를 해서 문학 창작을 하는 데 뛰어난 능력을 발휘한 여성들도 있었다. 월남문자 字喃은 한문에 능통한 유식한 남성이라야 불편없이 읽고 쓸 수 있다. 그런 장벽을 대단한 노력을 해서 넘어선 여류시인들은 문학 창작에서도 여성다움에 대한 편견을 깨는 과감한 발언을 했다.

그런 여류시인 가운데서 우뚝한 존재인 19세기 초의 胡春香은 뛰어난 자질과 날카로운 비판정신을 갖추고 사회의 모순과 다각도로 부딪혀, 섬세하고 고결한 것과는 반대가 되는 강력한 긴장을 갖춘 작품을 남겼다. 성생활이 원활하지 못해서 겪는 불만을 토로하면서 남성의 잘못을 비난했다. 가려진 것을 드러내고 허위를 문제 삼아 시비하고 논쟁하는 데 거칠 것이 없었다. 여성은 억압받고 있는 희생자이기 때문에 그럴 수 있었다. 작품을 써서 인정을 받거나 행세를 할 생각이 없어서 진실의 대변자가 될 수 있었다. 그렇게 하는 데 기본 동력이 된 어떤 도전에도 굽히지 않는 과감한 투지를 다음과 같이 노래한 것을 들어본다.

(Tran Cuu Chan, 위의 책, 56면에 원문의 로마자 표기와 번역이; Maurice Durand, *L'oeuvre de la poétesse vietnamienne Ho-Xuan-Huong, textes, traduction et notes*, Paris: École française d'Extrême-Orient, 1968, 11~17면에는 원문, 원문의 로마자 표기, 번역, 주석이 있다. 3·4행의 번역에 상당한 차이가 있는 것은 원문의 서로 다른 이본을 사용했기 때문이다. 앞의 것을 다시 번역하면서 뒤의 것의 원문에서 "현인군자"라는 말은 그대로 가져왔다.)

고개, 고개, 또 다시 고개,
이 험한 곳에 길을 낸 사람은 위대하도다.
거북 껍질인 양 울룩불룩한 땅에 풀이 시퍼렇고,
닭 벼슬처럼 돋아 오른 바위는 이끼 투성이다.
성급한 바람은 소나무 가지를 흔들어대고,
젖은 버들잎에서는 물방울이 마구 떨어진다.
오르다가 그만두어야 賢人이고 君子인가?
팔다리가 지쳤다고 물러나야 하는가?

〈詠三嶺險路〉라고 제목을 번역할 수 있는 시의 전문이 이와 같다. 한시의 7언율시를 차용한 형식이어서 모두 여덟 줄이, 두 줄씩 짝을 짓고 있다. 대구를 만들어 경물을 그리고 정감을 나타내는 情景을 만드는 방식에서도 고풍을 이었다. 그렇지만 험악한 형상을 하고 있는 경물을 통해서 강력한 주장을 지닌 정감을 전해 독자를 당황하게 한다. 賢人이고 君子라는 사람들의 신중한 처세를 비난하고, 어떤 도전이 닥쳐도 과감하게 투쟁해야 한다고 했다. 그런 자세를 소중하게 여겨 월남인은 이 시인을 줄곧 높이 평가하고 있다.

일본의 민족어시는 줄곧 고전적인 미의식을 존중하는 단형시형을 견지해온 것과 다르게, 한국이나 월남의 민족어시는 장형화의 추세를 보여주면서 더욱 다양한 경험을 반영하고, 참여자들의 저변 확대가 이루어졌다. 한국에서는 시조의 정형을 파괴한 사설시조가 나타나서 다양한 경험을 받아들였으며, 가사를 더욱 장편화해서 현실인식을 폭넓게 나타내는 데 상하남녀가 동참했다. 규방가사가 대량으로 창작되고 유통되어 여성의 교양을 높이고, 생활을 윤택하게 한 것이 특기할 만한 일이다. 월남에서는 민요의 율격을 받아들인 6·8조의 장시를 지어 생활의 실상에 관해 논의하고, 현실을 비판하는 문학을 전개했다. 월남소설은 그 형식을 사용한 율문소설로 자라났다.

차이점을 너무 강조할 것은 아니다. 공동문어문학을 청산하고 민족어문학만 하게 된 시대에 이른 것은 아니다. 민족어문학에서 새롭게 제시한 독자노선은 공동문어문학과의 관계를 새롭게 설정한 양상으로 의의를 가졌다. 구체적인 양상은 많이 달라도, 민족어문학과 공동문어문학은 생극의 관계를 가져, 대립되어 다투면서 서로 상대방을 변화시키고, 둘이 합쳐지는 영역에서 대립을 넘어서는 창조를 이룩하는 것은 전과 다름없었다.

중세에서 근대로의 이행기는 세 나라에서 모두 소설의 시대였다. 한문문명권은 유럽문명권의 근대소설을 받아들이기 전에 이미 독자적인 전통을 가진 소설을 이미 풍부하게 갖추는 데 산스크리트문명권이나 아랍어문명권보다 앞섰다. 그것은 한문문명권의 문학이 근대문학에 한 걸음 더 나아간 증거이다. 한문문명권에서 마련한 소설은 나라마다 상당한 차이가 있어 성격이 다양하다. 그렇지만 그것은 공동문어문학과 민족어문학의 관계를 새롭게 형성하는 작업을 서로 다르게 진행시킨 결과이다. 소설이라고 해서 공동문어문학과 결별한 것은 아니다.

한국의 소설은 한문소설, 한문본과 국문본 양쪽이 다 있는 소설, 국문소설의 세 가지 층위로 이루어져 있어, 공동문어문학과 민족어문학 사이의 다툼과 화합을 다양하게 펼쳤다. 그 가운데 朴趾源의 한문소설 같은 것이 문학사상의 혁신과 밀접한 관련을 가지고, 새 시대 문학이 나아갈 길을 제시했다. 金萬重의 《九雲夢》처럼 한문본과 국문본 양쪽이 다 있는 작품군이 소설에 대한 인식을 바로잡고 그 기반을 확대하는 구실을 했다.

월남이나 일본에는 한문소설이라고 할 것을 찾기 어려우나, 그렇다고 해서 민족어소설이 그것대로 발전한 것은 아니다. 월남에서는 공동문어문학에서 가져온 소재를 민족어문학으로 재창조해서 민중의 고난을 나타내는 데 힘썼다. 중국소설을 월남소설로 바꾼 阮攸의 《金雲翹》가 대단한 인기를 누린 것이 그 때문이다. 일본에서는 공동문어문학의 품격을 민족어문학에서 구현해서 민족어문학이 공동문어문학을 대신할 수 있게 하는 것을 대단한 일로 삼았다. 上田秋成이나 瀧澤馬琴의 소설이 그런 특징을 가진다.

소설의 독자 구성도 서로 달랐다. 중국소설은 백화소설이라도 한문체에서 많이 벗어나지 않고 한자로만 썼으므로 여성은 접근하기 어려웠던 점이 字喃으로 표기된 월남소설에도 거의 그대로 해당된다. 한국의 한글이나 일본의 假名은 누구든지 쉽사리 익힐 수 있어 여성의 글로 정착되었다. 그렇지만 중국소설은 남성의 관심사를 주로 다룬 것과 다르게 월남소설은 여성이 겪는 시련을 힘써 다루었다. 그런 소설을 직접 읽지 못하는 여성 독자는 들어서 외우면서 심취했다. 소설이 발달한 시기에 이르러서는 여성의 글이었던 假名을 남성이 차지해서, 남성 취향의 작품을 크게 확장한 것이 일본의 사정이고, 한국에서는 여성의 관심사를 적극 다루면서 소설이 발전했으며, 여성도 작가로 참여했다.

민족어문학이 그렇게 성장했다고 해서 공동문어문학이 위축되거나 퇴장한 것은 아니었다. 한국·월남·일본에서 모두 공동문어문학을 20세기 초까지 지속시켜왔다. 일본은 明治維新 이후에 한문학의 전성기가 왔다고 하고,(猪口篤志,《日本漢文學史》, 東京: 角川書店, 507~508면) 한국이나 월남에서는 민족해방투쟁에서 한문학을 계속 활용했다. 潘佩珠의《越南亡國史》, 다시 胡志明의《獄中日記》에 이르기까지 한문학의 효용이 지속되었다. 그렇지만 공동문어 사용을 청산하고 민족어를 국어로 삼으면서 근대화가 이룩되었다. 일본은 근대국가를 만들면서, 한국과 월남은 민족해방투쟁의 전개

과정에서 그 과업을 수행했다.

다른 여러 곳의 민족어문학

琉球는 오랜 역사를 가진 독립국이었다. 14세기에 명나라의 冊封
國이 되어, 한국·월남·일본과 대등한 지위를 누렸다. 그러다가
17세기에는 일본의 침공을 받고 간섭받아야 하는 附傭國의 지위로
떨어졌으며, 19세기 말부터는 주권을 아주 상실하고 일본의 일부
가 되었다. 한문을 받아들여, 나라의 위업을 자랑하는 비문을 세우
고, 국사를 편찬하고, 시문을 짓는 등의 일을 다른 어느 나라에 견
주어보아도 손색이 없게 했다. 자국어를 표기하는 데는 한자를 사
용하지 않고, 일본문자 假名을 가져다가 쓰면서도, 일본과는 다른
민족어문학의 독자적인 양상을 풍부하게 보여주었다.

일본의 간섭을 받던 시기 18세기 초의 탁월한 사상가 蔡溫은 한
문문명권의 보편주의 가치관을 수준 높게 구현해야 한다고 주장하
면서 또한 민족문화를 지켜나가는 데 힘써야 한다고 했다. 나라를
다스리는 마땅한 도리를 유학사상에 입각해서 밝혀 논한 《圖治要
傳》에서 다음과 같이 말했다.

國之爲國也 言語容貌 衣服禮節等類 各能隨處取宜 或小異大同 或大
異小同 而諸國之所不齊也 必欲齊之愚至也

나라가 나라다우려면 언어나 용모, 의복과 예절 등에서 각기 처
지에 따라서 마땅한 바를 취해야 한다. 조금 다르고 많이 같기도

하고, 많이 다르고 조금 같기도 해서 여러 나라는 가지런하지 않은
데, 가지런하게 하려고 하는 것은 어리석다.

유구의 국사서는 건국신화가 길게 서술되어 있어, 하늘에서 내
려와 나라를 세운 天孫氏의 시대가 일만 년 이상 지속된 다음 다시
영주들이 나타나 나라를 빛냈다고 했다. 건국신화와 관련시켜 역
대 제왕의 통치를 찬양하는 무가를 聞得大君이라고 하는 여성 나
라무당이 궁중에서 부르는 전통이 이어졌다. 그 사설을 정리해서
《오모로사우시》라는 노래책을 국가 사업으로 편찬하는 일을 16세
기에 시작했다가 일본의 침공을 받은 뒤에 완성했다.

유구는 문명권의 주변부 가운데서도 주변부이기에 그런 일을 했
다. 라틴문명권의 주변부 가운데서도 주변부인 아이슬란드에서 구
비서사시의 오랜 전승을 문자로 정착시켜 《에다》(Edda)를 편찬한
데서나 비슷한 예를 볼 수 있는 일을 했다. 《오모로사우시》의 노
래는 일본의 《延喜式》이나 한국의 《樂章歌詞》보다 연원이 오래이
고, 자기 민족의 독자적인 전통을 더욱 뚜렷하게 하고, 내용이 한
층 풍부하다.

《오모로사우시》에 수록된 노래는 원래 서사시였는데 축약되어
예찬시가 된 것이 대부분이다. 그런 것들과는 다른 서정시는 琉歌
라고 하며 별도로 전한다. 17세기 이후에 琉歌를 만들어내서, 민간
에서 자유롭게 창작해서 민속악기 三味線 반주로 부르다가 歌集을
편찬해서 정리했다. 《오모로사우시》의 노래이든 琉歌이든 일본의
假名문자로 표기되어 있어, 일본시형을 차용해서 만들지 않았는가

하는 의문을 자아내지만 그렇지 않다. 유구어를 적는 데 편리하게 쓸 수 있으므로 문자는 차용하면서 음가 표시는 조금 다르게 했을 따름이고, 노래 형식은 독자적인 것이다.

《오모로사우시》의 노래이든 琉歌이든 유구민요와 공통된 형식을 사용하기 때문에 서로 비슷하고 다른 나라에서 볼 수 없는 독자적인 율격을 갖추고 있다. 기본 형식은 음절수를 8·8·8·6으로 해서 일본의 5·7·5·7·7과 다르다. 홀수가 아닌 짝수 음절을 사용한다. 기본 형식에서 벗어난 변이형도 흔히 있다. 단가와 장가가 공존하고 있다. 단가는 8·8·8·6으로만 이루어져 있고, 장가는 8·8·8·8로 이어지다가 마지막은 8·8·8·6으로 끝난다. 歌劇의 사설로도 琉歌를 사용했다.

작자 미상의 작품이 많으나 몇몇 작가는 특별히 기억되고 칭송된다. 36歌仙이라고 하는 사람들이 뛰어난 작품을 남겼다고 한다. 거기 포함되지 않은 사람 가운데 더욱 주목할 만한 시인이 있다. 자기 고장의 산 이름을 따서 恩納라고 하는 필명을 사용한 18세기 전반기의 여류시인은 강력한 항거의 시를 썼다. 여성에게 가해지는 제약에 대해서 자유로운 사랑을 노래해서 맞서고, 유구인이 겪어야 하는 억압을 용납하지 않으려고 하는 애국적인 정열을 토로했다.(外間守善,《沖繩の歷史と文化》, 東京: 中央公論社, 1994, 133면; 外間守善,《南島の抒情 ― 琉歌》, 東京: 中央公論社, 1995, 220면)

　　물결 소리도 멈추고
　　바람 소리도 멈추고

임금님의

모습을 뵙고 싶다.

나라 일을 걱정해야 할 처지에 있지 않아도 되는 여성이, 몇 마디 되지 않은 짧은 시에서 이렇게 노래한 것은 놀라운 일이다. 유구 국토 전체로 뻗어 있는 천지를 배경으로 해서 나라를 생각하고, 물결 소리와 바람 소리로 수난을 상징하면서 수난을 넘어서서 임금님의 얼굴을 우러르는 평화를 얻고 싶다고 했다.

滿洲민족은 오랫동안 구비문학에 머무르고 있다가, 17세기에 중국의 중원지방으로 진출해 청나라를 세운 뒤에 기록문학을 마련했다. 한문을 익혀 한문학 창작에서 한족 못지않은 능력을 보인 문인들이 나타나는 한편, 만주어기록문학도 개척했다. 산문에서는 《大淸實錄》을 한문과 만주어 두 가지 언어로 서술하고, 《滿文老擋》이라는 독자적인 역사서도 이룩했으며, 유학의 경전이나 중국소설을 만주어로 번역하는 데 힘써서 만주어 글쓰기를 확대했다.

시에서는 '淸宮滿文詩'라는 것을 만들어냈다. 청나라 궁정에서 만주어로 쓴 시라는 뜻에서 그렇게 일컬어지는 그 시는 형식이 정비되어 있는 자랑으로 삼았다. 만주민요에서 가져온 頭韻과 한시를 본뜬 脚韻을 둘 다 갖추고서, 언어 구사에서도 한시 못지않은 정교함을 자랑했다. 康熙 황제의 〈避暑山莊百韻詩〉가 그 좋은 본보기이다. 만주어기록문학이 궁정의 제왕과 신료들의 문학으로 생겨나 그 범위를 넘어서지 못하고 있다가, 청나라 궁정에서 한어에 밀려 만주어가 망각되자 사라졌다.

지금의 중국 운남지방에 자리를 잡고 있던 南詔國과 그 뒤를 이은 大理國은 한문문명권의 한 나라로서 오랜 역사와 높은 문화를 자랑했다. 당나라의 침공을 물리치고 독립을 유지하다가, 원나라에 패망해서 중국의 일부가 되었다. 당나라와 맞서는 시기에 南詔의 한문학이 대단한 수준에 이르렀음은 나라의 위업을 빛내는 〈德化碑〉가 말해주고, 段義宗 같은 뛰어난 시인의 한시가 남아 있어 입증한다.

南詔國을 세운 민족이 어느 민족인가를 두고 논란이 많은데, 오늘날 중국에서 白族이 그 나라의 주인 노릇을 했다고 한다. 白族이 자기 언어를 한자로 적은 글을 白文이라고 한다. 白文 저술이 적지 않았으며, 역사서도 있었다. 그런데 원·명·청나라 통치자들은 白族이 다시 독립할까 염려해서 白文 저술을 모아 불태우고, 남은 것이 거의 없다고 한다. 금석문은 그런 시련을 견디고 지금까지 남아 있다.

목록을 제시하면 다음과 같다. 괄호 안에 연대를 적는다.

　　大理三十七部會盟碑(971)
　　大理國銅觀音造像 뒤의 銘文(1147~1172)
　　鄧川石寶香泉摩崖(1370)
　　詞記山花詠蒼洱境, 약칭 山花碑(1450)
　　故善士楊宗墓志 弟楊安道書白文, 약칭 楊宗碑(1453)
　　故善士趙公墓碑, 약칭 趙公碑(1455)
　　處士楊公同室李氏壽藏 山花一韻, 약칭 楊壽碑(1481)

史城蕪山道人健安尹敬夫婦預爲塚記 附白曲一詩, 약칭 尹敬碑(1703)

그런데 금석문은 대부분 사실을 기록한 데 그치고, 문학작품으로 평가할 것은 〈詞記山花詠蒼洱境〉 약칭 〈山花碑〉가 홀로 우뚝하다. 그 비문은 한시인으로도 이름난 楊黼가 쓴 시이며, 白文을 사용한 시 白文詩의 대표적인 작품이다. 불교사원에다 세운 비문을 시로 쓴 것이며, 주변 산천의 경치를 묘사하면서 질서와 안녕을 기원하는 마음을 나타낸 내용이다. 국가가 없어져 주권을 상실한 시기에 민족공동체의 정신적인 단합을 다지는 구실을 사원에서 맡아, 불교에다 유교를 보태서 도덕적 규범을 마련했다. 전문 20연이나 되는 장편이다. 마지막의 제19·20연을 번역해서 든다.

分數가 후해지면 土成金하고,
時運이 어긋나면 金成土한다.
聚散하기를 浮雲이나 空花 같이 해서,
고정된 것이라고는 없도다.

識景하는 사람이야 많건만
知心하는 사람은 적은 탓에,
이 사람 楊黼가 空賛空해서
天涯나 海角에다 부치노라.

원문에 있는 한자 가운데 이해할 수 있는 것은 모두 그대로 가져왔다. 제19연은 불교사상을 예사로운 말로 나타내서 새삼스러운 맛은 없다 하겠지만, "土成金", "金成土"라는 말을 쓴 것은 창의적인 발상이다. 제20연에서 시인이 시를 쓴 의도를 나타낸 말에서는 이해할 수 있는 발상을 이용해서 비범한 경지에 이르렀다. "識景"이라는 외면적 인식과 "知心"이라는 내면적 각성을 대비시킨 것은 적실하다. "空贊空"은 "空으로 空을 찬양한다"는 말인데, "空鑿空"이라고 할 수도 없다. 空의 원리를 제시하기 위해서 헛된 말로 찬양하거나 형상화했다. 표면에 나타난 말만 받아들이는 것은 "識景"이고, 그 이면에서 뜻하는 것을 깨달아야 "知心"이다. "知心"을 하는 사람이 어디 있는가 멀리 "天涯"나 "海角"에까지 가서 찾는다고 했다. 말하고자 하는 이치가 어디서나 같기 때문에 멀리서도 알아주는 사람이 있게 마련이다.

　백족은 한자를 이용해서 자기 말을 표기했지만, 納西族은 독자적인 문자를 만들어서 민족어기록문학을 이룩했다. 한자를 빌려오지 않고 자기네 문자를 스스로 만들어 사용했다. 《東巴經》이라는 경전을 이룩하는 데 자기네 문자를 사용해서, 그 문자가 東巴문자라고 일컬어진다. '東巴'란 '萬物有靈'의 원리를 가진 종교이다. 천지만물에 대해서 제사를 지내는 원리를 방대한 분량으로 적어놓은 것의 총칭을 한자로 적어서 '東巴久'라고 하고, 번역해서 '東巴經'이라고 일컫는다.

　《東巴經》은 방대한 분량의 필사본으로 전한다. 1천 5백 권이고, 1천만여 자나 된다고 한다. 그 내용은 인간만사를 다루는 백과사전이다. 그 가운데 신앙서사시 《祭天歌》, 창세서사시 《崇搬圖》, 영웅서사시 《黑白之戰》도 포함되어 있다. 경전이든 서사시이든 고대의 것을 이었으면서, 중세보편종교와 맞서서 민족신앙의 의의를 높였다.

다른 민족들과의 투쟁을 그리는 데 그치지 않고 서로 화합하는 관계를 설정하는 방향으로 민족서사시를 개작해서, 중세보편주의 구현에 자기네 나름대로 참여했다. 《崇搬圖》에서는 자기 민족과 티베트족, 白族이 같은 선조에서 태어났다고 하고, 《黑白之戰》에서는 다섯 색깔의 알에서 다섯 민족이 태어났다고 했다. 여러 민족이 서로 다투면서도 불가분의 관계를 가지고 함께 살아가는 이치를 밝히고자 해서 그렇게 했다.

彝族(이족) 또한 독자적인 문자를 만들어 민족어문학을 이룩했다. 彝族이 문자를 사용한 내력은 아주 오래된다. 《後漢書》〈西南夷傳〉을 보면 한자를 이용해서 민족어를 표기한 爨文詩(찬문시) 세 편이 한역을 통해 소개되어 있는데, 그것은 한국의 鄕歌나 일본의 和歌보다 일찍 이루어진 최초의 차자표기 민족어시이다. 그 爨文詩를 지은 사람들은 九隆을 건국의 시조로 받드는 국가를 창건하고, 중국 한나라의 책봉을 받았다고 《後漢書》의 그 대목에서 서술해놓았다. 그 나라는 국가 창건 시기가 한국의 고조선과 대등하거나 더 앞섰다.

그런데 그 때 들어선 국가가 후대까지 이어지지 않았고, 인근 지역에서 南詔國이 들어선 것은 몇백 년 뒤의 일이다. '爨'(찬)이란 민족 이름을 일컫는 말인데, 그 후손이 彝族이라고 한다. 후대의 彝族은 자기네 국가를 이룩하지 못하고, 南詔의 지배를 받다가, 중국의 소수민족으로 살아왔다. 그러는 동안에 문화도 단절되었다. 한자를 이용한 爨文을 이어오지 않고, 彝文이라고 일컬어지는 문자를 다시 만들었다. 彝文은 처음에 한자와 관련을 가졌는데, 자형이 많이 변해 독자적인 문자가 되었다.

彝文을 사용한 글을 보면, 우선 《作祭獻藥供牲經》, 《作齋經》 등의 명칭을 가진 고유신앙의 경전이 있으나, 《東巴經》에 견줄 만큼 내용이 풍부하지는 않으며, 서사시는 포함되어 있지 않다. 白族의 경우처럼 비문도 있지만, 중국 중앙정부에서 전하고자 한 내용을 한문과 彝文의 두 가지 언어로 적은 것들이 여럿 있다. 彝文으로만 적은 비문도 있으나, 족보 관련 내용이고 문학작품과는 거리가 멀다.

彝族은 그처럼 민족어기록문학을 일으키는 데는 적극적인 관심을 가지지 않은 대신에 구비문학을 대단한 열의를 가지고 전승하고 창작해왔다. 창세서사시 《査媽》와 《梅葛》, 영웅서사시 《銅鼓王》을 구전하고 있어, 彝族의 서사시는 그 주변의 다른 어느 민족의 유산보다 풍부하다. 생활서사시 창작에서도 적극성을 보여 《阿詩瑪》 같은 걸작을 산출했다.

독자적인 문자를 만들어서 사용한 민족에 水族도 있다. 역법, 農事, 卜辭, 天文에 관한 기사를 水書라고 일컬어지는 자기네 문자를 이용해서 적었다. 壯族은 한자를 이용한 자기네 글자로 비문을 남겼다. 그러나 그런 민족은 문자가 불완전하고, 글쓰기 훈련을 거치지 않아서, 독자적인 문자로 민족어기록문학을 일으키지 못한 점은 납서족의 경우와 같다. 그 대신에 구비문학을 풍부하게 전승하면서 시대마다 새로운 경험을 나타내는 데도 썼다.

문자를 사용하지 않은 민족은 오로지 구비문학을 자기네 문학으로 삼고, 중세화 이전 단계의 문학을 소중하게 이어오는 것이 상례였다. 侗族의 서사시 《薩歲之歌》와 《祖公之歌》, 그리고 아이누민족의 영웅서사시 '유카르'(yukar) 같은 것이 그 좋은 본보기이다. 그런데 남녀 간의 사랑 때문에 죽고 사는 일이 벌어지는 사건을 다룬 범인서사시 또는 생활서사시를 만들어낸 그 두 민족의 업적은 기록문학을 수반하지 않고서도 문학의 중세화가 가능함을 입증해준다.

근대 이후의 상황

근대로 들어서면서 동아시아는 부자연스럽게 단순화되었다. 여러 민족의 독자적인 삶이 부정되고 국가가 몇 개만 남았다. 국가를 만들지 못한 민족은 소수민족이 되어 민족문화를 가까스로 이어나가면서 근대화 이전의 상태에 머물러야 했다. 국가를 경영하는 지배민족끼리 쟁패를 해서 국가를 병합하는 일이 근대화와 함께 벌어졌다. 그래서 중국과 일본 둘만 남고, 한때는 일본이 중국을 침공하는 데까지 이르렀다가, 일본의 패망으로 동아시아의 판도가 재조정되어, 중국·일본·한국이 병존하고, 월남이 프랑스 식민지에서 해방되어 나라 수가 넷이 되었다.

공동문어문학의 시대를 청산하고 민족어시대로 들어서는 과업을 어느 나라에서든지 일제히 수행했다. 일본은 근대국가를 만들면서, 중국은 반식민지 상태의 민족운동을 거치면서, 식민지가 된 한국과 월남에서는 민족해방운동을 전개하면서 그 일을 추진했다. 그러다가 이제는 그 네 나라가 모두 독립된 민족국가의 근대민족 어문을 갖추고 있다. 공동문어인 한문은 버리고 정치적인 중심지의 구어를 공용어로 삼아 교육을 통해 보급하면서, 언어 통일과 언문일치를 이룩하는 것이 근대민족어문의 공통된 특질이다.

언문일치를 이룩하기 위해서는 쉽게 배우고 쓸 수 있는 문자가 필요하다. 그러나 중국에서는 문자를 바꾸려고 해도 뜻을 이룰 수 없었다. 로마자를 사용하자는 극단적인 처방은 받아들여지지 않았다. 簡字를 만들어 쓰고 있으나, 한자를 배우는 어려움을 덜어주지 못한다. 월남에서는 字喃을 버리고 로마자를 택했다. 기독교 선교사가 창안하고 식민지 통치의 도구가 된 월남어의 로마자 표기법을 민족해방운동 진영에서도 받아들여 '國語'(Quoc-ngu)라고 일컬었다. 일본과 한국에서는 한자를 간략화한 일본의 假名과 독자적으로 창안한 한글이 있어 중국이나 월남 같은 고민을 할 필요가 없었다. 그런데 일본에서는 오랜 관례에 따라 한자와 假名을 혼용하고, 한국에서는 한자를 혼용하기도 한글을 전용하기도 한다.

그래서 한문문명권 여러 민족어의 글이 서로 다른 길을 가게 되었다. 공동문어의 글과 민족어의 글이 한자를 그대로 쓰는 중국글, 일본의 한자 혼용, 한국의 한자 혼용, 한국의 한글 전용, 월남의 로마자 표기 순서로 가깝고 멀다. 앞의 것일수록 공동문어문학의 유산을 계승해서 사용하기 유리하면서 글을 쉽게 익혀 쓰는 데 불편하고, 뒤의 것일수록 그 반대이다. 그 장단점에는 논란이 있게 마련이다. 한국에서는 한자 혼용과 한글 전용 사이에서 논쟁이 가장 치열하게 벌어지고 있다.

근대의 언문일치를 이룩하려면 두 가지 과업을 수행해야 한다. 공동문어를 버리고 민족어를 공용어로 사용해야 하고, 민족어의 문어를 버리고 구어를 택해야 한다. 그런데 중국에서는 앞의 것과 뒤의 것이 구별되지 않았다. 월남에서는 한문과 字喃이 밀접하게 연결되어 있어 함께 청산되었다. 한국에서는 한문을 국문으로 바꾸는 것이 긴요한 과업이었으며, 그렇게 하는 중간단계에서 국한혼용문이라는 과도기적인 문체가 일시 나타났다. 그런데 일본에서는 한문을 대신해서 일본문을 사용해온 오랜 내력이 있어, 일본문의 문어체를 버리고 구어체를 사용하는 것이 언문일치를 위해서 한문 청산 못지않게 긴요한 과업이었다.

한문을 대신해서 공용어로 등장해 언문일치를 이룩하는 민족어를 그 어디서나 '國語'라고 하는 것이 상례이다. 국가가 독립을 이루려면 국어가 있어야 하고, 국어를 잘 다듬는 것이 국가 발전을 위한 필수적인 과업이라고 하는 주장이 근대민족주의 기본이념 구성의 긴요한 부분으로 등장했다. 주권을 상실하고 식민지의 처지가 되었어도 국어를 지켜 독립의 원동력으로 삼아야 한다고 했다. 국가를 이루는 세 가지 요건을 국토인 "域", 국민인 "種", 국어인 "言"으로 들고, "其域은 獨立의 基요 其種은 獨立의 體요 其言은 獨立의 性이라"고 한 주시경의 말에 그런 견해가 잘 요약되어 있다.

그런데 국가의 규모가 너무 크고 지역마다 다른 언어를 사용해서 언어를 통일하기 지극히 어려운 중국에서는 '국어'라는 것을 내세우지 않고, 중심부 북경지방의 언어를 '普通話'라고 하면서 전국

에 보급하고 있다. 일본에서는 '국어'를 근대국가 건설의 정신적 지주로 삼고, 다른 민족을 정복해서 통치하면서 자기네 '국어' 사용을 강요해 국가의 확장을 꾀했다. 식민지를 강탈해서 통치한 것은 유럽문명권 제국주의 국가들의 전례를 따랐으나, 자기네 '국어'를 받아들여 피지배민족을 동화·소멸시키려고 한 것은 일본 특유의 정책이었다.(又吉盛清, 《日本植民地下の臺灣と沖繩》, 宜野灣市: 沖繩あき書房, 1990, 130~136면)

한국인은 일본의 식민지통치를 받으면서 일본어를 '국어'로 사용하도록 강요하는 데 맞서서 민족어를 지키는 것을 독립운동의 긴요한 과제로 삼았다. '국어'라는 말은 내놓고 쓰지 못하는 상황에서, '국어'를 통일하고 규범화해서 독립을 이룩하는 정신적 지주로 삼는 데 필요한 작업을 다각도로 진행하기 위해 분투했다. 프랑스의 통치를 받은 월남에서는 프랑스어 사용이 강요되지 않고 월남어를 발전시키는 데 직접적인 제약조건이 없는 점이 한국과 달랐다. 월남에서는 식민지 통치자가 창안한 월남어 로마자 표기방식을 '國語'라고 한 것은, 그 표기법을 널리 보급해서 누구나 사용할 수 있게 해야 '국어'를 이룩하는 이상을 달성할 수 있다고 판단했기 때문이다.

식민지 시대가 지난 지금에 이르러서는, 한국·일본·월남이 모두 어법이나 표기법의 규범을 가다듬은 '국어'로 교육을 실시하고, 언어생활을 영위하는 과업을 충실하게 수행했다. 서사어뿐만 아니라 구두어도 표준화해서 방언의 차이 때문에 언어소통이 잘 되지 않은 불편이 없도록 하는 데 성공했다. 언론과 출판에서 표준어만 사용하고, 문학작품 또한 특별한 효과를 얻고자 하는 경우에 방언을 부분적으로만 사용해서 언어 통일을 완수했다.

그렇지만 표준화된 국어의 보급으로 방언을 통해서 이룩해온 언어문화 창조가 심각한 타격을 받는다. 한국에서 제주도 사람들이 제주도 구비문학의 전통과 단절되고 있는 것이 그런 경우이다. 국어와는 다른 언어를 사용하는 소수민족은 자기 언어를 버려야 하는 고통을 겪어야 한다. 민족국가를 이루는 데 부족함이 없는 민족이 중국이라는 지나치게 거대한 국가에 포함되어 소수민족의 처지를 벗어나지 못하고 있는 것은 세계사의 비극이다. 일본의 아이누민족이나 유구민족, 그리고 월남의 여러 소수민족은 독자적인 삶을 지켜 나가기 더욱 어려운 민족 존망의 위기에 직면하고 있다.

중국과 월남에서는 소수민족을 보호하고 문화를 육성한다는 정책을 표방하고 있어도 실제 상황은 그렇지 못하다. 일본에서는 소수민족이 있다는 사실을 부인하려고 한다. 제3세계민족이 해방을 얻어 민족국가를 창건하는 것이 세계사 전개의 선진과업이었던 시대를 지나, 이제 민족국가를 이루지 못하는 소수자들인 제4세계민족의 정당한 권리 실현이 더욱 긴요한 과제로 등장한 지금에 이르자, 통일된 국어를 보급시켜 근대국가 형성의 모범사례를 보인 동아시아 각국의 성공사례가 진보를 방해하는 구실을 한다.

또한 오늘날에는 지식인들마저도 국어만 숭상하고 한문은 돌보지 않아 한문으로 창조한 민족문화의 유산을 계승하지 못하고 동아시아문명의 전통을 이해하지 못하는 차질이 일제히 벌어지고 있다. 공동문어 사용이 중단된 것은 당연한 일이라고 하더라도, 그 유산을 이어받지도 못하게 된 것은 정상적인 사태일 수 없다. 한문 학습이 이어지지 않으면, 동아시아문명권의 동질성이 상실되고, 유럽문명권이 주도한 근대를 극복하고 다음 시대로 나아가는 지침을 마련하는 데 필요한 기초 작업을 할 수 없다.

중국에서는 한자를 로마자로 대치하려고 하는 일부의 시도가 성공을 거두지 못하고 한자를 계속 사용하지만, 한문의 언어와 오늘날의 중국어가 크게 달라 특별한 교육을 받지 않은 사람들은 한문을 알지 못하는데, 수가 아주 한정되어 있다. 일본에서는 한자는 계속 쓰니 한문도 알 것 같으나 그렇지 않다. 한문 교육이 일본에서는 거의 중단되고, 한국에서는 명맥만 잇고 있다. 월남에서는 한문 교육을 대학 입학 후 필요한 전공 분야에서는 실시한다고 하지만, 수준이 너무 낮아 실효를 거두지 못하고 있다.

한문 공부는 나날이 위축되는 것과 대조가 되게, 동아시아 여러 나라에서도 세계 다른 곳에서처럼 영어를 익혀 국제어로 쓰고자 하는 열의는 더욱 고조되고 있다. 동아시아 사람들끼리도 영어가 아니면 의사소통의 방법이 없는 형편이다. 근대는 그럴 수밖에 없는 시대이다. 각자 자기의 국어와 영어 두 가지 언어를 익히면 어문생활에 지장이 없다고 하는 시대가 근대이다. 영어를 열심히 공부하는 것은 근대화의 당연한 과정이다.

그러나 근대를 극복하는 다음 시대에는 어문생활의 구조도 크게 바뀌어야 한다. 다음 시대는 민족국가의 절대적인 우위가 무너지고 국가가 외형은 그대로 유지되더라도 내부구조가 다원화해야 한다. 유럽문명권중심주의가 무너지고 영어의 독주가 시정되어야 한다. 그래서 한편으로는 '국어' 때문에 질식되고 있는 지역 방언 또는 소수민족의 언어가 되살아나서 서사어로 쓰여야 한다. 다른 한편으로는 문명권 전체의 공동문어를 되살려 함께 사용해야 한다.

동아시아의 공동문어는 서사어이기만 하고 구두어는 아니므로, 동아시아의 지식인이라면 누구든지 한문 필담을 할 수 있으면 된다. 지난 시기 공동문어인 한문을 다시 사용해서 동아시아 학술 교류의 공용어로 사용하는 것이 바람직하다. 동아시아 전통문화에 관한 연구서나 그런 주제를 다루는 국제학술회의에서 발표하는 논문은 한문으로 의미 전달이 정확하고, 번역을 하는 수고를 덜 수 있다.

동아시아 학자나 지식인은 한문으로 쓴 글을 전하고 한시를 주고받으면서 동아시아문명의 동질성을 확인하고 그 유산을 함께 이어받아야, 유럽문명권중심주의를 넘어서서 세계 문명의 다양한 발전에 적극 기여할 수 있다. 다른 문명권 사람들과 의사교환을 할 때에는 이미 널리 보급되어 있는 영어·프랑스어·스페인어 같은 언어를 사용할 수밖에 없지만, 그러한 국제어도 다원화해서 영어의 독주를 제어해야 한다. 언어문화의 유산을 다양하고 풍부하게 이어받아야 인류가 복된 삶을 누릴 수 있다.

먹고 살기도 바쁜데 어느 겨를에 한문을 익히고, 영어 외에 다른 언어도 배운단 말인가 하고 반문할 수 있다. 그러나 산업기술 근대화를 재촉하던 시기와는 달라지고 있어서, 생산활동에 직접 종사해야 하는 시간은 줄여야 하고, 그 대신에 문화활동을 늘려야 한다. 그래야만 실업자가 줄어들고, 문화생활의 혜택을 고루 나눌 수 있다. 그런데 어떤 문화활동을 해야 할 것인가? 이것이 문제다.

그 해답은 언어 학습이다. 언어 학습은 무료한 시간을 보내는 데 기여하는 소극적인 의의에서 음식, 관람, 여행, 스포츠 등보다 부작용이 적고 효과가 뛰어나다. 공연히 무엇을 만들어 불필요한 재화를 생산하지 않고, 여가를 소중하게 여기도록 하고, 정신을 윤택하게 하고, 세계를 평화롭게 하고, 새로운 가치를 창조할 수 있게 하는 문화활동 가운데 언어 학습만 한 것이 없다.

일부의 특권층만 문자문명을 독점하고 있는 중세의 잘못을 시정해 누구나 글을 알 수 있게 하려고, 신분이나 능력을 가리지 않고 국민교육을 일제히 실시한 것은 근대의 자랑이다. 그렇게 하기 위해서는 난삽해서 말썽인 공동문어를 버리고, 쉽게 익혀서 읽고 쓸 수 있는 민족어를 표준화된 공용어로 삼아 국어라고 한 것이 너무나도 당연한 일이었다. 그런데 지금에 와서는 몇 가지 사정이 달라졌으므로, 같은 주장을 되풀이하고 있는 것은 시대착오이다.

이제 민족어를 읽고 쓰는 일은 누구나 다 할 수 있게 되어 그 의의를 계속 강조할 필요가 없게 되었다. 국민교육을 처음 실시할 때에는 쉬운 글을 빨리 익혀 일하러 나가도록 해야 노동시간을 확보할 수 있었는데, 이제 노동시간을 단축하지 않을 수 없게 되어 여가를 공부에 돌리는 방법을 찾아야 한다. 노동시간이 생산을 보장해주는 시대가 지나서, 수준 높은 교육을 다각도로 실시해야 삶의 질을 높이는 진정한 발전을 할 수 있다. 공동문어문명의 유산을 계승해 새롭게 활용하는 것도 그 가운데 하나이다.

근대는 언어를 단일화한 시대이다. 국내에서는 표준화된 민족어를 국어로 사용하고, 국제교류를 위해서는 영어를 익히는 데 어느 나라에서 누구든지 일제히 노력해야 한다고 하는 것이 근대에 이르러서 일반화한 언어관이다. 근대주의자들은 그 주장을 계속 펴다가 영어를 세계 각국의 국어로 삼아 두 가지 언어를 하나로 합치자고 하는 데까지 이르고 있다. 그러나 근대가 완성되어 역사가 종말에 이른 듯한 시기에 다음 시대가 태동하고 있는 것이 음양의 이치이다.

근대 극복의 다음 시대에는 언어 사용이 다원화된다. 국내에서는 국어뿐만 아니라 소수민족의 언어나 지방의 방언도 적극 활용하고, 국제간에는 영어 외에 다른 여러 언어도 함께 사용하면서, 자기 문명권의 공동문어를 되살리고 다른 문명권의 공동문어도 공부해 인류문화 유산의 전 영역을 적극 계승하는 데 힘쓸 수 있는 시대가 온다. 생산시간은 줄어들고 노동시간은 늘어나는 사태를, 새로운 사회문제를 만들어내지 않고 슬기롭게 해결하는 최상의 방안이 거기 있다.

모든 사람이 일제히 그 길로 나아가기 위해서 공통된 교육을 실시하자는 것은 아니다. 공통된 교육을 일제히 실시하는 것은 근대의 방식이다. 다음 시대에는 교육이 다원화되어야 한다. 많은 사람이 자기 취향에 따라 서로 다른 공부를 하고 자기에게 필요하고 인류에게 유익한 일을 자기 판단에 따라 개척하는 것이 마땅하다. 서로 충돌하면서 창조적인 화합을 이루는 생극 관계의 사회에서, 언어를 배우고 쓰는 것도 각기 달라서 유익한 논쟁을 벌여야 한다.

2-3. 華夷와 詩歌의 상관관계

논의의 유래

동아시아문학사는 공동문어문학과 민족어문학의 관계사이다. 중심부에서 이룩한 공동문어문학을 중간부나 주변부에서 받아들여 재창조하면서 민족어문학이 기록문학으로 전환하도록 하는 데 필요한 자극으로 삼고, 민족어기록문학의 성장이 다시 공동문어문학의 성격을 변모시킨 과정이다. 중세에 이루어진 다른 여러 문명권에서도 기본적으로 동일하게 나타나는 현상이 동아시아에서는 어떻게 구체화되었는지 밝혀 논해야 한다.

그렇게 하려면 방대한 작업이 필요하다. 이미 진행한 작업이 적지 않아 되풀이해서 말하기 어렵다. 그러나 핵심에 해당하는 것은 간추릴 수 있다. 제3차 東亞比較文化國際學術會議가 1998년 10월 10일 중국 北京大學에서 열렸을 때 기조발표를 한 논문〈東亞文化史

上'華・夷'與'詩・歌'之相關〉이 그런 것이다.

동아비교문화국제학술회의는 이름 그대로 동아시아 비교문화를 위한 모임이다. 주도한 순서대로 들면 일본・중국・한국 학자들이 만나는 자리이다. 국제적인 조직이 마련되고, 그 아래 각국의 조직이 있다. 제1・2차대회는 일본에서 열고, 제3차대회는 중국에서 맡았다. 그 뒤는 한국 차례였음은 물론이다.

다루는 대상은 동아시아 전통문화이다. 근대 이후는 배제하고 동아시아가 한 문명을 이루고 있던 시기의 전통문화를 어느 한쪽에 치우치지 않고 대등한 관점에서 비교해 상호 이해를 깊게 한다. 세 나라 참가자 수가 비등한 것도 특기할 사항이다. 월남의 참여가 과제로 남아 있다.

동아시아 비교연구를 하는 모임이 유행이 되다시피 한 가운데 이것이 조직 방식이나 주제 선정에서 모범을 보여준다고 할 수 있다. 나는 회원이 아니었는데, 북경에서 열리는 다음 번 동아비교문화국제학술회의에서 기조발표를 해달라는 교섭을 일본 학자를 통해서 받았다. 여비와 체재비를 다 부담한다는 조건이었다. 어떤 모임인지 알아본 다음 흔쾌히 승낙하고 열심히 준비했다.

좋은 기회를 얻어 평소에 하던 작업을 잘 정리해 동아시아 전통문화 비교연구의 모범을 보이고자 했다. 한 자리에 모여 함께 발표하면서 동아시아의 연관에 대한 전반적인 논의는 펴지 못하고, 자국 중심의 작은 논제에 대한 각자의 관심을 말하는 데 그치는 폐단을 시정하겠다는 의욕을 가졌다. 발표에 참가해 확인해보니 예상이 빗나가지 않았다. 다른 발표는 모두 세부 사항을 자료 소개

위주로 다룬 것들이어서 함께 논의할 것이 되지 못했다. 수고하기 잘 했다고 생각했다.

그런데 사용 언어가 문제였다. 논문을 한국어로 써도 되지만 중국어본을 함께 제출하라고 했다. 중국어본을 만들려면 다른 사람의 수고를 빌려야 했다. 번역에는 항상 문제가 따르고 차질이 있다. 그래서 고민하다가 획기적인 대책을 마련했다. 한문을 사용하기로 했다. 한국어본도 중국어본도 만들지 않고 논문을 한문으로만 쓰기로 했다.

동아시아 각국 학자들이 모여 학술회의를 할 때 어떤 말을 사용할 것인가? 두 가지 대책이 있다. 영어로 논문을 쓰고 발표를 한다. 각국어로 쓴 논문을 번역과 통역을 통해 전달한다. 전통문화 비교연구는 다루는 내용이나 발표자의 성향이 앞의 방법과 맞지 않아 뒤의 것을 택했다. 모임에 참가해보니 번역은 없고 통역만 있었는데, 번거롭기만 하고 전달이 제대로 되지 않았다.

나는 한문을 쓴 이유를 논문 서두에서 밝혔다. 지난날의 공동문어를 되살려 학문어로 쓰는 것이 마땅하다고 했다. 한문은 문어이기만 하고 구어는 아니므로 발표할 때에는 한국어로 직역하는 방식을 사용했다. 다른 나라 학자는 한문을 눈으로 보며 이해하면 되었다. 한문을 모르고 동아시아 전통문화 비교연구를 하는 것은 무리이다. 통역은 하지 말자고 했다. 중국어 통역은 없고 일본어 통역만 있었다. 일본 학자 일부의 능력 부족 때문이 아니었던가 한다.

한문을 동아시아 공용의 학문어로 삼자고 하는 제안에 대해서 중국인 사회자가 공감을 나타내면서 토론해 보자고 했다. 다른 사람들도 긍정적인 반응을 보이기만 하고 적극적인 찬성은 하지 않았다. 하기 어렵다고 여기는 것 같았다. 식사 시간에 주빈석에 함께 앉은 중국 학자들이 내 논문의 문장이 뛰어나 文字香이 느껴지기까지 한다면서 중국어는 하지 못하면서 글은 잘 쓰는 이유가 무엇인가 하고 물었다. 말을 주고받을 때 통역이 필요했음은 물론이다.

나는 조상 대대로 해온 일을 우리 대에 와서는 하지 못해서 되겠는가 하고, 중국이나 일본에서도 동아시아 전통문화를 연구하는 학자들이 한문을 함께 쓰면 동아시아 학문이 하나가 될 수 있다고 했다. 중국 학자들이 자기네는 백화문에 익어 고문으로 글을 쓰지 못한다고 했다. 한문 글쓰기를 되살리는 것이 긴요한 과제임을 절감하고 그 자리에서 역설하고, 기회 있을 때마다 강조하겠다고 작정했다.

논문이 기조발표여서 공식적인 토론은 없었다. 여기저기서 칭송하는 말을 이따금 통역해주었다. 중국 학자 가운데 한국문학을 전공하면서 비교문학도 하는 韋旭昇 교수만은 말이 통해 자세한 소감을 들을 수 있었다. 동아시아 전역의 구비문학 · 한문학 · 자국어문학의 역사적 전개를 통괄해서 논한 관점이 탁월해 높이 평가한다고 했다.

한문 논문

導言

東亞各國諸民族, 自古成一家也. 是何故? 共有同一文明, 共用同一文語, 形成一大家, 與數個他大家竝立, 同參列創造世界史. 然今日東亞各國, 放棄同一文明, 而各己追從西洋風, 喪失同一文語, 而只用互相不通之口語, 此爲不幸之事也. 吾等東亞文化比較研究者, 須奮發治癒當代之弊風, 非但繼承同一文明之遺産, 亦回復共同文語之文章, 以此爲己任, 可也. 吾雖未熟於先賢教學, 不近於醇正古文, 只以熱望今日東亞再興前日之大同學風, 敢試分外之擧, 而懇請大方叱正.

共同文語者, 乃前日之‘文’, 故不要他稱. 然今日中國人謂之‘文言文’, 韓國·日本·越南人 稱之‘漢文’. 以‘漢文’可爲共用之稱, 然中國人中或者謂之“漢代之文”, 西洋人中或者認之“中國人專用之文”, 故不可不再規定之. ‘漢文’乃東亞之‘共同文語’. ‘共同文語’, 可略稱‘共文’. 中國之白話及各國之國語, 方爲公用書寫語以後, ‘共文’退出, 而潛跡於古籍. 雖語文一致者, 時代之要求, 千古‘共文’不可不學. 各國應有固有語文, 而國際語文不可不用. 爲東亞學術文化之國際交流, 應當再生東亞之‘共文’卽‘漢文’.

‘共文’不是‘共語’, 故各國之發音相異也, 然可以眼讀同一文, 而得同一意, 同時心裏發聲各者相異之音. 吾以菲材之力, 雖書出僅僅達意之拙文, 不要區區通譯, 幸哉, 不借他家之英語, 快哉. 此一文非完物, 只摘要而已. 內容及語辭, 兩面不備. 處處未成文章, 列擧語辭, 間間挿入新語, 損傷品格. 識者必怒, 不必過責. 壇上發表時, 不得不讀之以韓國音, 願添未盡之辭而補之. 座中諸公, 應當讀之以各自之音, 任意修正補充, 而願龥作完文.

關於東亞文學, 吾已著三種書; 《東亞文學史比較論》(1993), 《東亞口碑敍事詩之樣相與變遷》(1997), 《東亞文學之一樣與多樣》(近刊). 然此等書只用韓國語, 未有譯本, 故吾之所見, 不能傳達於隣邦同學諸公. 今日幸得講演之機會, 願約述平素所見之一端.

'華・夷'與'詩・歌'之概念

東亞之'同一'文明之內, 實含有'異多'性向. 東亞之同一'文語', 與各國'口語'竝用. '同'者不全同, '一'者非純一. '同'卽'異', '一'卽'多', 此萬古不變之理也. 爲知'同', 必探'異'; 願算'異', 應究'同'. 欲明'一', 當識'多'; 希論'多', 須學'一'. 援用此方法, 吾論述東亞文學之一樣與多樣.

一千數百年以降, 東亞史上, 有兩個緊要相對語: 曰'華・夷', 曰'詩・歌'. '華・夷', '詩・歌'之區分概念, 言約而意深. 以極單純之名字, 包括千差萬別之文化現象. 是東亞'共文'文字漢字之最長處也.

'華'者乃東亞文明同樣之普遍理想也. '夷'者乃各民族文化多樣之相異特性也. 關於'華・夷'之範圍及實狀, 頗有多種相反見解, 而兩者相對之論法, 常存焉. '詩'則用共同文語, 遵同一規範之律文者矣, '歌'則依各民族語, 表現相異之律文者矣. '歌'之名稱及種類, 各樣各色. 然區分'詩・歌'之慣習, 不變焉.

'詩'者乃'華'之發, '歌'者乃'夷'之見, 則當然之事也. 然當然之事, 不是必然之事. '華·夷'與'詩·歌'兩者之關係, 可變也. 或有以'歌'呈'華'者. 或有作'詩'揚'夷'者. 然則有'華詩','夷歌','華歌','夷詩'. 如此四種詩歌, 何時出現, 而有如何相關?

'華詩'之擴散

上古之時, 只有'歌', 未有'詩'. 使用文字而後, '詩'出現. 孔子明禮樂, 刪詩書以來, '華·夷'之別, 行於世. '詩'雅·'歌'俗, '華'尊·'夷'卑之差等觀念, 漸得威勢, 而爲東亞中世之文化規範, 支配文學史之展開.

《詩經》所載之'歌', 多出于里巷百姓之民謠, 本'夷歌'也. 然孔子及後代儒家, 作之爲'華詩'之源. 自漢至魏晉代, 推崇'華詩', 貶下'夷歌'. 往往探'夷歌'而入'樂府', 棄夷趣, 以此爲'華詩'之材. 李白之〈蛾眉山月歌〉, 雖稱歌, 然顯示脫俗高雅之風, 爲'華詩'之一典範. 全文如下:

　　蛾眉山月半輪秋　　影入平羌江水流
　　夜發淸溪向三峽　　思君不見下渝州

唐代確立'華詩'以後, 李白·杜甫爲千年師表, 五言·七言定百代詩律. 更不要採用'樂府', 終忽視'夷歌'. '華詩'與'夷歌'不交涉, 乃中國文學史之特點也.

其不採入於'樂府'之'夷歌', 乃見棄遺忘. 故國內外稱中國爲'華詩'專一之國. 然此是卷裡風光. 於本地風光, 別有天地. 中國之中原內, 漢族各分派, 使用不同口語, 各承相異'夷歌'. 其中九牛一毛, 纔至近日採錄出刊.

揚子江邊之吳語敍事詩, 如〈沈七哥〉, 〈薛六郎〉等, 其一例也. 然中國內各少數民族, 恒時尊崇自己'夷歌'. 白族之〈創世歌〉, 納西族之〈黑白之戰〉, 彝族之〈銅鼓王〉, 皆以巨篇之'夷歌', 表出民族自矜心. 《後漢書》〈西南夷列傳〉所載, 白狼王所作之〈遠夷樂德歌〉等慕漢歌三章, 非眞情之作也. 西南少數民族, 往往同參於'華詩'創作之時, 不說向中原慕'華'之事, 而吟詠各自能具'華'之格.

段義宗, 南詔國白族詩人也. 《全唐詩》明記段義宗爲"外夷", 而收錄〈思鄕作〉. 其一節曰: "坐久銷銀燭, 愁多減玉顏, 懸心秋夜月 萬里照關山." 秋夜寂寞, 在他鄕見月, 詩人思故國, 其事緣悽絶. 然不能歸, 被殺於中國. 今人評此詩曰"頗具唐詩風韻". 所謂"唐詩風韻"者, 非中國之獨有資産, 而且中世前期以來, 東亞各國'華詩'之共有物也.

新羅代韓國人崔致遠, 在唐思鄕詩云: "海內誰憐海外人, 問津何處是通津", "客路離愁江上雨, 故園歸夢日邊春"(〈陳情上太尉〉). 其言辭與聲律具備'華詩'之秀, 其懷抱與情趣專向故國之天. 高麗代韓國詩人李齊賢, 在元時, 作〈思歸〉. 其全文如下:

扁舟漂泊若爲情　　四海誰云盡弟兄
一聽征鴻思遠信　　每看歸鳥嘆勞生
窮秋雨鏁靑神樹　　落日雲橫白帝城
認得蓴羹勝羊酪　　行藏不用問君平

此詩, 以精深之辭, 傳淳朴之心. 詩人遊歷於天下同文之廣域, 交驩與四海兄弟之名士. 處處賞味勝景珍饌, 物物賦詠寓興妙趣, 總是非餘暇之閑事, 而爲祖國之勞苦也. 未完必須之要務, 先出思鄉之私情, 是詩人之情狀. 休勞生於鄉里, 而樂蕈羹與村民之事, 已定於心中, 不必問於他國古人.

遠邦日本之訪中客, 亦作同軌之詩. 明初, 僧侶詩人絶海中津, 臨迫歸國, 述萬端感懷, 而寄于中國人知己. 其一節, "十年寄跡江淮上, 此日還鄉雨露餘, 客路扁舟回首處, 離愁滿幅故人書."(〈四明館驛簡龍河馪仲徽〉) 云云, 可謂淸新切實也.

往往異國詩人訪中國時, 作懷古詩, 而述悲感. 此種詩, 表面上言中國之不幸, 其內面論自國之苦惱, 此乃常例也. 琉球詩人周新命, 訪淸代中國, 過一侯王之宮城廢墟, 作一篇歎詩〈釣龍臺懷古〉. 其全文如下:

江上荒臺落日邊　不知龍去自何年
殿檐花滿眠鼯鼠　輦道苔深哭杜鵑
遺事有時談野老　斷碑無主臥寒煙
凄然四望春風路　縱是鶯聲亦可憐

讀此詩者, 能想起琉球喪失國權之不運. 詩人目睹他國之景, 回憶自國之史. 處處情景裏, 物物悲歌動. "遺事有時談野老"之"野老", 是可言不忘國魂之志士. "斷碑無主臥寒煙"之"斷碑", 是聯想斷絶國史之慘狀.

越南詩人阮攸, 亦於淸代訪中, 作弔屈原詩〈反招魂〉. 其序頭之言, "魂兮魂兮胡不歸, 東西南北無所依", 可謂凡常也. 然至於"君不見湖南數百州, 只有瘦瘠無充肥", 可見作者之眞意, 在批判當代之弊風.

於韓國, 徐居正嘗編纂《東文選》, 收集歷代韓國漢詩文. 其序曰: "我東方之文, 非宋元之文, 亦非漢唐之文, 乃我國之文也. 宜與歷代之文, 并行於天地之間, 胡可泯焉而無傳也". 此言亦當於其他諸國. 韓國・日本・南詔・越南・琉球等之詩人, 皆其作詩能力對等卓絶, 故東亞爲同文之一家.

然此等諸國, 不擇一方路, '詩'與'歌', 兩者並行. '詩'惟恐不足, '歌'愈益自勉, 而補短宣長. 其文學史, 是'詩'與'歌'之交涉史也.

'華歌'之登場

中國以外東亞各國, 爲宣揚自民族之'歌', 講究三種對策. 一曰使用文字. 二曰整齊律格. 三曰提高構想.

第一對策, 使用文字之目標. 是願以口頭'歌'之民謠, 變爲書面'歌'之作品也. 始初無自國文字, 故借用漢字, 表記自民族語. 韓國之'鄕札', 日本之'假名', 越南之'字喃', 白族之'白文', 卽是也. 韓國之'歌'用'鄕札'者, 謂之'鄕歌'. 日本之'歌'用'假名'者, 謂之'和歌', 越南之'歌'用'字喃'者, 謂之'國音詩', 白族之'歌'用白文者, 謂之'白文詩'. 後代, 韓國創製自國文字, 表記新'歌''時調'. 日本之'假名'簡略化.

第二對策, 整齊律格之目標, 是欲具現與'詩'相似之外形美也. 越南之'國音詩'用五言又七言形式, 正似律詩. 白族之'白文詩'及日本之'和歌', 用五言七言交替形式, 近似律詩. 其中, '國音詩'之五言又七言形式, 不是越南民謠之自然律格, 摹之於律詩, 作人工律格. '和歌'之五言七言交替形式, 亦同軌之人工律格. 然'白文詩'之五言七言交替形式, 仍用自民謠之自然律格. 韓國之'鄕歌'及'時調'再組成傳來民謠之律格.

第三對策, 提高構想之目標, 是欲具現與'詩'同格之思想內容也. 換言之, 願使'歌'得不遜於中國及自國'詩'敍人事賞山水之意趣, 而因以'夷'化爲'華'. 然其方法, 與言語之特性, 有緊密關係. 越南・白族兩語, 是孤立・單音節語. 正如'詩', 以五言又七言, 可能表出複合構想. 然韓國・日本兩語, 是膠着・多音節語. 以五言又七言可容之詩想, 與'詩'不能對等. 與'詩'形式上對等又內容上對等, 不能兼全, 故不可不擇一. 韓・日兩國之'歌', 擇相反之事. 日本'和歌', 外形上與'詩'近接之, 而於詩想遠離之. 韓國'鄕歌'及'時調', 外形上與'詩'遠離之, 而於詩想近接之.

各國之'夷歌', 用上記三種方策者, 變爲'華歌'. 越南'國音詩'及白族'白文詩', 以名稱中'詩'字, 表示是與'詩'同格之'歌'. '華歌'出現之結果, 上層之'華詩', 中層之'華歌', 下層之'夷歌', 形成三層之文學. 上層與中層, 是文人之域. 下層是百姓之域.

文人或專念'華詩', 或兼業'華詩'與'華歌'. 兩者間, 無有學識地位之差. 白族之楊黼, 越南之阮廌, 韓國之李滉, 皆當代最高名賢碩學. 以'華詩', 務揚同一文明, 作'華歌', 欲成上下紐帶. '華歌'確立, 於15・16世紀. 是中世後期文學之成熟期也.

楊黼之'白文詩'〈山花碑〉, 是'華歌'之一好例. 全文20節, 其中引用13・14兩節. (甲)是原文, (乙)是漢譯.(龔友德, 《白族哲學思想史》, 昆明: 雲南民族出版社, 1992, 363~364面)

(甲)　　　　　(乙)

盛國家覆世功名　盛國家蓋世功名

食朝廷尊貴爵祿　享朝廷尊貴爵祿

慈悲治理衆人民　　慈悲治理衆人民

才等周文武　　　　才比周文武

恭承敬堂母天地　　恪恭敬父母天地

孝養干子孫釋儒　　孝養敎子孫釋儒

念禮不絶鐘磬聲　　禮佛不絶鐘磬聲

消災難長福　　　　消災難長福

　性理學之巨擘, 韓國之李滉, 作'華歌'之標本〈陶山十二曲〉, 於其跋, 論'歌'之感化勝於'詩'之理由曰：“自歌而自舞踏之. 庶幾可以蕩滌鄙吝, 感發融通, 而歌者與聽者, 不能無交有益焉.”'詩'也, 只以托於吟詠而傳言, 不能容易達成醇化之意. 然'歌'也, 樂之者, 能唱能舞, 以渾身感發, 不知不識間, 自然悅道義頤心性. 故爲振作'華'風, 不可不用'歌'. 此崇尙'華歌'之宗旨也.

'夷詩'之反逆

　至於自中世至近代之移行期中18世紀頃, 在'詩'界發生一大變革. 以'樂府'標榜再現民間歌謠及閭巷風俗之'詩', 多數出現. 然此物, 不是如漢魏晉代之古'樂府'同軌. 古'樂府'潛跡於中國, 數百年後, 中國以外各國及中國內少數民族, 爲積極具現民族文化之特性, 使用自國之'夷歌', 創出'夷詩', 而革新'華詩'主導之詩壇.

　其時, 韓國之金萬重曰：“閭巷間, 樵童汲婦, 咿啞而相和者, 雖曰鄙俚,若論眞贋, 則固不可與學士大夫之所謂詩賦者, 同日而論."(西浦漫筆). 此言主張'夷歌'勝於'華詩'也. 朴趾源曰: "字其方言, 韻其民謠, 自然成章, 眞機發現."(嬰處稿序) 以民謠之'夷歌', 爲辨別文學創作眞僞之標準.

標榜'樂府'之'夷詩', 有四種; 一曰'飜譯樂府'. 二曰'詠史樂府'. 三曰'紀俗樂府' 四曰'戲作樂府'. 韓國長於'飜譯樂府'. 申緯之'時調'飜譯, 柳振漢之漢譯〈春香歌〉等, 是也. 韓國及日本各有'詠史樂府', 沈光世等數人之〈海東樂府〉, 賴山陽之〈日本樂府〉, 是也. 韓·日·越各國及中國少數民族, 多有各自之'紀俗樂府'.'紀俗樂府'之分布最廣也.

越南詩人阮攸之長詩〈龍城琴者歌〉, 細細寫出一下層樂工之行色, 而深深歎息西山運動敗退之歷史悲運. 表面上'紀俗樂府', 其裏面則'詠史樂府'. 擧列其一端如下:

顔瘠神枯形略小　　　　　狼藉殘眉不飾粧
誰知就是當時城中第一妙　舊曲聲聲暗淚垂
耳中靜聽心中悲　　　　　猛然憶起二十年前事
鑑湖席中曾見之　　　　　城郭推移人事改
幾處桑田變滄海　　　　　西山基業盡消亡
歌舞空遺一人在　　　　　瞬息百年能幾時
傷心往事淚沾衣

'戲作樂府', 最盛行於日本之'狂詩'. 是倣古典, 而逆轉之, 以呈淺近戲謔之味. 其一例, 桂井蒼八之改作〈娥眉産月歌〉. 以蛾眉山, 改爲姙婦腹. 故意毀損原作之脫俗高雅氣風, 而造作低俗鄙陋褻辭, 以供可笑之資. 全

文如下:

娥眉山月半臨腹　　形似平生孤柳柔
夜發傷産向散亂　　招醫不來下憂愁

‘夷詩’行世後, ‘華詩’・‘華歌’・‘夷歌’之三層秩序, 遂顚倒. ‘詩’雅・
‘歌’俗・‘華’尊・‘夷’卑之差等觀念, 終撤廢. ‘華詩’・‘夷歌’・‘華歌’・‘夷
詩’相異而相和, 相克而相生之關係, 方出現.

今日, 外面上未有‘華・夷’,‘詩・歌’之區分. 個別之‘夷’, 代替人同之
‘華’. 口語‘歌’, 占有文語‘詩’之位. 然於東亞各國文學之內面, ‘華詩’・‘夷
歌’・‘華歌’・‘夷詩’之文學精神, 及其互相生克關係, 繼續作用. 四種詩
歌, 總是恒久貴重之資産也.

번역과 고찰

한문으로 쓴 위의 글을 국문으로 옮기고 고찰하기로 한다. 서두
에서 한문 사용의 의의를 말한 대목은 앞서 이미 말했으므로 되풀
이하지 않는다.

동아시아에서 천여 년 동안 사용해온 두 개의 상대어 ‘華’와 ‘夷’,
‘詩’와 ‘歌’는 문학사의 전개를 꿰뚫어 이해할 수 있게 한다. ‘華’는
동아시아문명이 함께 지닌 보편적 규범이다. ‘夷’는 민족문화의 특
성이다. ‘詩’는 공동문어를 함께 사용하는 공동의 율문이다. ‘歌’는
각기 민족어를 사용하는 상이한 율문이다. 세부적인 논란은 많이

엇갈렸지만, '華'·'夷'·'詩'·'歌'의 기본 개념을 이렇게 구분하는 데서는 견해차가 없었다.

'華'·'夷'가 '詩'·'歌'에서 어떻게 나타났는지 살피는 것이 동아시아문학사 이해의 핵심 과제이다. 중세보편주의와 민족문화의 관계를 통해 문학의 지향점이 어떻게 달라졌는지 알 수 있다. 공동문어시와 민족어시의 관계에서 확인되는 시의 변천은 산문보다 훨씬 선명하다. 중세문학사의 전개를 먼저 이해하고, 중세문학과의 비교를 통해 그 앞의 고대문학이나 그 뒤의 근대문학의 특성을 밝히는 것이 바람직한 방법이다.

'詩'는 '華'의 소산이고, '歌'는 '夷'의 발현인 것은 당연하다고 하겠으나, 반드시 그렇지는 않다. '華夷'와 '詩歌'의 상호관계는 경우에 따라 달라질 수 있었다. '歌'로 '華'를 구현하는 것도 있고, '詩'를 지어 '夷'를 선양하는 것도 있었다. 그래서 '華詩'·'夷歌'·'華歌'·'夷詩'가 모두 존재했다. 이 넷의 상관관계가 '華詩'와 '夷歌', '華詩'와 '華歌', '華詩'와 '夷詩', '夷歌'와 '華歌', '夷歌'와 '夷詩', '華歌'와 '夷詩'로 나타났다.

처음에는 '歌'만 있고, '詩'는 없었다. 문자를 사용하면서 '詩'가 이루어졌다. '歌'를 모으고 가다듬은 《詩經》을 엮어 '詩'의 연원을 마련한 孔子가 또한 《春秋》를 지어 '華'와 '夷'를 구별했다. 그래서 '詩'는 우아하고, '歌'는 속되고, '華'는 존귀하고, '夷'는 야비하다는 구분이 생겼다. 그런 가치체계가 동아시아 보편종교 유교의 핵심 교리로 채택되어 중세문명의 규범 노릇을 하고, 문학사의 전개를 지배했다.

《시경》에 실려 있는 작품은 '歌'이다. 일반 백성이 부른 민요에서 유래한 것들이 많아 본래 '夷歌'이다. 그런데 공자의 후계자라고 자부하는 儒家는 그런 것들을 '華詩'의 연원으로 삼았다. 漢에서 魏晉에 이르는 시기에 '華詩'라고 할 것을 이룩하고 '夷歌'를 폄하했다. 이따금 '夷歌'를 채록해 '樂府'에 편입시키면서 '夷'의 취향은 제거하고 '華'의 영역을 확대하는 데 썼다.

그 다음 시기 李白의 〈蛾眉山月歌〉는 '歌'라는 제목이 붙어 있는 채로 脫俗하고 高雅한 기풍을 갖추어 '華詩'의 한 전범으로 평가된다. 전문을 들고 번역하면 다음과 같다.

蛾眉山月半輪秋　아미산의 달이 반만 둥글어진 가을,
影入平羌江水流　그 그림자 비친 평강강 물결 흘러가네.
夜發清溪向三峽　밤에 청계역 출발해서 삼협을 향하느라고,
思君不見下渝州　그리운 그대 보지 못하고 유주로 내려가네.

이런 작품이 이루어진 唐代에 '華詩'가 확립되어, 李白과 杜甫는 영원한 스승으로 숭앙되고, 五言과 七言의 律詩 형식이 불변의 운율로 정립되었다. 그 뒤에는 민요를 받아들이는 '樂府'가 필요하지 않게 되어, '夷歌'를 아주 무시했다. '華詩'가 '夷歌'와 교섭을 가지지 않는 것이 중국문학사의 특징이다.

'樂府'에 채록되지 않은 '夷歌'는 버려, 중국은 '華詩'만 있는 나라인 것처럼 알려졌다. 그러나 그것은 잘못된 인식이고, 실상은 그렇지 않다. 중국 중심부 漢族의 여러 분파는 서로 통하지 않는 말을

사용하면서 상이한 '夷歌'를 전승해왔다. 그 가운데 일부가 최근에
야 채록되어 출간되었다. 양자강변의 吳語서사시 〈沈七哥〉, 〈薛六
郎〉 등이 그런 예이다.

그러나 중국의 여러 소수민족은 언제나 자기의 '夷歌'를 소중하
게 여겼다. 白族의 〈創世歌〉, 納西族의 〈黑白之戰〉, 彝族의 〈銅鼓王〉
같은 거편의 '夷歌'로 민족의 자긍심을 표출했다. 《後漢書》 〈西南夷
列傳〉에 수록되어 있는 白狼王의 〈遠夷樂德歌〉 등의 慕漢歌 세 수
는 진정에서 나온 것이 아니다. 서남쪽 소수민족은 이따금 '華詩'
창작에 동참하면서 중원을 그리워하는 사연을 나타내지 않고, 자
기네가 이룩한 문화 수준을 보여주었다.

段義宗은 南詔國 白族 시인이다. 《全唐詩》에서 "外夷"라고 밝히
고 〈思鄕作〉을 수록했다. 그 시의 사연이 다음과 같다.

坐久銷銀燭　　　오래 앉아 은빛 초만 녹이면서,
愁多減玉顔　　　근심이 많아 고운 얼굴 쇠약해질 때,
懸心秋夜月　　　마음을 매달고 있는 가을밤 달
萬里照關山　　　만리 관산을 비춘다.

적막한 가을밤에 타향 關山의 달을 바라보면서 고향을 생각하는
시인의 마음이 처절하다. 그런데 돌아가지 못하고 중국에서 피살
되었다. 오늘날 이 시를 평가해 "頗具唐詩風韻"(자못 당시의 풍모와
운율이 있다)고 하는데, 이른바 "唐詩風韻"은 중국 것만 아니고, 중
세전기 이래로 동아시아 각국의 '華詩'가 공유한 특징이다.

신라시대 한국인 崔致遠이 당나라에 있으면서 고향을 그리워한 시 〈陳情上太尉詩〉에서 "海內誰憐海外人 問津何處是通津"(해내 사람이 누가 해외인을 가련하게 여기랴, 묻노라 어느 곳이 길이 열리는 나루인가) 하고, "客路離愁江上雨 故園歸夢日邊春"(나그네 길 이별의 슬픔 강 위의 비요, 고향으로 돌아가는 꿈은 해 가의 봄이다)라고 했다. 그 언사와 음률이 빼어난 '華詩'이게 하고, 회포나 취향에서는 고국의 하늘을 찾았다. 고려시대 한국 시인 李齊賢이 元나라에 머물면서 지은 〈思歸〉는 전문을 들면 다음과 같다.

扁舟漂泊若爲情   조각배로 떠돌아다니니 어찌 정이 들겠나.
四海誰云盡弟兄   사해가 형제라고 누가 일렀던가.
一聽征鴻思遠信   기러기 소리 한번 들어도 먼 곳 소식 생각나고,
每看歸鳥嘆勞生   돌아가는 새를 보고 수고로운 삶을 탄식한다.
窮秋雨鏁靑神樹   궁상맞은 가을비 청신 숲에 가득하고,
落日雲橫白帝城   해질녘의 구름은 백제성을 가로질렀다.
認得蓴羹勝羊酪   순채국이 양락보다 나은 줄 겪어보고 알았으니,
行藏不用問君平   나아가고 물러날 바 군평에게 물을 것 없다.

시인은 天下同文의 넓은 영역을 돌아다니면서 사해를 형제로 여기는 명사들과 교류했다. 곳곳에서 아름다운 경치를 구경하고 좋은 음식을 먹었으며, 보는 것마다 묘한 흥취 느껴 시로 읊었다. 한가로운 사람이 소일거리를 찾은 것은 아니다. 조국을 위해 애쓰느라고 그렇게 했다. 필수 과업을 완수하지 못하고서 고향을 생각하

는 사사로운 마음이 앞서니 시인이라서 그런가? 수고로운 삶을 고향에 돌아가서 쉬면서 마을 사람들과 함께 순채국을 즐기겠다고 이미 작정했으니 다른 사람과 상의할 필요가 없다고 했다.

먼 나라 일본의 시인 또한 중국을 방문하고 그 비슷한 시를 지었다. 明나라 초기에 絶海中津은 귀국이 가까워 왔을 때 〈四明館驛簡龍河猷仲徵〉를 지어 만단의 감회를 중국인 벗에게 전했다. 그 한 대목에서 "十年寄跡江淮上 此日還鄕雨露餘"(십년 동안 강회에서 자취를 깃들이다가, 오늘 돌아가려고 하니 우로 같은 은혜 남았다)고 하고, "客路扁舟回首處 離愁滿幅故人書"(나그네 길 조각배 타고 멀리 돌아보는 곳으로, 벗이 보낸 편지 이별의 슬픔 가득하구나)라고 했다. 청신하고 절실하다고 할 수 있는 사연이다.

외국시인이 중국을 방문하고 지은 회고시에 비감에 사로잡힌 것이 이따금 있는데, 표리가 다른 의미를 지니기 일쑤이다. 중국에서 있었던 일을 말한다고 하고서 자국이 겪는 불행을 토로한다. 琉球 시인 周新命은 淸나라 때 중국에 갔다가 어느 지방 제후 궁성이 폐허가 된 것을 보고 탄식한 〈釣龍臺懷古〉를 지었다. 그 전문이 다음과 같다.

江上荒臺落日邊　강가 황량한 누대에서 해가 지는데,
不知龍去自何年　알지 못해라, 용은 어느 해에 가버렸는가.
殿檐花滿眠鼯鼠　전각 처마에는 꽃이 만발해 다람쥐가 잠들고,
輦道苔深哭杜鵑　연이 지나던 길에 이끼가 짙어 두견이 운다.
遺事有時談野老　시골 노인네나 이따금 지난 일 이야기하고,

斷碑無主臥寒煙　　잘린 비석 주인 없어 차가운 안개 속에 누웠네.
凄然四望春風路　　사방 봄바람 부는 곳 처연한 느낌으로 바라보니,
縱是鶯聲亦可憐　　들려오는 꾀꼬리 소리 또한 가련하구나.

　이 시를 읽는 사람은 유구가 국권을 상실한 불운을 생각해낼 수
있다. 시인은 눈으로 타국의 정경을 바라보면서 마음에서 자국의
역사를 생각한다. 곳곳에 펼쳐져 있는 정경을 볼 때마다 슬픈 노래
가 꿈틀거린다. "斷碑無主臥寒煙"의 "斷碑"는 國史가 절단된 참상이
다. "遺事有時談野老"의 "野老"는 國魂을 잊지 않고 있는 志士이다.
　월남 시인 阮攸 또한 청나라 때 중국을 방문하고, 屈原을 조상하
는 시 〈反招魂〉을 지었다. 그 서두에서 "魂兮魂兮胡不歸 東西南北無
所依"(혼이여 혼이여, 어째서 돌아오지 않는가, 동서남북 어디에도 머
물지 못하면서)라고 한 것은 범상하다고 할 수 있다. 그러나 "君不
見湖南數百州 只有瘦瘠無充肥"(그대는 보지 못했는가, 호남 수백 고을
에 수척한 이들뿐이고 살찐 사람은 없는 것을)이라고 한 데 이르면
당대의 폐풍을 비판하고자 한 작자의 진의를 알아차릴 수 있다.
　한국에서 徐居正은 일찍이 《東文選》을 편찬해 역대 한국의 한시
문을 수록하면서 서문에서 "我東方之文 非宋元之文 亦非漢唐之文
而乃我國之文也 宜與歷代之文 幷行於天地之間"(우리 동방의 문은 송
원의 문도 아니고, 한당의 문도 아닌, 우리나라의 문이니, 마땅히 역대
의 문과 함께 천지 사이에서 나란히 나아가야 한다)고 했다. 이 말은
다른 나라에도 해당한다. 한국, 일본, 남조, 월남, 유구 등의 시인이
중국과 대등한 수준의 작시 능력을 지녀 동아시아가 한 집안일 수

있게 했다.

　그 여러 나라는 중국처럼 한 길로 나아가지 않고 '詩'와 '歌'를 병행시켰다. '詩'가 부족하다고 염려되면 '歌'에 더욱 힘써서 단점을 보충하고 장점을 살렸다. 그렇게 해서 문학사를 '詩'와 '歌'의 교섭사로 전개한 것이 중국의 경우와 다르다.

　중국 이외 동아시아 각국은 자기 민족의 '歌'를 선양하기 위해 세 가지 대책을 강구했다. 문자를 사용하고, 운율을 정비하고, 시상의 격조를 높였다.

　첫째는 문자를 사용해 말로 하는 '歌'인 민요가 글로 쓰는 '歌'인 작품이 되게 했다. 처음에는 자기 문자가 없어 한자를 차용해 민족어를 표기했다. 한국의 鄕札, 일본의 假名, 월남의 字喃, 白族의 白文이 그런 것이다. 한국에서는 鄕札로 鄕歌, 일본에서는 假名으로 和歌, 월남에서는 字喃으로 國音詩, 백족은 白文으로 白文詩를 창작했다. 후대에 日本은 假名을 단순화하고, 한국은 자국 문자를 창제해 새로운 '歌'인 時調를 표기했다.

　둘째로 운율을 정비해 '歌'가 '詩'에서 볼 수 있는 형식미를 갖추고자 했다. 월남에서는 민요의 운율과는 이질적인 五言이나 七言의 형식을 사용해 國音詩가 한시의 律詩와 같아지게 했다. 일본의 和歌나 백족의 白文詩는 五言과 七言을 교체시켜 율시와 가까워진 점이 같으면서 그 연원은 서로 다르다. 그것이 和歌에서는 민요와는 이질적인 인위적인 운율이고, 白文詩에서는 민요에서 가져온 자연적인 운율이다. 한국의 향가와 시조는 민요의 율격을 재조직했다.

　셋째로 시상의 격조를 높여야 '歌'가 '詩'와 대등할 수 있는 더욱 긴요한 요건을 갖출 수 있었다. '歌'에서 인생을 문제 삼고 산수를 완상하는 발상의 수준을 중국 및 자국의 '詩' 못지않게 올려 '夷'를 '華'로 바꾸어놓아야 그럴 수 있었다. 그런데 운율 정비와 시상 격상은 한꺼번에 이루지 못했다. 그 가운데 어느 한쪽에 더욱 힘써야 하는 사정이 언어의 특성 때문에 생겼다.

월남과 백족은 고립·단음절어인 언어를 사용하는 점이 중국과 같아서, 五言이나 七言으로 복합적인 구상을 표출할 수 있다. 그러나 한국어와 일본어는 교착·다음절어여서 '詩'와 같은 운율을 사용하면 나타낼 수 있는 내용은 많이 모자란다. 내용을 '詩'와 대등하게 하려면 음절수가 많아지는 독자적 운율을 사용해야 한다. 일본의 和歌는 운율의 정비를, 한국의 향가나 시조는 시상 격상을 택한 점이 서로 다르다.

이상에서 든 여러 방법을 사용해 각국의 '夷歌' 가운데 일부는 '華歌'라고 할 수 있는 것으로 바뀌었다. 월남의 國音詩나 백족의 白文詩는 그 명칭에 '詩'라는 글자를 넣어 '詩'와 동격임을 표방했다. 그렇지 않은 경우라도 '華歌'를 수준 높게 이룩한 것을 커다란 자랑으로 삼았다.

그러나 '華歌'가 '華詩'와 같은 위치에 올라간 것은 아니다. 문학의 층위가 둘에서 셋으로 바뀌었다. 상층의 '華詩', 중층의 '華歌', 하층의 '夷歌'가 삼층을 이루었다. 상층은 문인, 하층은 백성의 영역이었다. 중층은 양쪽이 서로 만날 수 있게 하지만, '華'가 '華歌'의 가치라고 여기는 동안은 문인이 관장했다.

문인은 '華詩'에 전념하기도 하고 '華詩'와 '華歌'를 함께 짓기도

했다. 그 둘 사이에 학식이나 지체상의 차이는 없었다. 당대의 최고 명현이고 석학인 백족의 楊黼, 월남의 阮廌, 한국의 李滉이 '華詩'로 동일한 문명을 선양하고, '華歌'를 지어 민족문화의 수준을 높이는 일을 함께 했다. '華歌'를 확립한 15·16세기가 중세후기문학의 성숙기이다.

楊黼의 白文詩〈山花碑〉는 '華歌'의 좋은 본보기이다. 전문 20절 가운데 13·14 두 절을 들면 다음과 같다. 원문을 들고 번역한다. 白文을 직접 이해하지 못해 중국어 번역을 참조해 번역했다.

盛國家覆世功名　국가 번성하게 해 세상 덮을 공명 이루고,
食朝廷尊貴爵祿　조정에서 존귀한 작록 누리며,
慈悲治理衆人民　자비로 뭇 인민 다스려,
才等周文武　주나라 문왕·무왕과 견주리라.

恭承敬堂母天地　부모와 천지를 각별하게 존중하고,
孝養干子孫釋儒　자손 기르면서 불교·유교를 가르친다.
念禮不絶鐘磬聲　종과 경 울리며 예불 소리 그치지 않아,
消災難長福　재난을 없애고 복을 길게 하노라.

성리학의 대가인 李滉은 '華歌'의 본보기가 되는 〈陶山十二曲〉을 짓고, 그 발문에서 '歌'의 감화가 '詩'보다 앞서는 이유를 "自歌而自舞蹈之 庶幾可以蕩滌鄙吝 感發融通"(스스로 노래 부르고 또한 춤을 추면, 비루한 마음을 거의 다 씻으면서 감발하고 융통하게 된다)고 했

다. 읊기만 하는 데 그치는 '詩'는 말을 전하는 것으로 설득의 방법을 삼지만, 노래하고 춤추는 '歌'는 온몸을 움직이게 해서 스스로 알아차리지 못하는 가운데 마음이 깨끗해지는 도덕적 정화 작용을 경험할 수 있게 한다고 했다. '華'의 기풍을 진작하는 데 '歌'가 소중한 기여를 한다는 것을 '華歌'를 평가하는 이론의 근거로 삼았다.

그 뒤 중세에서 근대로의 이행기 18세기 무렵에 '詩'에서 커다란 변혁이 일어났다. 漢·魏晉 시대에나 있다가 잠적한 지 천여 년이나 지난 '樂府'를 중국이 아닌 다른 여러 나라, 그리고 중국의 소수민족들이 대거 창작했다. 명칭은 같아도 실물은 달라, 그런 것들은 '夷詩'라고 일컬어 마땅하다. '夷歌'를 '詩'로 옮기면서 민족문화의 특성을 적극 구현하고, 현실인식을 강화하면서 '華詩'의 주도권에 도전했다.

그 작업은 이론적 근거를 단단하게 갖추고 진행되었다. 한국의 金萬重은 《西浦漫筆》에서 "閭巷間 樵童汲婦 咿啞而相和者 雖曰鄙俚 若論眞贗 則固不可與學士大夫之所謂詩賦者 同日而論"(시골 마을에서 나무하는 아이나 물 긷는 아낙네가 '이아' 하면서 서로 화답하는 소리는 비천하다고 하지만, 진실과 허위를 가린다면 학사·대부의 이른바 시니 부니 하는 것과 같이 논할 것이 아니다)라고 하면서 '夷歌'가 '華詩'보다 더욱 소중하다고 했다. 朴趾源은 〈嬰處稿序〉에서 "字其方言 韻其民謠 自然成章 眞機發現"(방언을 글로 적고, 민요에 운을 달면 저절로 문장이 되고, 진실이 발현된다)고 하면서 '夷歌'인 민요가 문학 창작의 바탕이 된다고 했다.

'樂府'라고 표방한 '夷詩'는 '飜譯樂府'·'詠史樂府'·'紀俗樂府'·

'戱作樂府'로 나눌 수 있다. 그 가운데 어느 쪽을 많이 창작했는가는 나라에 따라 다르다. 한국은 '飜譯樂府'에 장기를 보여, 申緯의 시조 번역, 柳振漢의 한역 〈春香歌〉 같은 것들을 이룩했다. '詠史樂府'는 한·일 양쪽에 다 많아, 沈光世를 비롯한 여러 사람의 〈海東樂府〉, 賴山陽의 〈日本樂府〉가 널리 알려져 있다.

'紀俗樂府'는 가장 널리 분포되어 어느 곳에서도 힘써 창작했다. 그 본보기로 월남 시인 阮攸의 장시 〈龍城琴者歌〉를 살펴보자. 한 하층민 악공의 행색을 세밀하게 그리면서 월남 역사의 큰 사건인 西山運動이 퇴패한 비운을 탄식한 내용이다. 한 대목을 들어보자.

顔瘠神枯形略小	안색 수척하고 정신 메마르며 모습 왜소해지고,
狼藉殘眉不飾粧	눈썹이 많이 자라 분장을 감당하지 못하네.
誰知就是當時城中第一妙	누가 알리 이 사람이 당시 성중의 으뜸이었음을.
舊曲聲聲暗淚垂	옛 노래 가락가락 몰래 눈물 흘리게 해서,
耳中靜聽心中悲	귀로 조용히 듣노라니 마음속 슬프구나.
猛然憶起二十年前事	이십 년 전 기억이 드세게 일어나는구나.
鑑湖席中曾見之	감호의 자리에서 이 사람을 보았는데,
城郭推移人事改	성곽이 바뀌고 사람의 일도 달라져,
幾處桑田變滄海	몇 곳의 상전이 창해로 변했는가.
西山基業盡消亡	서산의 기업은 다 없어져 망하고,
歌舞空遺一人在	가무만 공연히 한 사람에게 남아 있다.

瞬息百年能幾時　　순식간이 백년이니 얼마나 살겠나.
傷心往事淚沾衣　　지난 일 상심하니 눈물이 옷을 적시네.

서산운동이라고 하는 민중혁명이 성사되어 새 왕조를 일으킨 주역들의 모임에서 큰 기량을 발휘해 칭찬받던 악공이 이십 년이 지난 뒤에도 공연을 계속하는 것을 보고 이중의 탄식을 했다. 악공의 행색이 초라해졌다고 한 것은 표면상의 주제이다. 역사를 바꾸어 놓고자 하는 거사가 실패해 자취를 찾을 수 없게 된 것이 더욱 안타까운 일이다. '紀俗樂府'를 지어 '詠史樂府' 노릇도 하게 했다.

'戲作樂府'는 '狂詩'라고 일컬어지면서 일본에서 크게 성행했다. 높이 평가되는 고전을 모방하면서 뒤집어엎어 천박하고 우스꽝스럽게 만든 것이 그런 작품이다. 한 예로 桂井蒼八이 개작한 〈娥眉産月歌〉를 들어보면, 蛾眉山을 임산부의 배로 바꾸어놓았다. 李白 원작의 고귀하고 우아한 기풍을 저속하게 훼손시켜 저속한 웃음거리를 제공했다. 전문은 다음과 같다.

娥眉産月半臨腹　　아미산의 달인 듯 반쯤 커진 배
形似平生孤柳柔　　그 모습 평생 외로운 버들처럼 부드럽다.
夜發傷産向散亂　　밤에 난산이 시작되어 산란해지는데,
招醫不來下憂愁　　의원은 불러도 오지 않고 슬픔만 닥친다.

'夷詩'가 행세하자 '華詩'·'華歌'·'夷歌'의 삼층 질서가 무너졌다. '詩'는 우아하고, '歌'는 속되고, '華'는 존귀하고, '夷'는 야비하다는 서열이 마침내 철폐되었다. '華詩'·'夷歌'·'華歌'·'夷詩'가 서로 다르면서 화합하고, 상극하면서 상생하는 관계가 바야흐로 출현했다.

오늘날에는 외면상 '華'와 '夷', '詩'와 '歌'의 구분이 없다. 개개의 '夷'가 대동의 '華'를 대신하게 되고, 구어 '歌'가 문어 '詩'의 자리를 차지했다. 그러나 동아시아 각 민족문학 내부에서 '華詩'·'夷歌'·'華歌'·'夷詩'의 서로 다른 원리와 그것들의 상호관계가 계속 작용하고 있다. 넷이 모두 항구적인 의의를 가진 자산이다.

결과 점검

동아시아문학사는 문명권문학사여서 민족문학사보다 크고 세계문학사보다는 작은 단위이다. 서술 방법에서도 그 둘의 중간적인 특징을 가질 것 같으나 그렇지 않다. 민족문학사는 한 번만 일어난 일을 다루기 때문에 일정한 원리를 갖추고자 하는 노력이 설득력 있는 결과를 확보하기 어렵다. 문명권문학사에서는 그런 난점이 많이 해소된다.

문명권문학사를 서술할 때에는 비슷한 현상과 변화가 여러 민족문학사에서 한꺼번에 나타난 사실을 발견하고 그 이유에 대해서 일관성 있는 해명을 할 수 있다. 여러 문명권문학사를 함께 다루는 세계문학사에서도 그런 일을 할 수 있으나, 문명권문학끼리는 한 문명권 안의 민족문학보다 차이점이 더 많아 일관된 체계화로 고찰하는 것이 한층 힘들다.

민족문학사·문명권문학사·세계문학사 가운데 문명권문학사를 가장 체계적으로 서술할 수 있다. '華'·'夷'와 '詩'·'歌'를 기본 개념으로 삼아 동아시아문학사의 전개를 총괄해서 파악하고자 한 시도가 그래서 가능하다. 민족문학사에서는 그런 원리를 발견하기 어렵다. 세계문학사에서는 그런 원리가 그대로 통용되지 않고 한층 다양하게 변형되어야 한다.

동아시아문학사를 통괄해서 서술하는 작업을 하면, 문학사 이해의 이론을 정립하는 성과가 아주 뚜렷해졌을 것인데, 그렇게 하지 못했다. 동아시아문학사는 부분적으로 거론하다가 세계문학사를 쓰는 작업을 앞당겨 한 탓에 이론 정립 작업이 미흡하게 된 점이 후회되지만 어쩔 수 없다. 지금 순서를 바꿀 수 없다. 동아시아문학사를 쓰는 작업은 내가 감당하지 못하고 다음 연구자에게 기대한다.

다음 연구자는 자기 원리를 개발해 동아시아문학사를 쓸 것이다. 위에서 제시한 방안을 그대로 따르지는 않으리라고 생각한다. 참고 자료로나 삼으면 수고한 보람이 있다고 생각한다. 그러나 문명권문학사에서 요구되는 원리가 어떤 것인가 하는 기본적인 사항은 공동의 준칙이라고 생각해서 정리해 넘기기로 한다. "일관된 원리를 가지고, 상이한 사실을 되도록 많이 포괄해 다루면서, 시대 변화를 납득할 수 있게 설명해야 한다." 이것이 요체이다.

동아시아문학사를 쓰는 것은 쉬운 일이 아니다. 쉬운 일이 아니므로 한꺼번에 할 수 없다. 가능하고 필요한 작업이 무엇인지 찾아서 해야 한다. 여기서는 핵심이 되는 사항을 고찰하면서 특별한 방법을 창안했다.

오랜 내력을 가진 동아시아 공통의 용어 '華·夷'와 '詩·歌'를 새롭게 활용했다. 오늘날 연구에서 필요한 기본용어를 동아시아의 유산에서 마련했다. 동아시아문학을 총괄하는 이론을 만드는 본보기를 마련하고, 글을 한문으로 써서 보편적인 의의를 강조했다.

'華·夷'와 '詩·歌'가 결합되어 '華詩'·'夷歌'·'華歌'·'夷詩'가 나타나는 사실을 발견했다. 그 넷의 모습을 잘 보여주는 예증을 들어 이해를 구체화했다. 그 넷이 상극하면서 상생하는 관계에서 문학사가 전개되었다고 했다. 동아시아문학이 하나이면서 여럿인 원리를 발견해 비교연구를 이론 정립의 방법으로 삼았다.

2-4. 한·일 시가의 산과 바다

서두의 논의

"京都에 있어서의 韓·日文學의 交流와 발자취"라는 주제를 내건 학술회의가 2004년 12월 4일 일본 京都 同志社大學에서 열렸다. 그때 발표한 논문 〈東亞 山中詩의 韓·日 變奏에서 본 鄭芝溶〉을 소개한다. 산을 노래한 山中詩가 오랜 전통을 가지고 창조되다가 바다로 나아가 海上詩를 쓰게 된 변화가 한국과 일본에서 함께 나타난다는 내용이다.

산이니 바다니 하는 자연은 문학에서 줄곧 다루어온 소중한 자산이다. 일상생활에 매몰되어 있는 자아를 되돌아보면서 망각된 본질을 되찾는 정신적 각성을 얻을 수 있게 한다고 여기기 때문이다. 그러나 어떤 자연을 선택하는가는 문명의 전통에 따라 다르다.

인도에서는 숲에 들어가 명상을 해야 진정한 자기와 만날 수 있다고 했다. 아랍인들은 사막이 허식을 떨쳐버리고 신과 만나는 장소라고 했다. 유럽문학은 바다를 즐겨 노래하면서 멀리 나가 겪는 모험을 동경하고 찬양했다.

인도의 숲, 아랍의 사막, 유럽의 바다에 해당하는 동아시아인의 자연은 산이다. 숲은 산의 연장이고 독자적인 의의가 없다고 여겼다. 사막을 다룬 문학은 없다. 바다는 조난을 당하든가 해서 겪은 시련을 말할 때나 등장시키고 탐구의 장소라고 여기지 않았다.

동아시아 사람들이 산을 숭상한 것은 지세 탓이라고 할 수 있다. 산이 많은 곳에 사니 산을 숭상하는 것이 당연하다고 해도 좋다. 그러나 산에서 멀리 있어 쉽게 가지 못해도 산을 동경한다. 바닷가에 살면서도 산을 노래한다. 산은 단순한 자연물이 아니고 문화적 상징의 집합체이다. 자연물 가운데 어느 하나를 특별히 가려내 정신생활의 집약체로 삼는 인류 공통의 관습이 동아시아에서는 산에서 구체화되었다.

산을 섬기는 전통은 山神 신앙에까지 소급해서 이해할 수 있다. 그 뒤에 주류가 되는 사상이 교체되거나 대립되어도 산에 대한 관념은 지속되었다. 골짜기에 사는 俗人과 산에 들어가 있는 仙人은 격이 다르다고 했다. 진리를 탐구하는 행위를 "入山修道"라고 했다. 절은 명산에 자리를 잡아야 한다고 여겨, 도시에 한가운데 있는 절이라도 무슨 山 어느 寺라고 했다. 도가나 불가만 그렇게 생각하지 않고 유가에서도 올바른 도리를 찾는 선비를 山林 또는 山林處士라고 했다.

산이 조용하고 깨끗한 곳이고, 물욕이나 명예욕에서 벗어나 진리 추구를 위한 자리를 마련해준다고 믿었다는 것이 일반화될 수 있는 설명이다. 문학작품에서 다룬 산은 그 이상의 다양하고 풍부한 의미를 지녔다. 산을 노래한 시를 山詩라고 하면 말이 어색하니 山中詩라고 하자. 동아시아의 산중시는 인도의 林間詩, 아랍의 砂漠詩와 대조가 되고, 유럽의 海上詩와는 많이 다르다.

동아시아 산중시는 하나이면서 여럿이다. 공통된 전통을 나라·시대·시인에 따라서 서로 다르게 구현했다. 여기서 할 일은 동아시아 산중시가 한국과 일본에서 어떤 변주를 보였는지 살피면서, 오늘 논의의 대상으로 삼는 시인 정지용을 재인식하는 것이다. 정지용이 산을 노래한 시는 어떤 위치에 서고 어떤 특징을 지녔는가 하는 의문에 대한 대답을 산중시의 전통에 관한 고찰을 통해 찾고자 한다.

승려의 한시

한국의 승려 시인 冲止(1226~1293)의 〈閑中自慶〉을 보자.

日日看山看不足　날마다 산을 보아도 보는 것이 모자라고,
時時聽水聽無厭　때마다 물소리 들어도 듣는 것이 싫지 않다.
自然耳目皆淸快　자연이며 귀와 눈이 모두 맑고 시원해
聲色中間好養恬　소리와 색깔 가운데서 편안함 기르기 좋구나.

일본의 승려 시인 別源圓旨(1294~1364)는 〈和偶作詩〉에서 이렇

게 노래했다.

時移世異有靑山　시절은 바뀌고 세상은 달라져도 청산은 그대로,
人自忙兮山自閑　사람은 자기대로 바쁘지만 산은 스스로 한가하다.
唯有山僧知此意　다만 산승만 그 뜻을 알고 있어,
秋風古寺掩禪關　가을바람 부는 옛 절 선방의 빗장을 거네.

산은 무한하다. 산은 변하지 않는다. 산은 마음을 즐겁고 편안하게 한다. 산은 세상 사람들이 바쁘게 지내는 일상생활과는 다른 경지가 있다는 것을 알려준다. 이런 생각이 공통되게 나타나 있다고 할 수 있으면서 강조점이 다르다.

앞에서는 산은 무한하며 마음을 즐겁고 편안하게 한다는 쪽을 드러내 말하고 다른 것은 독자가 짐작하게 했다. 독자는 안중에 두지 않아 충격을 받고 분발하게 한다. 뒤의 시는 산은 변하지 않아, 세상 사람들이 바쁘게 지내는 일상생활과는 다른 경지가 있다는 것을 알려준다는 발상을 전면에 내놓고 다른 말은 숨겨두었다. 산승이 빗장을 건다고 해서 독자가 물러나야 하는 것은 아니다. 문을 열고 들어가 무한하고 즐거운 것을 찾아낼 만하다.

한국의 詩僧은 산에 머물러 있어도 되었다. 문을 열고 나가 유학자 문인들이 하는 일에 끼어들 필요가 없었다. 일본에는 한문을 잘하는 문인들이 따로 없어 도를 닦는 승려들이 山門 밖의 일까지 관장해야 했다. 앞 시와는 달리 뒤에서는 선방 빗장을 건다고 한 것은 밖으로 나다니는 것이 내키지 않는 바라는 뜻으로 볼 수 있다.

유학자의 한시

유학이 불교를 대신해 정신세계를 관장하게 되자, 그 쪽에서도 산중시를 지었다. 세속을 다스리기 위해서는 山人의 깨달음이나 권위가 있어야 했기 때문이다. 나아가기 위해서는 물러나야 하고, 爲人之學보다 爲己之學에 먼저 힘써야 했다. 그런 자세를 보여준 작품을 보자.

한국의 유학자 李彦迪(1491~1553)의 〈無言〉이다.

萬物變遷無定態	만물은 변천해 정한 모습이 없고,
一身閑寂自隨時	이 한 몸 한적하게 스스로 때를 따른다.
年來漸省經營力	근래에는 이룩하는 힘 점차 줄어들어
長對靑山不賦詩	길게 청산만 대하고 시도 짓지 않는다.

일본의 유학자 藤原惺窩(1561~1619)가 지은 〈山居〉도 함께 든다.

靑山高聳白雲邊	청산이 백운 곁에 높이 솟은 곳에서,
仄聽樵歌忘世緣	나무꾼 노래 엿들으면서 세상 인연 잊는다.
意足不求絲竹樂	뜻이 흡족해, 줄과 대를 쓰는 음악 원하지 않고,
幽禽睡熟碧巖前	숨은 새인 양 푸른 바위 앞에서 깊이 잠든다.

인위적인 것은 버린다. 사람이 스스로 무엇을 할 수 있다고 자부하지도 않는다. 움직임이 없는 것이 높은 경지이다. 하늘이 부여

해 사람이 지니고 있는 天理를 발현해 마땅히 따라야 할 도리인 天道로 삼아 그럴 수 있다. 이런 생각을 공통되게 지녔으면서 나타내 보인 것은 다르다.

天理가 드러나는 양상에 차이가 있다. 앞에서는 만물이 변천해 정한 모습이 없다고 해서 모든 것의 근본을 이루는 易의 이치를 강조했다고 할 수 있다. 무엇이든지 변한다는 것을 깨닫는 것이 哲人의 경지이다. 뒤에서는 청산이 백운 곁에 높이 솟아 있다고 해서 誠을 실현하는 고결한 자세를 소중하게 여겼다고 할 만하다. 진실을 성실하게 추구하고 실행하는 君子의 삶이 소중하다.

앞에서는 길게 청산을 대하고 있을 따름이고 다른 아무 것도 하지 않는다고 했다. 탐구의 대상인 청산과 하나가 되는 과정에 들어섰으므로 거리가 멀게 하는 인위적인 행위는 그만둔다고 했다. 뒤에서는 나무꾼 노래를 엿들으면서 깊이 잠든다고 했다. 자기 자신이 청산이 되어, 오르내리면서 사는 백성들과 함께 즐거움을 누리니 더 바랄 것이 없다고 했다.

자국어 고전시

자국어로 지은 시에는 산과 함께 바다가 나타난다. 생활 영역이 확대되어 시의 소재가 다양화한 것이다. 사람은 산만 찾지 않고 바다에도 간다. 바다를 고기잡이의 터전으로, 교통로로도 이용하는 것이 실제 생활이다. 자국어 시를 지으면서 실제 생활에 다가갔다.

한국은 반도이고, 일본은 섬이다. 두 나라 사람들은 중국 내륙 거주자보다 바다와 가까운 관계를 가졌다. 그러나 바다를 노래한 시가 많지는 않다. 산이 주는 안정감이 바다에는 없다고 했다. 바다는 일시적인 관심의 대상으로 삼기나 하고 두고두고 기리지는 않았다. 바다가 가져다준 수난은 말하지 않을 수 없으나 오래 기억하지 않았다. 바다의 노래를 줄곧 부르면서 모험을 삶의 보람으로 삼는 유럽인과 많이 달랐다.

한국의 尹善道(1587~1671)가 노래한 바다의 노래를 산의 노래와 함께 들어보자.

앞 개에 안개 걷고 뒷 뫼에 해 비친다.
배 떠라 배 떠라.
밤 물은 거의 지고 낮 물이 밀려온다.
지국총 지국총 어사와.
강촌 온갖 곳이 먼 빛이 더욱 좋다.

잔 들고 혼자 앉아 먼 뫼를 바라보니
그리던 님이 오다 반가움이 이리 하랴.
말씀도 우음도 아녀도 못내 좋아하노라.

일본의 松尾芭蕉(1644~1694)도 바다와 산을 함께 노래했다. 이번에도 둘을 나란히 들어본다.

荒海や佐渡によこたふ天の河

거친 바다여, 사도 섬에 가로놓인 밤하늘 은하.

石山の石より白し秋の風
바위산의 바위보다 더 하얀 가을바람.

바다는 흔들린다. 바다는 육지와 연관지워 노래해야 할 곳이다.
바다는 육지가 더 좋은 곳임을 확인해준다. 이런 생각을 함께 나타
내면서 구체적인 내용은 상당한 거리가 있다. 尹善道는 바다에서
육지를 바라보았다. 배를 타고 바다에 떠다니는 것이 흥겹지만 바
다에서 바라본 육지는 더욱 아름답다고 했다. 松尾芭蕉는 육지에서
바다를 바라보았다. 멀리 하늘가 은하 곁에 있는 바다는 거칠다.
섬이 있어 눈에 들어온다. 바라보는 장소인 육지는 거칠지 않고 친
근한 곳이어서 마음 놓을 수 있다는 것이 이면에서 한 말이다.

바다와 그리 가깝게 지내지 않은 한국의 시인이 바다를 더 좋게
말했다. 바다를 삶의 터전으로 삼아온 일본의 시인은 바다를 두려
워했다. 그 이유는 유람객의 바다와 어부의 바다가 다르기 때문이
다. 尹善道가 노래한 유람객의 바다는 즐거운 곳이다. 松尾芭蕉는
직접 드러내 말하지 않았지만 힘들게 살아가는 어부의 시련을 생
각하게 한다.

두 시인이 노래한 산을 보자. 산은 안정된 곳이다. 바라보기만
해도 즐겁다. 육지에서 찾을 것을 가장 잘 보여준다. 이런 생각을
함께 지니고서, 구체적인 발상과 발언에서는 거리를 두었다.

尹善道는 산을 바라보기만 해도 흐뭇하다고 했다. 앞에서 든 한

시 두 편에서와 같은 생각을 나타냈다. 그러면서 산을 바라보는 상황이 달라졌다. "잔", "님", "말씀", "우음"을 가져다놓고 풍류를 즐기고 있다가 산으로 시선을 돌려 더욱 소중한 것을 찾는다고 했다. 다른 무엇과 견줄 수 없는 최상의 즐거움은 산에서 얻는다고 했다.

松尾芭蕉는 산에서 감각을 찾았다. 산에 있는 바위를 보다가, 가을바람을 만났다. 가을바람도 보았다고 하면서 그 빛이 희다고 했다. 바위가 검으니 바람은 흰가? 바람은 흩날리는 억새에서 모습을 보여주니 희다고 했는가? 바람을 맞이하는 시인의 마음이 쓸쓸하니 바람이 흰가? 이런 생각을 하는 것은 독자의 몫이다. 시인은 그 이상 말이 없다.

尹善道의 시조는 음악의 가락을 지녔다. 몇 구비 돌아가면서 얼마간의 흥청거림이 있다. 松尾芭蕉의 俳句(하이쿠)는 그림이다. 붓을 한 번만 대고 만 그림이다.

근대시

근대시에서도 바다와 산을 노래했다. 이번에는 일본 것을 먼저 드는 것이 적절한 순서이다.

일본 시인은 石川啄木(1886~1912)을 택한다. 바다의 노래와 산의 노래를 한 대목씩 든다.

我を愛する歌
나를 사랑하는 노래

東海の小島の磯の白砂に

われ泣きちぬれて

蟹とたはむる

동해 바다의 자그만 갯바위 섬 하얀 백사장

나는 눈물에 젖어

게와 벗하였도다.

　秋風のこころよさに

　가을바람 상쾌한데

目になれし山にはあれど

秋來れば

神や住まむとかしこみて見る

늘 마주하는 산이기는 하여도

가을이 오면

신령이 계신 듯 황공하게 보았지

이제 鄭芝溶(1903~1950?)의 시를 다룰 차례이다. 鄭芝溶이 노래한 바다와 산을 보자.

　바다 2

바다는 뿔뿔이

달아나려고 했다.

푸른 도마뱀떼같이
재재발렸다.

長壽山

伐木丁丁 이랬거니. 아름드리 큰 솔이 베어짐직도 하이. 골이 울
어 메아리 소리 찌르렁 돌아옴직도 하이. 다람쥐도 좇지 않고 멧새
도 울지 않아 깊은 산 고요가 차라리 뼈를 저리우는데, 눈과 밤이
종이보담 희고녀!

바다는 장난을 하는 곳이다. 시련 대신 장난을 등장시킨 것은
근대시인의 새로운 선택이다. 바다가 멈추어 있지 않듯이 바다의
시도 줄곧 달라졌다. 그러나 산은 변하지 않는다. 산은 숭고한 곳
이다. 바다에서 놀던 시인이 산으로 돌아가 잃어버린 전통을 잇고
자기 자신의 진정한 모습을 찾고자 했다.
  石川啄木은 바닷가 백사장에 게를 벗 삼아 놀면서 눈물에 젖는
다고 했다. 무어라고 설명하지 않은 외로움을 달랠 길이 없다는 말
이다. 바다가 위안을 주지 않았다. 게는 진정한 벗일 수 없다. 장난
은 진지한 삶의 자세가 아니다. 鄭芝溶은 바다가 도마뱀 같다고 했
다. 도마뱀의 꼬리를 잡으려고 하듯이 바다에서 일어나는 파도를
희롱했다. 그래서 외로움과는 다른 즐거움을 느꼈지만 거기서 머

무른 것은 아니다. 순간의 기분에 들떠 그렇게 해본 것이다.

산을 노래한 石川啄木의 시는 어조가 다르다. 산으로 돌아가는
데 어울리는 계절은 가을이다. 가을 산의 엄숙한 모습을 보고 깊은
감회를 느껴 산신령이 있는 것 같다고 했다. 오랫동안 산을 떠나
있어 확실히 알기 어렵지만 무언가 본원적인 것의 숭고한 모습을
발견하고 마음 깊숙이 간직해 두었던 오랜 신앙을 다시 고백했다.

산에 들어간 鄭芝溶은 눈앞에 벌어지는 광경을 보여주었다. 크
고 우람하고, 고요하고 찬 것들의 소리와 모습을 시에다 담았다.
정신적 의미는 찾으려고 하지 않고, 신앙고백에 해당하는 말도 하
지 않았다. 鄭芝溶은 감각을 존중하는 기교파 시인임을 재확인할
수 있다.

그러나 산이 長壽山이어서 우람하고 노성한 모습을 마음속으로
그리게 한다. 산을 기리면서 살아온 정신문화의 축적을 물려받아
자랑스럽다고 할 수 있다. "伐木丁丁"이라는 첫 대목은 《詩經》에서
가져온 말이어서 동아시아 시의 연원으로까지 되돌아가는 길을 열
었다. "깊은 산 고요"는 예사로운 것이 아니다. 본원으로 회기하면
서 느끼는 충격을 전했다고 할 수 있다.

마무리

石川啄木이나 鄭芝溶에 이르면 동아시아 산중시의 본령이 그대
로 이어지지 않았다. 산과 하나가 되는 것이 궁극적인 깨달음의 길
이라고 하기는 어려울 만큼 시간이 경과하고 시대가 달라졌다. 그

러나 자취는 남아 있어 산이 잊고 있던 고향처럼 생각되게 한다. 바다에서 노닐다가 산으로 돌아가게 한다.

산이 주는 의미를 옛 시인들처럼 나타내지 못해 두 시인은 각기 자기 나름대로 간접적인 접근 방법을 택했다. 산을 멀리서 바라보면서 신령이 있는 것 같다고 하기도 했다. 산에 들어가서 보이고 들리는 것을 전하면서 오랜 내력을 가진 말을 사용하기도 했다. 문면에 나타난 말은 그뿐이다.

시인은 그 정도에 머물렀지만 독자는 더 나아갈 수 있다. 산중시의 오랜 전통을 마음에 간직하고 있는 독자는 고금의 비교를 통해 지속과 변모를 알아내고, 두 시인의 시에 무엇이 결락되었는지 알아내 메울 수 있다. 동지가 되는 독자가 한국과 일본에 적지 않게 있어 공동작업을 힘써 할 만하다.

동아시아 학문을 함께 하는 데 힘쓴 다음 세계로 나아가자. 동아시아의 범위를 넘어서서 다른 문명권으로 가면 우리 산중시 자체에 대한 연구를 그대로 전하기 어렵다. 전통을 공유한 독자가 없어 많은 설명이 추가로 필요하다. 동아시아의 산중시가 인도의 林間詩, 아랍의 砂漠詩, 유럽의 海上詩와 어떻게 같고 다른지 자세하게 밝혀 논해 세계문학 일반론을 이룩해야 한다.

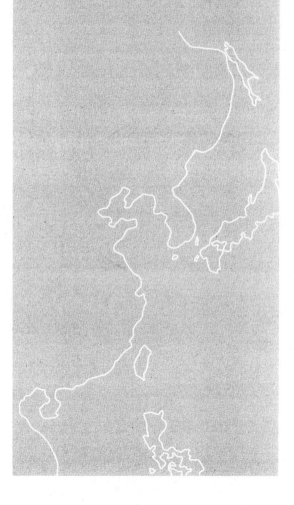

제 3 부

3-1. 책봉체제와 중세문명

방향 시정

동아시아에 대한 인식이 동아시아에서는 사라진 동안 멀리서 바라보는 사람들이 대용품을 만들어냈다. 동아시아를 각국으로 나누지 않고 함께 다루는 총론이 유럽문명권에서는 필요했다. 그러나 내용이 충실할 수 없고, 시각이 문제이다. 중국이나 일본에 관한 연구에 종사하면서 한정된 지식으로 다른 나라까지 살피는 것이 예사이다. 한국이나 월남은 모르거나 무시한다. 동아시아문명의 구조와 특징에 관한 총괄적인 이해는 많이 모자란다. 대표적인 업적을 몇 들어본다.

《동아시아, 중국·일본·한국·월남: 한 문명권의 지리》(Albert Kolb, *Ostasien: China, Japan, Korea, Vietnam, Geographie eines Kulturerdteiles*, Heidelberg: Quelle & Meyer, 1963)에서는 한문을 공유하고, 또한 젓가

락을 사용하는 공통점이 있는 동아시아 네 나라를 지리학의 관점에서 함께 다루었다. 그러나 한문이 어떤 구실을 했던가에 관해서 고찰하지는 못했다. 중국에 압도적인 비중을 두고 다른 나라는 간략하게 취급하는 데 그쳐 상당한 불균형을 보인다.

동아시아의 역사를 개관한 책의 좋은 본보기는 《동아시아, 위대한 전통》(Edwin Reischauer and John K. Fairbank, *East Asia, the Great Tradition*, Boston: Mifflin, 1960)이다. 거기서 중국·일본·한국의 역사를 다룬 내용이 비교적 상세해서 널리 참고가 된다 하겠으나, 동아시아문명의 공통된 전개에 대해서 이해하려고 하지 않아 무엇을 "위대한 전통"이라고 했는지 의심스럽다. 국가끼리의 쟁패에서 누가 강자이고 누가 약자였으며, 누가 앞서고 누가 뒤떨어졌는지 가리는 데나 관심을 두었다.

《중국화된 새로운 세계》(Léon Vandermeersch, *Le nouveau monde sinisé*, Paris: Presses Universitaires de France, 1986)에서는 동아시아를 "중국화된" 지역이라고 했다. 그러면서 과거의 역사가 아닌 오늘날의 상황을 문제 삼았다. 동아시아 공통의 문화전통이라고 한 한문과 유교가 오늘날의 경제발전을 위해서 어떤 구실을 하는가 하는 문제에 대한 해답을 찾았으나, 납득할 만한 결과에 이르지 못했다.

동아시아에는 이런 정도의 동아시아사도 없다. 동아시아는 하나라는 인식이 사라졌을 뿐만 아니라, 동아시아를 한꺼번에 다루는 학문의 시야가 마련되어 있지 않다. 유럽사와 동아시아사를 견주어보자. 당연히 해야 할 일을 하지 못하고 있는 잘못이 명백하게 드러난다.

유럽사는 책은 아주 많다. 그 가운데 하나만 들어보자.(Norman Davies, *Europe, a History*, London: Pimlico, 1997) 영국인이 영어로 쓰고 영국에서 나왔지만 내용이 영국 위주인 것은 아니다. 러시아까지 포함한 유럽 전역을 고루 다루면서, 국명을 장이나 절에 등장시키지 않고, 국가끼리의 쟁패를 관심사로 삼은 것도 아니다. 시대별로 다르게 전개되는 사회와 문화의 모습을 통괄해서 서술하면서 특히 흥미로운 사례를 별도로 설정한 항목에 등장시켰다. 저자의 식견이나 능력이 탁월해서 가능했던 일은 아니다. 저자는 머리말 서두에서 자기가 독자적인 연구를 하지는 않고 이미 이루어진 성과를 종합했다고 했다.

유럽에서는 이미 잘하고 있는 일을 동아시아에서는 하지 못한다. 이렇게 말하는 것은 자존심이 상하는 일이지만, 사실을 있는 그대로 알아야 해결이 가능하다. 유럽사에 상응하는 동아시아사를 내놓아야 한다. 같은 수준이면 만족스러운 것은 아니다. 고찰하는 방법이나 다룬 내용에서 한 걸음 더 나아가야 한다.

일본에서는 근대 역사학을 시작한 20세기 초에 일본사·동양사·서양사를 나누었다. 동양사는 일본사를 포함하지 않고 중국사가 중심을 이룬다. 한국에서도 그렇게 해서 한국사·동양사·서양사가 별개의 영역이라고 하고, 뒤늦게 세 학과를 독립시켰다. 일본과 한국 두 나라에서 모두 동아시아사라는 포괄적인 개념은 존재하지 않는다.

그 때문에 일본사 인식이 "자폐적으로 되는 경향"이 생겼다고 스스로 비판하지만(永原慶二, 《20世紀 日本の歷史學》, 東京: 吉川弘文

館, 2002, 45면) 시정하기 어렵다. 한국에서는 민족사관을 내세워 한국사 연구의 독자성을 강조하기만 한다. 우리만의 민족사관을 제3세계 전체의 민족주의사관으로, 제1세계 제국주의의 세계사 왜곡을 시정하는 관점으로 확대하고 발전시켜야 한다고 주장하는 데 대해서 한국사 전공자들은 반응을 보이지 않는다.

일본은 변화를 보이고 있다. 동아시아를 떠난다는 脫亞의 노선을 내세우면서 제국주의 침략자가 되어 동일 문명권의 이웃 나라들을 짓밟더니 지금은 동아시아로 복귀하는 入亞로 선회하고자 한다. 일본이 온통 차지해 영광스럽게 한다면서 '大東亞'라고 하던 말은 버리고 이제는 '동아시아'(東アジア)라는 말을 자주 쓰면서 선린관계를 회복하는 학문을 하려고 한다.《동아시아사입문》(布目潮渢・山田信夫 編,《東アジア史入門》, 東京: 法律文化社, 1975)이라는 책에서는 일본사를 일본 열도에 국한해서 고찰하는 잘못을 반성하고 'East Asia'의 개념을 받아들여 동아시아사를 고찰한다고 했다. 그러나 실제로 다룬 내용에서는 동아시아는 중국과 그 주변민족의 역사라고 하고, 일본과는 거리를 두었다.

동경대학 일본사 교수진이 중심이 되어《아시아 속의 일본사》(荒野泰典・石井正敏・村井章介,《アジアのなかの日本史》, 東京: 東京大學出版會, 1992~1993)라는 이름의 총서를 마련해 일본사에서 동아시아사로 나아가고자 했다. 표면상으로는 많은 변화가 일어났으나, 민족 우열론의 관점을 잇고 있어 새 출발의 의의를 감퇴시킨다. 일본사의 독자성을 밝혀 자부심을 고취하고 일본의 국가 이익을 도모하고자 하는 오랜 습성을 과감하게 청산했다고 하기는 어려우

며, 정치사 위주의 역사 이해에서 벗어나지 못했다.

중국에서는 세계를 중국과 외국으로 나눈다. 중국이 크다는 것을 강조해 말하는 인식 체계를 마련했다. 외국은 서방과 동방으로 이루어져 있다고 한다. 동방에는 아시아, 아프리카, 라틴 아메리카가 모두 포함된다. 중국도 서방이 아니므로 동방의 하나이지만, 그렇게 규정한 동방과 중국을 합쳐서 다루는 이해의 방식이 없다. 동방 가운데 동아시아를 따로 논의하는 자리를 마련하지는 않았다.

한번 정한 이해의 틀을 누구나 따르고 여러 분야에 일제히 적용하는 것이 중국의 방식이다. 내가 관심 있게 살핀 영역은 문학사이다. 陶德臻 主編,《東方文學簡史》(北京: 北京出版社, 1985, 修訂本, 1990); 季羨林 主編,《簡明東方文學史》(北京: 北京大學出版社, 1987) 같은 것들이 거듭 나와 문학사를 다룬 것은 평가할 일이다. 그러나 이집트, 바빌론, 인도, 헤브라이, 일본, 조선, 아랍, 아프리카, 인도네시아 등의 문학을 열거하면서 각기 고찰했다. 문명권의 문학사에 대한 인식은 없다.

지금까지의 혼미를 청산하고 동아시아를 총괄해서 논의하는 작업을 제대로 하기 위해 나는 거듭 노력했다. 동아시아를 중국과 일본이 패권을 다툰 지역으로 보지 않고, 어느 민족이든 자기 나름대로의 창조력을 발휘해 문명을 다채롭게 한 내력을 밝히는 데 힘썼다. 국내외의 패권주의를 청산하고 내부 구성원이 대등하고 평등한 관계를 가진 동아시아를 이룩하는 데 지침이 되는 작업을 하려고 했다.

구체적인 작업은 문학에서 출발점을 얻어 논의를 확대하자는 것이다. 패권의 행방을 찾는 정치사에 대한 대안을 대등한 창조력을 평가하는 문학사에서 찾고자 했다. 먼저《동아시아문학사비교론》(서울: 서울대학교출판부, 1993)을 써서 문학사 서술 경과 검토, 문학사 서술 방법 비교, 문학사 전개 비교 가능성을 다루었다. 그 성과를 동아시아를 하나로 이해할 수 있는 기초 작업으로 삼았다.

《동아시아 구비서사시의 양상과 변천》(서울: 문학과지성사, 1997)에서 동아시아 여러 민족의 구비서사시를 비교해 고찰하고, 서사시 일반론을 다시 이룩하고자 했다. 일본의 아이누민족, 중국 운남지방의 여러 민족이 지배민족의 억압에 대항하기 위해 구비서사시를 열심히 전승하고 재창조해온 내력을 밝혔다. 동아시아를 강성민족의 각축장으로 이해하는 관심을 청산하고 억압받아온 소수자들이 진정으로 소중한 창조적 역량을 발휘했다는 것을 입증했다.

그런 작업을 여러 측면에서 다시 했다.《하나이면서 여럿인 동아시아문학》(서울: 지식산업사, 1999)에서 연구 방향 전환, 시조도래 건국신화, 대장경, 한시, 민족어시, 번역으로 맺어진 관계에 관한 논의를 폈다.《공동문어문학과 민족어문학》(서울: 지식산업사, 1999)에서 동아시아문학사를 다른 문명권과 견주어 총괄했다.《문명권의 동질성과 이질성》(서울: 지식산업사, 1999)에서 동아시아의 책봉체제, 금석문, 역사서, 고승전 등에 관해 고찰했다. 문학사에서 출발해 역사에 대한 이해를 새롭게 하는 길을 찾았다.

유교문명권

이미 한 작업 가운데 책봉체제에 관한 것을 간추려 옮긴다. 책봉체제는 동아시아가 하나이게 하는 데 핵심적인 의의를 가졌는데, 근대에 와서는 곡해의 대상이 되어 시정이 요망된다. 시정이 동아시아 안에서는 이루어지기 어렵다. 다른 여러 문명권에서도 중세에는 기본적으로 동질적인 책봉체제를 일제히 마련했다는 사실을 알고 비교 고찰을 해야 비로소 논의가 정상화되고, 세계사의 총괄적인 이해가 가능해진다. 아무도 하지 않은 이 작업을 내가 맡아 나섰다.

동아시아의 중세는 중국에 있던 天子가 한국, 일본, 월남, 유구 등 여러 나라의 國王을 冊封하던 시기였다. 이에 대해 한 차례 고찰한 바 있다. 여러 문명권의 책봉체제를 비교해 고찰하고 공통점을 찾았다. 그 내용을 간추리면서 새롭게 정리한 문제를 해결한다. 동아시아 유교문명권의 책봉체제가 다른 곳들과 다른 점에 관한 논의는 여기서 새롭게 한다.

"冊封"이란 "내려주는 문서"라는 뜻의 "冊"과 "지위를 부여한다"는 뜻의 "封"이 복합된 말이다. 상위자가 하위자에게 문서를 내려 지위를 부여하는 행위가 '冊封'이다. 그렇게 할 수 있는 권한을 가진 사람은 제왕으로 한정된다. 천자이든 국왕이든 하위자를 책봉할 수 있다. 천자는 국왕을 책봉하고, 국왕은 그 하위자를 책봉하는 권한을 가진다. 여기서 말하는 책봉은 그 모두를 포함하지 않고 '국가간의 책봉'의 준말이다. 천자가 국왕을 책봉하는 것만 가리켜 말한다. 국가간의 책봉 관계는 다면적인 구조와 작용을 갖춘 사회체제였으므로 책봉체제라는 말을 쓸 수 있다.

책봉은 국서를 교환하고, 천자가 국왕에게 金印 玉璽를 주는 것으로 구체화되었으며, '朝貢'이라는 이름의 선물을 보내고 답례품을 받는 물물교환의 무역을 수반했다. 책봉과 조공이 짝을 이루어, '冊封朝貢체제'라는 말을 쓸 수 있다. 국서는 정신적 일체감을 문장으로 표현하고, 금인은 권력의 정당성을 보장해주고, 조공무역은 물질생활이 서로 연결되게 해서, 문명권의 동질성을 여러 겹으로 다졌다.

책봉체제에 지속적으로 포함되는 국가들이 공동의 문명을 이루어 동아시아가 하나였는데, 근대가 되자 책봉체제가 무너지고 동아시아가 여럿으로 나누어졌다. 책봉체제가 중세인은 이중의 소속 관계를 가져 동아시아인이면서 자국인이게 했다. 근대로 들어서자 동아시아인이라는 공동의 영역은 없어지고 각국인만 남았다. 근대인은 책봉체제가 동아시아문명의 공유 영역이 아니고 불평등한 국제관계였다고 이해한다. 자국의 관점에서 상이하게 평가하면서 우열을 다툰다.

중국은 책봉체제에 포함된 전 영역을 자기네가 지배했다고 여긴다. 오늘날 중국의 판도 안에 있었던 책봉국은 모두 중국의 지방정권이었다고 한다. 일본은 책봉체제에서 벗어난 것이 자랑스럽다고 한다. 동아시아문명에서 독립해 별도의 문명을 이루었다고 하기도 한다. 한국에서는 중국과 책봉관계를 가진 것은 사대주의 때문이라고 하고 부끄럽게 여긴다. 정치적인 예속과 경제적인 수탈을 함께 겪은 과거를 청산하고 문화에서도 민족의 주체성을 되찾아야 한다고 주장한다.

이런 시비를 가리려면 몇 가지 문제를 해결해야 한다. 책봉을 받으면 정치적 독립을 잃고 예속되었던가? 책봉관계에는 경제적인 수탈이 수반되었는가? 책봉체제에서 벗어나 문화에서도 주체성을 찾고 별도의 문명을 이룩하는 것이 바람직했던가?

15·16세기 중국의 明, 한국의 朝鮮王朝, 일본의 室町幕府, 월남의 黎朝, 유구의 中山王朝가 공존하던 시기를 되돌아보자. 다섯 나라 모두 안정을 얻고 대등한 수준의 문명을 누렸다. 전쟁은 물론 분쟁도 없이 오랫동안 평화가 계속되었다. 책봉체제가 그럴 수 있게 했다. 그 시대 책봉체제의 실상을 말해주는 세 가지 자료를 들고 검토하기로 한다.

(1) 공동문어인 한문으로 일정한 격식을 사용해 쓰는 국서를 주고받는 것이 책봉체제 유지의 필수 요건이었다. 본보기를 들어보자. 명나라가 조선에 보낸 국서에서 "混六合爲一家 天道同仁 視萬方爲一體 所以地無遐邇"(六合이 어울려서 한 집을 만들어 天道가 仁을 동일하게 행하고, 萬方을 일체로 삼아 땅에는 멀고 가까운 곳이 없다)고 했다. 일본이 명나라에 보낸 국서에서 "大聖人 明並曜英 恩均天澤 萬方嚮化 四海歸仁"(큰 성인은 밝고 또 밝아 은혜가 하늘과 물에 고루 미치고, 모든 방위에서 교화하고 이끌어서 四海가 어진 길로 나아가게 한다)고 했다. 명나라가 일본에 보낸 국서에서 "天地之中 華夷一體 帝王之道 遠邇同仁"(천지 가운데 華와 夷가 일체를 이루고, 제왕의 道는 멀고 가까운 곳에서 다 같이 仁을 행한다)고 했다.

(2)《明史》를 보자. '外國'이라고 든 곳이 아주 많고 프랑스, 네덜란드 등 유럽 여러 나라까지 포함되어 있다. '외국' 가운데 일부는 다른 조항에서 '藩國'라고 해서 책봉관계를 가지는 나라임을 밝혔다. 책봉사신이 '번국'에 가서 국왕의 인장과 예물을 전하는 절차를 설명했다.

(3) '외국' 가운데 어느 나라가 '번국'인가에 관해서는 《太祖實錄》에서 규정해 모두 17개국이라고 했다. 명나라에서 17개국에 사신을 보낸 횟수를, 빈도수의 순번에 따라 들어보자. 한자 표기만 가지고 알기 어려운 나라 이름에는 오늘날의 명칭을 괄호 안에 적는다. 1. 琉球 171회, 2. 安南 89회, 3. 烏斯藏(티베트) 78회, 4. 哈密(하미) 76회, 5. 占城(참파) 74회, 6. 暹羅(샴) 73회, 7. 土魯番(투르판) 41회, 8. 爪哇(자바) 37회, 9. 撒馬兒罕(사마르칸트) 36회, 10. 朝鮮 30회, 11. 瓦剌(오이라트) 23회, 12. 滿剌加(말라카) 23회, 13. 日本 19회, 14. 蘇門答剌(수마트라) 16회, 15. 眞臘(캄보디아) 14회, 16. 浡泥(부루나이) 8회, 17. 三佛齊(팔렘방) 6회.(村井章介,《アジアのなかの中世日本》, 東京: 校倉書房, 1988, 87면)

(1)은 책봉체제가 유교문명의 이상 실현을 공동의 목표로 삼았다고 알려준다. '天道', '道', '仁' 등으로 일컬은 가치의 규범이 '萬方', '四海' 등이라고 일컬은 모든 곳에 일제히 대등하게 실현되기를 바란다고 했다. 종교를 정치의 상위에 두고, 정치에서 있을 수 있는 대립을 종교에서 해결하고자 했다.

(2)에서 책봉받는 나라가 중국의 일부가 아니고 '外國'임을 명시했다. 독자적인 주권을 가진 나라이니 '외국'이다. 외국을 '藩國'인

가 아닌가에 따라서 둘로 나누었다. '번국'은 책봉받는 나라이다. '藩'은 주위를 둘러싸고 있다는 뜻이다. 중국의 책봉받는 나라는 중국을 둘러싸고 있다고 여겨 '번국'이라는 말을 사용했다.

(3)에서 든 17개국은 다시 둘로 나눌 수 있다. 1. 琉球, 2. 安南, 10. 朝鮮, 13. 日本의 4개국과 다른 13개국이 구분된다. 4개국은 동아시아 한문문명권에 속하면서 중국과 책봉관계를 지속적으로 가졌다. 13개국은 한문이 아닌 산스크리트나 아랍어를 공동문어로 삼고 있어 다른 문명권에 속하면서 중국과 책봉관계를 가졌다. 4개국은 정회원이라면, 13개국은 임시회원이다. 임시회원은 시대에 따라 달랐다.

1. 琉球가 첫째 순위인 것을 주목할 필요가 있다. 유구는 통일국가를 이룩한 中山왕조 시절에 책봉체제에 들어가 동아시아 공동체의 일원이 되었다. 중국과 유구의 이해관계가 합치되어 조공무역에서 특별한 위치를 차지했다. 중국의 물산을 동남아 각국에, 동남아 각국의 물산을 중국에 공급하는 구실을 맡아 막대한 이익을 남긴 덕분에 국가의 번영을 구가했다. 그 때가 유구 역사의 전성기였다. 17세기 이후 유구는 주권을 상실하고 일본의 附庸國이 되어 몰락의 길에 들어섰다. 일본은 중국과 유구의 책봉관계를 폐지하지 않고 그대로 두면서 조공무역의 이익을 앗아갔다.

2. 安南의 월남은 명나라의 침공을 물리치고 주권을 회복하고 책봉관계를 되찾았다. 명나라는 월남을 침공해 외국임을 인정하지 않고 중국의 일부로 삼았다. 黎利가 지도자로 나서서 월남인은 영웅적인 투쟁을 해서 명나라 군대를 완전히 패배시키고 새로운 왕

조를 창건했다. "북쪽에서 온 명나라 도적을 무찔렀다"는 뜻의 "北擊明寇" 덕분에 "封帝爲安南王"의 전례를 쟁취했다. 이 말은 "월남의 황제를 안남왕으로 봉했다"는 것이다. 생략되어 있는 주어는 "중국의 天子"이다. 월남의 통치자는 나라 안에서 '황제'이지만, '천자'의 책봉을 받아 대외적으로는 '안남국왕'이다.

10. 朝鮮과 13. 日本은 차이가 크지 않다. 일본은 책봉체제에 소극적으로 가담했거나 거리를 두었다고 하는 것은 타당한 견해가 아니다. 거리가 멀어서 사신 왕래가 잦을 수 없었던 사정을 일본은 독자적인 노선을 택한 증거로 삼을 수 없다. 일본의 통치자는 나라 안에서 '將軍'인데 책봉을 받아 '日本國王'이 되었다. 일본의 통치자에게 장군의 직함을 준 것은 '天皇'이 한 일이다. 군사를 이끌고 아이누를 정벌하라고 해서 부여한 명칭이다. 그러나 천황은 정치적으로 무력해지고 장군이 통치자가 되었다. 그 전에는 천황이 국가의 지배자여서 책봉받다가 일본국왕의 지위를 장군에게 인계했다.

조선국왕과 유구국왕은 나라 안에서도 '왕'이고, 안남국왕은 나라 안에서 '황제'이고, 일본국왕은 나라 안에서 '장군'이었지만 대외적인 명칭과 위치가 동일해 서로 대등한 관계를 가졌다. 국내 호칭의 차이는 문제되지 않았다. 한국의 통치자도 고려 시대에는 월남처럼 황제라고 한 적 있으나 그 때문에 대외적인 지위가 달라졌던 것은 아니다. 일본에서 천황이 황제 위치의 통치자로 등장하고, 조선국왕이 황제임을 선포하고, 월남의 황제가 대외적으로 황제라고 한 것은 책봉체제를 청산하고 근대를 이룩할 때 일제히 일어난 변화이다.

일본이 책봉을 받다가 그만두었던 일이 두 번 있었다. 천황이 국왕일 때 당나라와 책봉관계를 중단한 적이 있다. 17세기 이후 德川幕府의 장군이 통치자 노릇을 한 시기에도 책봉관계가 끊어졌다. 그 두 가지 사건에 대해서 오늘날의 일본인들은 흔히 일본의 자주성을 드높이고자 했기 때문이라고 한다. 책봉받는 것은 자주성을 손상시키는 굴욕적인 처사라고 전제하고 그런 판단을 내린다.

일본이 당나라와 책봉관계를 중단한 것은 교통의 불편으로 사신의 왕래하기 어려웠기 때문이다. 한문문명을 계속 받아들여 일본의 고유문화가 손상되지 않게 하자는 것이 더 큰 이유였다는 견해가 있으나 동의할 수 없다. 고유문화를 온전하게 하는 데서는 아이누인이 일본인보다 앞섰다. 그런데도 일본인과 아이누인의 오랜 투쟁이 일본인의 승리로 돌아간 것은 한문문명에서 얻은 역량 덕분이다.

책봉체제에서 일시적으로 이탈해서 고유문화를 일방적으로 존중하는 고립노선으로 가던 폐단을 鎌倉幕府 이후의 무신정권에서 시정해서, 일본이 책봉국가의 대열에 다시 들어섰기 때문에 동아시아문명의 새로운 발전에 동참할 수 있었다. 닫았던 문을 다시 열어 동아시아의 중세전기문명을 받아들여 공유할 수 있었다. 새 시대의 새로운 사상 禪佛敎와 新儒學이 일본에 전해져 정신생활의 차원을 높인 성과를 오늘날에 이르기까지 활용하고 있다.

德川幕府의 통치자가 다시 한 번 책봉체제에서 벗어난 것은 스스로 선택해서 한 일이 아니다. 중국의 청나라에서 책봉을 얻지 못했기 때문이다. 豊臣秀吉이 책봉을 받아들이지 않고 침략전쟁을 일

으킨 잘못을 중국에서 용서하지 않아, 일본은 동아시아의 국제질서에서 '不整合'한 위치를 감수하지 않을 수 없었다.(中村榮孝,《日鮮關係史の研究》下, 東京: 吉川弘文館, 1970, 465면 이하의〈外交史上の德川幕府 ─ 大君外交體制の成立とその終末〉)

역대의 장군이 모두 일본국왕이라고 하던 관례를 이어받지 못하고 편법을 써야 했던 것이 '부정합'의 실상이다. 德川幕府의 장군은 '日本國大君'이라는 이름으로 국서를 발부하고 외교를 했다. 책봉을 받지 않으면서 일본국왕이라고 하는 것은 참칭이라 용납될 수 없었다. 이것은 일본의 통치자가 마땅히 지녀야 할 자격에 결격 사유가 있다고 인정한 것이고, 책봉체제 이탈을 의미하지는 않았다. 만약 책봉체제를 부정했다면 책봉 여부와는 관계없이 일본의 통치자가 일본국왕이라고 칭해야 했는데 그렇게 하지 않았다.

책봉체제는 동아시아의 문명 공동체였으므로 이탈이 자랑스러울 수 없다. 공동의 문명을 누리면서 필요한 요소를 섭취해 민족문화를 발전시키는 것이 당연한 과정이었다. 이렇게 말하면 책봉하는 쪽은 중국이고, 책봉받는 쪽은 그 주변의 여러 나라였으니 평등하지 않았다고 하는 점을 들어 반론을 제기한다.

'中國'이란 모호한 말이고, 오늘날의 국가와 혼동될 염려가 있으므로, "동아시아 대륙의 중심부 중원을 지배하는 왕조가 중국이다"라는 정의를 내릴 필요가 있다. 그 왕조의 지배민족은 漢族만이 아니고 다른 여러 민족일 수 있다. 鮮卑, 거란, 女眞, 몽골 등 여러 민족이 천자의 제국을 세웠다. 그렇지만 천자의 제국은 반드시 중원에 자리를 잡아야 했다. 대륙의 중원을 지배하는 왕조라야 책봉하는 쪽의 권한을 이어받는 제국일 수 있었다.

책봉은 문명권 전체의 공동문어를 사용하면서 이루어진 국제관계였다. 대륙의 중원을 지배하는 쪽이 동아시아의 공동문어인 한문을 잘 구사해야 그럴 수 있는 자격이 있다고 인정되었다. 漢族이 아닌 다른 민족의 통치자가 책봉의 주체 노릇을 하기 위해서는 자기 언어와 거리가 먼 한문을 사용하는 불편과 고통을 감수해야 했다. 중원을 통치하기 위해서는 한문을 익히는 데 그치지 않고 중국어 구어를 사용하기까지 해야 했다. 그 때문에 자기 민족어가 위축되고, 마침내 민족 소멸의 위기까지 초래했다.

鮮卑族 北魏의 통치자들은 漢化 정책을 쓰다가 자기네 민족이 없어지는 비극을 자초했다. 遼나라를 세운 거란족의 운명도 그 경우와 그리 다르지 않다. 淸나라의 만주족 천자들은 자기 언어와 중국어를 병행해서 사용하려고 애썼으나 뜻을 이루지 못했다. 언어와 함께 민족이 소멸되는 것을 막지 못했다. 제국의 건설과 방위를 위해 소수의 만주족을 고토에서 빼내 멀리까지 이동시킨 탓에 민족이 거의 소멸되는 지경에 이르렀다. 한족이 아닌 다른 민족이 중원의 천자 자리를 차지해서 책봉하는 주체가 되는 것은 민족의 기개를 드높이는 영광스러운 일이 아니고 민족의 소멸을 자초하는 불행한 일이었다.

책봉체제가 무력의 강약에 의해서 이루어지고 강자가 약자를 지배하는 형태가 아님을 입증하는 가장 설득력 있는 사례를 중국과 북방민족의 관계에서 찾을 수 있다. 북방유목민족국가에 대한 중국의 책봉은 힘의 강약과 일치하지 않는다. 현실적 관계에서는 열세에 있던 중국이 명분상의 관계에서 우위를 유지해 자기보다 강자를 책봉하는 일이 이따금 있었다.

위구르 민족의 왕이 아들을 보내 安史의 난을 진압하고 당나라가 다시 일어나게 한 다음 아들과 함께 당나라의 책봉을 받은 것이 그 좋은 예이다. 당나라는 책봉을 받은 쪽에서 의례적으로 가져오는 소량의 조공품을 받고 그것과 비교되지 않을 정도의 많은 하사품을 주어야 하므로 커다란 부담을 짊어졌다. 당나라에서는 화친의 부담이 너무 커서 전쟁을 택해야 했지만, 전쟁에서는 이길 수 없었다.

16세기의 시인 林悌는 임종시에 천자의 나라가 되어 보지 못한 곳에서 태어나 죽어 서러워 할 것 없으니 곡하지 말라고 했다고 전한다. 우리 민족도 중원을 차지해 천자의 나라 주인 노릇을 하지 못한 것을 아쉬워하는 말을 자주 듣는다. 그렇게 되었으면 무력을 키우고 유지하기 위해 수많은 사람을 희생시키고 마침내 민족이 소멸되는 데 이르렀다고 보는 것이 정상이다.

한국은 책봉체제의 수혜자이다. 동아시아문명을 중심부와 가까운 곳에서 받아들여 수준을 더 높이면서 민족문화 발전에 적극 활용한 것이 행운이다. 월남은 힘든 싸움을 해서 가까스로 얻은 이득을 평화를 누리면서 확보했으니 더욱 다행이다.

힌두·불교문명권

중세 동안에 산스크리트를 공동문어로 사용한 남아시아 및 동남아시아는 힌두교와 불교 두 종교를 보편종교로 삼았다. 그 두 종교는 서로 연결되어 있으면서 또한 경쟁하는 관계였다. 천자와 국왕을 구분하는 정치철학은 힌두교에서 마련하고, 불교에서도 받아들였다.

3세기에 이루어진 정치이론서(*Arthasastra*)를 보면 천자와 국왕을 일컫는 용어가 여럿 있었다. 그 가운데 '차크라바르틴'(chakravartin)과 '라자'(raja)가 널리 쓰여 대표적인 것들로 들 수 있다. 차크라바르틴은 "바퀴를 돌리는 사람"이라는 뜻이며, "최고의 이상을 실현하는 통치자, 우주의 지배자"를 일컫는 말이다. 그 영역은 히말라야에서 대양 사이의 수만 리 땅이라고 했다.

불교에서 그런 생각을 받아들여 차크라바르틴은 참된 도리를 실현하는 통치자라고 했다. 불경을 한문으로 번역할 때 차크라바르틴을 '轉輪聖王'이라고 했다. 전륜성왕은 부처의 대리자라고 이해되었다. 정치적인 역량으로 인간세상을 다스리면서, 신앙세계에서 부처가 하는 것 같은 임무를 수행하는 위대한 통치자이고 스승이라고 여겼다. 이런 사상이 유교문명권에도 수용되어 이상을 높이는 구실을 했다.

인도 역사에 등장한 실재의 군주 가운데 차크라바르틴의 모습을 가장 잘 구현했다고 인정되는 인물은 기원전 3세기의 아쇼카(Asoka)이다. 아쇼카는 방대한 제국을 통치하는 황제일 뿐만 아니라, 백성에게 올바른 가르침을 베푸는 스승이기도 하다고 자부했다. 제국을 건설하는 전쟁에서 비참하게 희생된 사람들을 크게 동정해서 전쟁을 부인하고, 사람뿐만 아니라 동물까지 생명을 존중하고 질병을 치료하기 위해서 애썼다고 한다. 대제국 통치 자체가 불교 또는 힌두교 진리를 이 세상에 펴는 행위라고 했다.

그런 생각을 나타낸 칙령금석문을 인도 도처에 세웠다. 서로 다른 언어를 사용하는 여러 지역의 백성들이 알아볼 수 있게 하기 위해서 각 지역의 언어를 사용했다. 바위에 새겨놓은 열세 개의 칙령이 흔히 제국의 판도에 대해서 말해주는 것으로 간주되었으나 사실은 그렇지 않다. 그 모든 곳의 백성들이 모두 실제로 아쇼카에게 종속되지는 않았다. "아쇼카는 야심 많은 왕 노릇은 그만두고, 교황의 구실을 선택했기 때문에, '만다라'(mandala) 범위 안의 다른 여러 왕들이, 아쇼카가 중세유럽의 교황처럼 광범위한 영역에서 권위를 가지도록 인정했다."(I. W. Mabbett, *Truth, Myth and Politics in Ancient India*, New Delhi: Thomson, 1972, 66면)

아쇼카의 제국이 실제로 어떻게 구성되어 있었던가 알 수 있는 자료도 칙령금석문이다. 지방관원을 중앙에서 파견하기도 했지만, '쿠마라'(kumara) 또는 '아야푸타'(ayaputa)라고 하는 통치자는 반독립적이거나 독립적인 위치에서 민족구성이 각기 다르고 독자적인 언어를 사용하는 자기 백성을 다스렸다.(D. R. Bhandarkar, *Asoka*, Calcutta: University of Calcutta, 1955, 24~68면) 천자인 아쇼카가 그런 통치자들을 각기 그 나라의 왕으로 책봉했다. 그러나 그 책봉의 조건이나 절차에 관해서는 알 수 없다. 아쇼카의 칙령금석문 외에 다른 자료가 없고, 개별 왕국의 역사는 밝히지 못하기 때문이다.

아쇼카는 고대제국을 다스리면서 중세의 이상을 제시하는 이중의 기능을 수행했다고 보아 마땅하다. 중세제국은 5세기 굽타

(Gupta)제국에서 시작되었다. 그 시기에 이르러서 산스크리트가 공동문어로 확립되었으며, 힌두교와 불교의 보편종교사상을 나타내는 산스크리트문학의 규범이 확립되고, 남아시아 및 동남아시아로 전해져, 산스크리트문명권이 이룩되었다.

굽타제국의 두번째 통치자 사무드라굽타(Samudragupta)는 4세기 중엽에 여러 차례 군사적인 원정을 했다. 그러나 통일국가를 만든 것은 아니다. 제국의 구조에 관해서 알려주는 가장 중요한 자료인 알라하바드(Allahabad)의 비문에는 아홉 국왕의 이름이 열거되어 있다. 확인 가능한 것만 들면 파드마바티(Padmavati), 비디사(Vidisa), 마투라(Mathura), 아히차트라(Ahicchatra), 벵갈(Bengal) 등의 나라가 있다. 그 가운데는 정복된 곳도 있으나, 정복되었어도 나라가 없어진 것은 아니며, 독자성을 유지하고 있었다.

통치자는 정복된 나라를 병합하고, 그곳을 다스리는 사람들을 해임해서, 자기의 통치기구 속에다 넣지는 않았다. 그런 것과는 반대로, 정복된 나라를 관대하게 다루고, 통치자 또는 그 친척이 왕권을 다시 장악하게 하는 것이 참다운 도리를 실행하는 마땅한 방도라고 여겼다. 왕위는 없어지지 않는다. 조공은 요구되지만, 책봉국이 자주성을 상실하는 경우는 없는 것으로 확인된다.

차크라바르틴은 천자이므로 신들과 바로 통하는 절대적인 권위를 가지고, 진리를 구현하는 통치를 한다고 자부했다. 그렇기 때문에 라자라고 통칭된 한 지역의 통치자 위에 군림한다고 했다. 라자는 한 나라를 다스리는 반독립적인 위치의 지방통치자이기도 했다. 어느 정도의 독립성을 가지는가는 정치 정세에 따라서 달라졌다. 차크라바르틴이기 위해서는 신들의 언어 산스크리트를 사용해야 하지만, 라자는 그럴 필요가 없어 민족마다 서로 다른 구어를 사용해도 무방했다.

굽타제국이나 그 뒤를 이은 여러 제국의 통치자가 차크라바르틴의 구실을 실제로 수행해서 진리를 펴는 통치를 했다는 것은 아니다. 실제로는 제국의 힘이 미치는 곳만 다스렸다. 정치적으로 제국의 통치 밖에 있는 국왕이 문명권 전체의 천자에게 책봉받는 일이 힌두·불교문명권에서는 있지 않았던 것 같다. 차크라바르틴은 다른 문명권의 천자보다 종교적으로 더욱 이상화되었기 때문에 권한을 실제로 행사하는 범위가 상대적으로 좁았다.

인도에는 통일제국이 들어선 시기보다 사라진 시기가 더 많았다. 그럴 때면 차크라바르틴의 이상만 남았다. 차크라바르틴으로 자처하는 천자가 인도아대륙 안에서만 나타날 수 있었던 것도 아니다. 인도아대륙이 아닌 다른 곳의 통치자라도 천자의 나라 제국을 건설하면 차크라바르틴으로 자처할 수 있었다. 유교문명권에서는 중국 대륙의 중원에다 제국을 건설하는 황제만 천자일 수 있는 것과 같은 조건이 마련되어 있지 않았다. 힌두·불교문명권은 이상을 너무 높고 제도는 미비한 것을 특징으로 하는 느슨한 형태의 책봉체제를 지녔다.

이슬람문명권

이슬람문명권은 정치의 규범이 교리에 의해서 잘 정비된 것을 특징으로 삼는다. 또한 규범이 운용되어온 경과가 잘 알려져 있다. 규범에서 책봉체제가 핵심을 이룬다. 이슬람문명권의 책봉체제를 책봉체제 이해의 표준 또는 모범으로 삼을 수 있다.

핵심을 간추려보자. 예언자 무하마드의 대리인인 문명권 전체의 유일한 '칼리파'(khalifa)가 천자 노릇을 해왔다. '술탄'(sultan)이라고 일컬어지는 개별 국가의 통치자가 이슬람교도임을 인정해 옷과 증서를 수여하는 절차를 거쳐 책봉을 해야 권력이 종교적으로든 정치적으로든 정당하다고 입증되었다. 책봉을 받지 않은 통치자는 이교도이거나 찬탈자이므로 무슬림인 백성이 따르지 않는 것이 당연하다고 했다.

유럽문명권 학자들이 이슬람문명권의 역사를 서술한 저작에서는 이러한 사실이 나타나 있지 않다. 그 이유는 종교적 명분에 입각한 통일은 고려하지 않고 정치적인 분열의 실상을 사실 그대로 고증하는 데 치중해서 이슬람세계의 역사를 서술했기 때문이다. 이슬람문명권의 학자들이 칼리파의 책봉체제를 잘 이해하고 명확하게 서술할 수 있는 것은 오랜 전통에 힘입었기 때문이다. 책봉이 실시되고 있던 시대부터 시작해서 역대의 학자들이 자기네 문명의 구조를 총괄적으로 고찰한 업적을 풍부하게 남긴 가운데 책봉체제에 관한 논의가 잘 갖추어져 있다.(손주영, 《이슬람 칼리파制史》, 서울: 민음사, 1997에 알아야 할 사항이 잘 정리되어 있다.)

칼리파는 오랫동안 지니고 있던 정치적인 실권을 잃고 종교적인 지도자 노릇만 하게 되는 변화가 일어나 사태가 심각해진 것이 11세기의 일이다. 제국의 수도를 차지한 셀죽터키의 술탄이 정치적인 지배자가 되고, 칼리파는 종교의 수장 노릇만 하게 되었다. 13세기에는 몽골군의 침공으로 칼리파가 살해되고, 제국이 무너졌다. 이집트의 술탄이 새로운 칼리파를 옹립하고 자기 나라 수도 카이로에 머무르도록 했다. 그런 수난의 기간 동안에도 칼리파는 술탄을 책봉하는 임무를 전과 같이 수행했다.

그 뒤에 나타난 14세기 학자 이븐 칼둔(Ibn Khaldun)은 이슬람제국이 무너지고 명목상의 칼리파가 카이로에 있을 시기에 《세계사 서설》이라는 이름의 이슬람문명사를 저술했다. 이슬람문명권의 기본 구조를 해명하는 긴요한 작업의 하나로 책봉체제를 명확하게 정리해서 논했다. 이븐 칼둔의 책에 나타난 내용을 정리해 소개하면서, 문제가 되는 대목에 대해서는 다른 책을 이용해 보충하기로 한다.

칼리파라는 말은 '대리자'라는 뜻이다. 예언자 무하마드를 대리하므로 그렇게 일컬었다. 예언자이고 법률제정자인 무하마드가 떠난 뒤에 임무를 이어서 맡은 사람이 칼리파이다. 칼리파가 세속의 통치자 노릇을 겸해서 했던가는 시대에 따라서 변했다고 하면서, 세 단계의 변화를 밝혀 논했다. 처음에는 칼리파가 종교권만 가졌다. 그 단계에 왕권 소유자가 따로 있었던 것은 아니다. 그 다음에는 칼리파가 종교권과 통치권을 함께 가졌다. 나중에는 칼리파가 왕권은 버리고 종교권만 가졌다. 종교권과 통치권이 분리되었다. 통치권을 지닌 왕이 따로 있게 된 점이 첫 단계와 다르다.

칼리파가 통치권을 상실한 단계에도 "무슬림의 왕권은 칼리파보다 하위에 있고, 칼리파의 부수물"이며, 무슬림이 아닌 다른 종교를 믿는 나라의 왕권이라야 칼리파로부터 독립될 수 있었다는 원리는 변함없이 견지되었다.(Ibn Khaldun, tr. by Franz Rosenthal, *The Muquaddimah, an Introduction to History*, London: Routledge and Kegan Paul, 1958, 449면) 권력을 장악한 통치자 술탄은 칼리파를 없애지 않았으며, 자기 스스로 칼리파가 되려고 하지도 않고, 칼리파의 책봉을 받아 왕권을 행사했다. 술탄은 칼리파에게 충성을 맹세하고, 충성의 맹세에 따르는 의무사항을 지켜야 한다고 선언했다. 그것이 책봉 절차의 핵심을 이루었다.

이븐 칼둔은 이슬람문명권의 책봉체제를 그 자체로 서술하는 데 그치지 않고 기독교문명권과 비교하기까지 했다.(위의 책, 478~481면) "기독교 공동체의 우두머리이며 기독교 종교조직의 책임자는 총대주교라고 일컬어진다"고 하고, "그 사람이 종교지도자이고 메시아의 대리자이다"고 한 데서 두 문명권의 공통점을 밝혔다. '대리자'는 '칼리파'와 같은 말이다. 그러면서 이슬람의 칼리파는 여러 술탄을 책봉하지만, 기독교의 교황은 문명권 전체의 통치자인 황제 한 사람의 머리에 관을 씌워주는 점이 다르다는 것도 들었다.

이슬람문명권의 책봉체제에 대한 후대의 논의는 이븐 칼둔이 이미 말한 바를 발전시켰다. 유럽인의 아랍사와는 다르다. 그 가운데 《이슬람문명사》라고 한 것을 주목할 만하다.(Jurji Zayadan, tr. by D. S. Margoliouth, *History of Islamic Civilization, Umayyads and Abbasids*, New Delhi: Kitab Bhavan, 1981) 칼리파의 책봉이 이루어진 이유에 관한 설명을 보자.(257면)

어느 나라를 정복했거나 스스로 한 왕조를 세운 군주가 자기 나라를 독립국으로 만들려면, 바그다드의 칼리파에게 존경을 표시하는 편지를 보내서, 자기가 그 나라의 통치자라고 인증하거나 확인하는 증서를 수여하고, 또한 예복과 존칭을 내려달라고 요청했다. 칼리파가 거절하는 것은 모욕하는 행위라고 간주해서, 전쟁을 일으켜 자기 요구를 받아들이도록 강요하는 군주들이 이따금 있었다.

멀리 떨어진 곳에서 정치적인 지배권을 확고하게 지니고 있는 술탄들이라도 칼리파의 이름으로 예배를 거행하고, 칼리파에게 해마다 고정된 액수의 조공을 바쳤다. 칼리파를 두고 보면 이슬람세계는 여전히 통일성을 지니고 있는 하나의 영역이고, 여러 술탄의 실질적인 지배영역을 보면 각기 독립된 나라가 있었을 따름이다.

셀죽터키의 지배자 술탄이 바그다드를 점령해 칼리파의 생사를 좌우할 수 있는 권력을 장악했을 때에도 칼리파의 책봉을 받고, 칼리파를 영광스럽게 하는 것이 자기네 임무라고 하고, 칼리파를 지고의 존재로 받들었다. 만약 술탄이 칼리파를 박해한다면 칼리파가 바그다드를 떠날 것이고, 그렇게 되면 반란이 일어나 종교적으로 불신받는 술탄은 권력에서 축출하게 될 것이라는 점을 칼리파와 술탄 양쪽이 다 잘 알고 있었다.

술탄은 여럿이어도 칼리파는 하나여야 한다는 원리가 전혀 위협받지 않은 것은 아니었다. 이집트에서 일어난 왕조가 얼마 동안 바그다드의 칼리파와 관계를 단절하고 카이로에다 별도로 옹립한 자기네 칼리파의 책봉을 받은 일이 있었으나, 그런 비정상이 오래 가지 않았다. 1229년에 그 왕조를 무너뜨리고 왕조 교체를 하자, 새로운 통치자가 제일 먼저 한 일은 카이로의 모스크에서 바그다드의 칼리파를 향해, 책봉을 하고, 예복을 보내달라고 요청하는 것이었다. 그때 바그다드의 칼리파는 형세가 아주 기울었고, 이집트의 새로운 통치자는 책봉을 요구하는 사절을 실제로 보낼 겨를이 없었다. 사정이 그렇더라도, 정당한 칼리파의 책봉을 받지 않은 통치자는 백성이 불신한다는 것을 새로운 통치자가 잘 알았다.

《이슬람문명사》은 여기까지의 경과만 서술했으므로, 그 다음에 일어난 일은 다른 여러 책을 참고해서 알 수 있다. 이집트에서 맘룩(Mamluk)왕조를 창건한 술탄도 바그다드의 칼리파에게 충성을 맹세하고, 술탄의 지위를 공인하는 예복을 받았다. 1258년에 몽골이 바그다드를 침공해 압바시드제국을 멸망시키고 칼리파를 살해하자, 맘룩왕조의 술탄은 칼리파의 후예를 모셔 1261년에 카이로의 칼리파로 즉위하게 하고, 자기 왕권이 유지될 수 있게 하는 책봉을 요청했다.

카이로의 칼리파는 가짜이므로 인정할 수 없다는 반론이 있었으나, 맘룩왕조의 통치가 부인했다. 다른 여러 곳 이슬람왕조의 술탄들도 칼리파에게 책봉받는 오랜 전통을 이었다. "지구상의 알라의 칼리파, 알라의 사자, 예언자로부터 칼리파제를 상속받은 자, 전지전능하신 알라신께서 이슬람세계의 지배자로 만드신 분, 동서의 어느 왕일지라도 그에 대한 충성의 서약 없이는 술탄의 칭호를 가질 수 없다"고 하는 원리가 계속 통용되었다.(손주영, 앞의 책, 228면)

그 원리는 이슬람세계 전체에 일제히 통용되었다. 몽골이 이슬람세계의 많은 부분을 점령해서, 왕래하기 아주 어려운 시기였지만, "멀리 인도 또는 다른 지역의 통치자들이 맘룩 술탄을 경유해서 카이로 칼리파에게 정기적으로 조공을 하고, 책봉의 증서를 받아갔다."(위의 책, 260면) 칼리파가 정치적인 실권은 완전히 잃어 황제는 아니고 천자이기만 한 시기에도, 자리 잡고 있는 곳이 바뀌었어도, 각국의 국왕을 책봉하는 권능은 전과 다름없이 유지했다.

오스만터키가 이슬람세계의 지배자가 되어 1517년에 이집트를 침공하고 카이로의 칼리파를 없앴으며, 자기네 술탄이 칼리파라고 선언했다. 술탄이 칼리파이니 술탄이 칼리파에게 책봉받는 절차가 오스만터키에서는 없어졌다. 칼리파-술탄은 동일인이지만, 칼리파의 관할구역과 술탄의 관할영역은 서로 달랐다. 술탄은 주권이 직접 미치는 자기 나라의 국왕이고, 칼리파는 이슬람세계 전체의 천자였다.

이스탄불의 칼리파가 이슬람세계에 여러 술탄을 책봉한 것을 두고 오스만터키가 군사력으로 위협해 복종을 강요한 듯이 생각하는 것은 잘못이다. 이스탄불의 칼리파-술탄은 정치적인 실권자이고 군사력의 주체여서 그런 오해를 낳을 수 있으나, 칼리파의 직분과 기능이 그 때문에 달라진 것은 아니다. 칼리파는 오스만터키의 군사력이 미치지 않은 먼 곳의 술탄도 책봉했다. 이슬람세계의 군주라면 누구나 칼리파의 책봉을 받아야 한다는 전통이 전과 다름없이 이어졌다. 책봉을 받으면 주권이 약화되거나 부정된 것이 아니고, 책봉을 받아야 주권이 공인된 것이다. 그것은 마치 오늘날 유엔에 가입해야 독립국으로 인정되는 것과 같다.

술탄은 자기 지배영역을 싸워서 확장했지만, 칼리파는 그럴 필요가 전혀 없었다. 이스탄불의 칼리파가 바그다드의 칼리파나 카이로의 칼리파와 마찬가지로, 여러 나라의 술탄을 책봉하는 권한을 행사하고, 이슬람세계 전체의 정신적 지도자로 숭앙되었다. 실제로는 독립국인 이집트, 알제리, 튀니지 등의 여러 나라가 오스만터키제국의 일부라고 하는 근거는 칼리파가 이슬람문명권 전체를 통괄한다는 데 있었다.

1924년에 터키가 공화국이 되면서 칼리파 · 술탄이 폐위되고, 이슬람세계 전체에서 칼리파가 없어지고, 책봉체제가 종식되었다. 칼리파가 없어지면서 이슬람세계에서 중세가 끝나고 근대가 시작되었다. 근대는 책봉체제가 없어져서 모든 주권국가가 완전하고 배타적인 주권을 행사하는 시대이다.

그런데 그런 변화가 바람직한 것이었던가에 관해서는 의견이 엇갈린다. 터키로서는 왕정을 폐지하고 공화제를 택하는 근대화가 바람직했다. 그것은 근대화를 추구하는 터키민족주의의 당연한 요청이었지만, 이슬람문명 전체의 결속에 대한 배신이었다. 터키에서 칼리파가 폐위된 데 대해서 이슬람세계 여러 곳에서 커다란 불만을 가지고 항의하는 일이 일어났다. 민족주의 운동의 주도권을 두고 힌두교와 경쟁하고 있던 인도의 이슬람교도들은 칼리파의 폐위를 큰 재앙으로 받아들이고 원상회복을 위해서 투쟁했다.

인도의 이슬람 지도자 한 사람은 "무슬림의 가슴은 오늘 찢어졌다"고 했다. 런던에서 이슬람 성직자 노릇을 하던 사람은 역사상

최악의 순간이 왔다 하고, "오늘 우리는 과거의 영광을 무너뜨리고 또 잃었다"고 했다. 다른 여러 나라들에서도 칼리파제 철폐에 대한 반대운동이 일어났다. 1926년에는 칼리파제 부활을 논의하는 전체 이슬람국가들의 회의가 카이로에서 열렸으나, 뜻을 이루지 못했다.(위의 책, 533·555면)

동·서 기독교문명권

기독교문명권의 책봉체제 경우에는 여러 측면의 부분적인 사실에 관해서 유럽문명권 학자들이 잘 정리해서 논했으므로 그 결과를 쉽사리 이용할 수 있다. 유럽문명권 학자들이 이슬람문명에 관해서 고찰할 때에는 헛된 관념을 부정하고 실제로 있었던 사실만 인정하는 근대학문의 방법을 견지하느라고 책봉체제는 거들떠보지 않는 것과 달리, 유럽의 중세문명에 관해 논의할 때 책봉을 빼놓는 일은 없다.

그러나 이슬람문명권에서 14세기의 이븐 칼둔이 이미 보여준 두 문명권의 비교를 위한 균형 잡힌 관점을 유럽문명권의 학자들은 오늘날까지도 갖추지 못하고 있다. 기독교문명권은 동방과 서방으로 나누어져 있다. 그 가운데 서방의 학문이 우세하고 밖으로 많이 알려져 있다. 서방의 학자들은 오랫동안 동방을 경원시하면서, 서방기독교문명에 대해서만 자세하게 고찰하는 편향성도 보인다.

이슬람교에서는 예언자 무하마드의 대리인 칼리파가 종교의 수장이듯이, 기독교에서는 하느님의 아들 예수의 대리자로 인정되는 총대주교(patriarch)가 최고의 종교지도자이다. 총대주교는 지역에 따라서 나누어져서 원래 다섯이었다. 예루살렘, 안티오크, 알렉산드리아, 콘스탄티노플, 로마에 각기 있는 총대주교가 서로 대등했다. 그런데 앞의 세 곳은 이슬람교의 세력권으로 들어가서 총대주교가 없어졌다. 뒤의 두 곳의 총대주교만 남아서, 각기 동방기독교와 서방기독교의 수장이 되었다.

동로마제국을 이은 비잔틴제국의 수도 콘스탄티노플 일명 비잔틴의 동방기독교 총대주교와, 이미 망하고 없는 서로마제국의 수도였던 로마의 서방기독교 총대주교가 기독교세계를 양분해서 다스렸다. 동방기독교는 그리스어를, 서방기독교는 라틴어를 경전어로 사용하면서 교리를 각기 독자적으로 해석하고, 정통성 경쟁을 하면서 논쟁하고 대립했다. 서방기독교 쪽에서 일으킨 십자군이 이슬람교도와 싸우는 데 그치지 않고 비잔틴을 점령해서 약탈한 일도 있어서, 양쪽이 적대관계를 가지기까지 했다. 그래서 원래는 하나였던 기독교문명권이 둘로 갈라졌다.

총대주교가 천자 노릇을 해서 책봉을 하고, 황제가 책봉받는 것은 동·서 기독교문명의 공통점이었다. 책봉이 그렇게 이루어지는 원리는 두 가지 점에서 다른 문명권과 달랐다. 총대주교가 황제와 대면한 자리에서 책봉하는 점이 우선 특이했다. 총대주교는 종교의 수장이기만 하고 자기 자신이 황제는 아닌 점에서 칼리파·차크라바르틴·天子와 달랐다. 총대주교에게 책봉을 받는 쪽이 여러 곳을 다스리는 왕들이 아니고, 문명권 전체에 하나만 있는 황제인 점도 다른 문명권과 달랐다.

총대주교는 神政담당자이기 때문에 책봉의 권한을 행사하는 것은 양쪽이 동일하다. 神政의 원리는 (가) 모든 권력은 신에게서 나온다, (나) 신이 단일하듯이 권력 또한 단일해야 한다, (다) 단일한 권력을 종교와 정치 양면으로 나누어 집행해야 한다는 것이다.(Marcel Pacaut, *Les structures politiques de l'occident médiéval*, Paris: Armand Colin, 1969, 171~172면) (다)의 조항 때문에 종교의 수장인 총대주교와 정치의 수장인 황제가 분리되고, (나)의 조항 때문에 총대주교가 신에게서 부여받은 권능을 행사해서 황제를 책봉했다.

그러면서 황제가 다시 책봉권을 행사하는가 하는 점에서는 동·서 기독교문명권이 서로 다르다. 동방기독교문명권에서는 황제가 총대주교의 책봉을 받으면서 천자의 권능을 부여받아 다시 여러 나라의 왕을 책봉했다. 서방기독교문명권에서는 총대주교가 황제를 책봉하기만 하고, 황제가 각국의 왕들을 책봉한 것은 아니다. 각국의 왕들은 총대주교 하위의 각국 대주교들이 책봉했다.

그런 차이가 생긴 이유가 동방기독교문명권에서는 황제가 사제자를 겸한다고 인정된 데 있다.(Gilbert Dagron, *Empereur et prêtre, étude sur le 'césaropapisme' byzantin*, Paris: Gallimard, 1996에서 이에 관해 자세한 논의를 폈다.) 그곳의 황제는 신이 내린 능력을 가져 자기 자신이 다시 책봉을 할 수 있었지만, 서방기독교문명권에서는 황제는 지상의 통치자이기만 하고 신의 권능을 부여받은 사제자는 아니었던 탓에 책봉을 할 수 없었다. 책봉이란 신의 권능을 부여받은 사제자만 할 수 있는 일이다. 그 점은 모든 문명권의 책봉에서 일제히 인정되는 공통된 원리이다.

그런 차이점이 있는 동·서 기독교문명권의 책봉체제 가운데, 다른 문명권과 공통점을 더 많이 가진 쪽은 동방기독교문명권이다. 동방기독교문명권의 책봉체제는 총대주교가 황제를 책봉하는 첫째의 절차만 특이할 따름이고, 황제가 왕들을 책봉하는 점에서는 다른 여러 문명권의 경우와 같다. 그러므로 그 둘 가운데 동방기독교문명권의 경우를 먼저 고찰하는 것이 공통점에 대한 인식을 확대하는 데 더욱 유리하다.

동방기독교문명권에서는 총대주교가 황제를 책봉해야 황제일 수 있었다. 황제의 아들이 황태자가 되기 위해서는 총대주교의 입회하에 황제가 왕관을 씌워주어야 했다. 황태자가 황제로 즉위할 때에는 총대주교가 직접 황제의 관을 씌워주어야 했다. 총대주교가 거행하는 종교적 절차를 거쳐 하늘의 뜻이 황제에게 전해졌다. 황제는 하느님에게서 통치권을 받았다고 자처했다.

그런 방식으로 구현되는 총대주교와 황제의 화합이 기독교문명의 평화와 제국의 번영을 보장한다고 믿었다. 총대주교는 정신세계의 안녕을, 황제는 물질세계의 만족을 맡고 있어서, 그 둘이 협력하지 않으면 인간은 병든다고 생각했다. 황제는 총대주교가 매개해야 하늘과 연결되었다. 그러면서 총대주교는 현실적으로 무력하기 때문에 황제의 보호를 받아야 하고, 황제의 뜻을 거역하지 못했다.

황제는 총대주교에게서 종교적 권능을 받고 정치를 장악하고, 총대주교는 황제에게서 정치적 보호를 받고 종교를 지배하는 것이 현실론에서 설명하면 타협의 산물이라고 하겠지만, 이상론의 차원에서는 절대적인 가치를 가진다고 미화되었다. 황제와 총대주교가 그런 방식으로 함께 통치하는 것이 신의 뜻을 지상에 펴는 유일한 방법이므로 비잔틴제국은 영원히 번영하리라고 믿었다. 만일 비잔틴제국이 흔들린다면 그것은 바로 인류역사의 종말이리라고 했다.

총대주교는 황제와 가까운 친척인 경우가 많고, 왕자도 있었다. 총대주교를 선임할 때 황제가 커다란 영향력을 행사했다. 황제의 뜻을 어긴 총대주교는 자리에서 축출되어, 살해되기도 했다. 종교적인 서열에서는 총대주교가 황제보다 우위에 있다는 명분이 흔들리지 않았지만, 정치적인 실권에서는 황제가 총대주교를 사실상 지배했다.

동방기독교문명권의 중심국가 비잔틴제국은 로마제국의 통치기구를 물려받고, 기독교의 통일성으로 단일성을 유지했다. 그리스인을 주축으로 하고 그리스어를 경전어이자 공동문어로 사용해서 근간을 마련한 데에서 문화적 전통이 서로 다른 다양한 민족이 동참해서 문명권의 범위가 확대되고 성격이 복잡해졌다. 지리적인 조건에서도 통합보다는 분립의 가능성이 더 컸다. 그런 복합성을 하나로 결집시키는 구심점이 한편에서는 황제이고 다른 한편에서는 교회였다. 황제와 교회가 연합해서 제국 통합의 두 구심체 노릇을 했다.

비잔틴 황제의 권위는 그 주변의 동맹 또는 적대 관계에 있는 다른 통치자들에게도 널리 인정되었다. 주권자(soverain), 왕공(prince) 또는 통치자(gouverneur)라고 할 외국의 국정담당자들은 비잔틴황제를 아버지로 삼은 아들이라고 인정되거나, 관계가 소원한 경우에라도 친구, 친척 또는 형제라고 인정되어야 했다. 비잔틴황제를 정점으로 한 그런 가상적인 가족관계에 소속되는 것은 황제가 내리는 칙서를 받아야 실현되었다. 비잔틴황제가 '로마와 기독교의 평화'를 실현하는 '문명세계의 수장'임을 기독교 밖의 영역에서도 인정했다.

비잔틴의 황제가 자기 제국 밖의 지배자들 위에 군림할 수 있었던 것은 책봉의 권한을 행사했기 때문이다. 서방기독교의 황제는 교황의 책봉을 받아 특별한 위치에 있었지만, 자기가 왕들을 책봉할 수는 없어서 왕들에 대한 우위를 입증하는 데 결격 사유가 있었으나, 동방기독교의 황제는 책봉의 대상이 되는 왕들 위에서 군림하는 정치적인 지배력을 종교로 정당화하고, 정치적인 우위가 실제로 인정되지 않는 경우에도 종교적인 권능을 앞세워 크게 행세할 수 있었다.

"비잔틴의 관점에서는, 정식으로 말한다면, 지상의 정치권력은 하느님의 권력을 나누어가지는 것 이외 다른 무엇일 수 없으므로 어떤 외국이라도 전적으로 독립되어 있을 수는 없었다"고 한 말이 적절하다.(Alain Ducellier, *Les Byzantins*, Paris: Seuil, 1988, 114면) 비잔틴황제의 책봉에 의해서만 통치자의 권력이 인정되고, 국가가 국가일 수 있다고 생각한 것이다. 비잔틴황제가 책봉한 대상은 황제와의 친소관계에 따라서 다음 셋으로 나눌 수 있다.

첫째는 정치적으로도 종속된 동방기독교 신도 집단이다. 그 경우에 해당하는 불가리아인이나 세르비아인의 지배자는 정치적인 지배와 책봉을 함께 받았으므로, 정치적인 지배에서 벗어나기 위해서 싸우면서도 책봉체제에서 벗어나려고 하지는 않았다. 책봉은 통치자가 동방기독교의 신도여서 같은 신도인 백성들을 다스리는 것이 종교적으로 정당하다고 공인하는 의의를 지니고 있으므로, 비잔틴제국의 간섭에서 벗어나 독립을 해도 계속 견지해야 했다.

둘째는 정치적으로는 독립되어 있는 동방기독교 신도 집단이다. 러시아나 그루지아의 경우가 이에 해당한다. 이 경우에는 책봉받은 쪽에서 비잔틴의 정치적인 지배나 간섭에서 벗어나기 위해 투쟁해야 할 이유는 없고, 비잔틴의 종교적인 우위를 자진해서 기꺼이 인정하고, 비잔틴의 종교문화를 받아들여 자기 것으로 하기 위해서 줄곧 힘썼다.

셋째는 동방기독교가 아닌 다른 종교를 믿는 집단이다. 서방기독교를 믿는 여러 집단은 물론 이슬람교를 믿는 터키인, 카자크인, 아랍인도 더러 책봉 대상이 되었다. 그쪽에서 어떤 현실적인 필요성이 있어서 비잔틴제국과 외교관계를 맺을 때 비잔틴제국에서 책봉의 방식을 택했다. 동방기독교를 믿지 않으면 책봉의 종교적 의의를 인정할 수 없어, 양자의 관계는 지속될 필요가 없는 일시적인 방편에 지나지 않았다.

이들 "야만스러운" 나라는 비잔틴의 권위에 종속되겠다고 고백하는 경우에만 비잔틴과 국교를 맺을 수 있었다. 비잔틴이 실제로는 상대방의 국가와 대등한 관계를 받아들이고, 심지어는 열등한 위치에 있음을 시인하는 경우에도 그런 원칙에는 변함이 없었다. 페르시아제국과의 관계에서, 아랍·불가리아·터키인과의 관계에서 어떤 좌절을 겪어도, 그런 상대를 무시하고, 제국은 하나뿐이라고 하는 원칙을 바꾸지 않았다."(위의 책, 115면) 종교의 교리에 의해 보장되는 절대적인 원칙은 지상의 형편에 따라서 변할 수 없는 것이다.

그것은 일방적인 착각이 아니었다. 다른 종교를 믿는 나라는 인정하지 않는다는 원리를 동방기독교의 세계에서는 의심하지 않았다. 비잔틴제국이 망하는 단계에 이르렀어도, 러시아는 하느님이 명한 지상 유일의 황제가 비잔틴제국에 있다는 것을 변함없이 인정했다. 제국의 지배를 거부하는 것은 하느님을 거부하는 행위라고 생각했다.

외국의 통치자들에게 하사품을 주고, 관작을 내리는 방식으로 책봉을 했다. 페르시아, 아랍, 슬라브, 카자크, 헝가리, 터키, 노르만, 아르메니아 등지의 통치자들이 그 범위에 포함되었다. 외국인 통치자에게 관작을 내리는 것은 명예를 주는 것 이상의 의미가 있었다. 궁정에서 직분을 수행하는 자리를 구체적으로 지정해서, 구태여 말하지 않아도 황제의 신하가 되도록 했으며, 어떤 적대적인 행위라도 반역임이 명확해지도록 했다.

서방기독교문명권에는 비잔틴제국 같은 중심제국이 없었다. 게르만민족의 침공으로 서로마제국이 멸망한 다음 서유럽은 수많은 나라로 분열되었다. 로마에 자리 잡은 총대주교는 서방기독교 전체의 수장이기는 해도 자기가 직접 다스리는 곳은 작은 국가일 따름이었다. 서방기독교세계에는 오랫동안 제국도 황제도 없다가, 프랑크족의 카롤린즈(Carolingian)왕국이 판도를 크게 넓혀 제국으로 등장하고, 그 통치자 샤를마뉴(Charlomagne, Carolus)가 황제로 인정되어 로마의 총대주교인 교황의 책봉을 받았다.

샤를마뉴는 '프랑크왕'(rex Francorum)이면서 '로마황제'(imperator Caesar)인 이중의 성격을 지녔다. 프랑크의 왕이기 위해서는 교황이 거행하는 대관식을 거칠 필요가 없었고, 로마제국의 황제이기 위해서는 그렇게 해야 했다. 샤를마뉴가 왕으로 즉위한 장소는 자기 나라였다. 지금 독일 땅인 아헨(Aachen, 프랑스어로는 Ax-la-Chapelle)이 그곳이다. 그러나 황제가 되기 위해서는 로마까지 가서 교황이 집전하는 대관식을 거행해야 했다. 샤를마뉴는 800년 12월 25일에 로마 뽈베드로사원에서 교황이 거행하는 책봉의 절차를 거쳐 황제가 되었다. 샤를마뉴가 교황에 의해 황제로 인정되는 대관식을 거행하자, 동방기독교세계의 비잔틴황제와 대등한 서방기독교세계의 황제가 출현했다.

샤를마뉴가 황제로 책봉되는 대관식의 절차는 콘스탄티노플의 총대주교가 비잔틴황제의 대관식을 거행한 방식을 그대로 본뜬 것이었다.(Louis Halphen, *Charlemagne and the Carolingian Empire*, Amsterdam: North-holland, 1977, 92면) 그런데 오늘날까지 여러 논저에서 특별히 거론하는 것은 동방기독교문명권에서는 항시 있던 일이 서방기독교문명권에서는 처음으로 이루어졌기 때문이다. 황제 책봉이 같은 방식으로 이루어져 서방기독교문명권이 동방기독교문명권과 대등한 위치에 서게 된 것은 크게 축하할 일이었다.

샤를마뉴가 황제가 되자, 서유럽을 하나로 통합하는 로마제국이 다시 나타났다. 그러나 새로운 로마제국은 과거의 로마제국과는 다르게, "그 본질에서 근본적으로 기독교적인, 보편적인 제국"이었다. 샤를마뉴는 기독교세계의 백성을 지도하면서 섬겨야 할 의무를 지녔다. 샤를마뉴 자신은 무식한 사람이었지만, 샤를마뉴를 보좌하는 사제자이면서 당대 제일의 라틴어학문의 학자인 알퀸(Alcuin)이 기독교세계의 황제가 무슨 일을 어떻게 해야 하는가 명확하게 밝힌 이론을 정립해서 제국의 헌법이 되게 했다.

샤를마뉴가 황제가 된 절차와 방식은 다른 황제들에게로 이어졌다. 황제가 되는 자격은 자기가 얻어야 했다. 여러 곳을 정복해서 많은 왕을 거느리는 위치에 올라야 했다. 그러나 자기 스스로 황제라고 선언할 수는 없었으며, 교황이 책봉을 해야 황제가 되었다. 책봉을 받기 위해서는 로마까지 가야 했다. 예수를 대리하는 교황이 하늘에서 내리는 관을 머리에 씌워주어야 황제가 될 수 있었다.

황제는 교황을 지킬 뿐만 아니라 전체 기독교세계의 수호자 노릇을 할 의무를 지녔다. 그러나 황제가 그런 힘을 가진 시기는 그리 많지 않았다. 황제는 있다가 없다가 했다. 샤를마뉴의 제국은 곧 해체되고, 875년에, 다시 962년에 주인이 바뀌어 재건되었다. 그렇게 해서 생긴 나라가 신성로마제국이다. 그 뒤에 계속해서 독일인의 왕이 신성로마제국의 황제가 되는 관례가 이어졌는데, 황제가 실질적인 통치권을 장악하지는 못했다. 명목상으로는 황제이지만 실제로는 한 나라의 왕이었다. 신성로마제국은 가상적인 제국이었다.

그렇지만 교황의 황제 책봉이 계속 이루어지면서 서방기독교문명권에서도 신의 섭리와 사람의 통치를 연결하는 통로가 마련되어 문명권 전체의 질서가 이루어졌다. 그런데 서방기독교문명권의 책봉체제는 다른 문명권에 비해서 상당히 불안하거나 미비한 점이 많았다. 교황과 황제가 분리되어 서로 힘겨루기를 할 수 있었다. 교황은 종교적인 권위로 황제를 책봉하지만, 정치적인 위치에서는 작은 나라의 통치자에 지나지 않았다. 황제가 정치적인 지배력을 확대하면 교황의 권력도 위협받아야 했다.

교황은 로마제국의 옛 도읍지인 로마에 자리 잡고 있고, 황제는 알프스 이북의 게르만세계를 다스려서, 유럽문명의 두 가지 원천을 각기 관장했다. 책봉을 받을 때에만 황제가 로마로 갔을 따름으로, 평소에는 각기 다른 곳에서 상이한 전통을 이었다. 게르만세계의 무식한 군인에 지나지 않는 인물이 황제 노릇을 하기 위해서는 자기는 말하지도 듣지도 못하는 라틴어를 사용해서 통치를 해야 했다. 신성로마제국의 황제 오토(Otto) 3세가 로마에 수도를 두고자 한 유일한 황제인데, 그 시도는 실패로 돌아갔다. 로마인들이나 교황이 환영하지 않고, 자기 나라 사람인 독일인들이 로마를 수도로 인정하지 않으려고 했기 때문이다.

교황은 황제를 문명권 전체의 지배자로 책봉했다. 그러나 황제의 실권은 그리 크지 않았다. 자기가 직접 통치하는 영역과 간접적으로 통치하는 영역을 합쳐도 서방기독교문명권의 일부에 지나지 않고, 그 밖의 영역에서는 상징적인 의미에서 황제일 따름이고 아무런 실제적인 영향력은 없었다. 황제도 사실은 왕의 하나이고, 왕가운데 세력이 큰 왕에 지나지 않았다.

왕이 황제가 되면 실질적인 이득은 없어도 명예를 높일 수 있었다. 중세인에게는 명예가 실리보다 앞섰다. 그러나 교황이 책봉을 하지 않으면 황제가 될 수 없었고, 황제의 자리는 하나로 고정되어 있어서 교황이라도 임의로 늘릴 수 있는 권한이 없었다. 황제는 문명권 전체에 하나만 있어야 신이 부여한 통치권을 행사해서 문명권을 정신적으로 통일시키는 구실을 할 수 있기 때문이다.

세력이 큰 왕이 자기 스스로 황제라고 선언할 수는 없으니, 교황을 설득해서 책봉을 변경하게 할 수밖에 없고, 교황이 말을 듣지 않으면, 교황을 따로 내세우는 변칙적인 방법을 써야 했다. 한때 프랑스왕이 자기 나라 아비뇽에도 교황을 두고 정통이라고 주장했으나, 문명권 전체의 동의를 얻지 못했다. 영국왕은 자기네 교회를 분리시켜 스스로 교회의 수장을 겸하는 또 하나의 변칙적인 방법을 썼다. 그렇다고 해서 교황이나 황제와 맞설 수 있는 위치를 차지한 것은 아니고, 부분적인 예외를 만들었을 따름이다.

이상에서 고찰한 사실은, 서방기독교문명권의 책봉체제를 유럽중세사에 관한 저술에서 다룬 내용이다. 그런 내용만 옮겨놓고 여기서 논의를 멈추면, 서방기독교문명권에서는 문명권 전체의 황제만 책봉을 받고, 각국의 왕은 책봉에서 제외된 점이 다른 문명권과 크게 차이가 난다고 해야 한다. 그러나 유럽중세사를 정치사로 다룬 책과는 상이한 시각을 갖춘 기독교 교회사에서 미비사항을 보충하는 데 필요한 자료를 얻을 수 있다. 정치사와 교회사 양쪽에서 각기 별도로 다루는 사실을 하나로 합쳐야 서방기독교문명권 책봉체제의 전모를 파악할 수 있다.

기독교 교회에서는 총대주교가 대주교 또는 주교를 책봉하는 교회 안의 행사를 거행한다. 총대주교가 상대방을 직접 대면할 수 없으면 사신을 보내서 왕관, 반지, 허리띠 등을 징표로 주어 대주교 또는 주교가 그 직위를 맡게 한다. 그것은 상위자가 하위자에게 지위를 부여하는 권한을 일방적으로 행사하니 책봉이 아니고 임명이라고 해야 할 것이나, 그렇지 않다. 총대주교 또는 대주교의 선임은 그 나라 국왕이 깊이 관여해서 이루어지고 총대주교가 임의로 할 수 있는 사항이 아니다. 사실상 정해놓은 인물을 공인하는 절차를 밟으므로 책봉의 요건을 갖추고 있다.

국왕은 정복, 찬탈, 계승 등의 방식으로 스스로 권력을 장악했다. 국왕이 임명되는 경우는 없다. 임명되는 자는 국왕이 아니다. 국왕은 스스로 국왕이 되어 책봉받을 수 있는 자격을 획득한다. 책봉은 임명이 아니다. 그 점은 모든 문명권에서도 동일하다. 서방기독교문명권의 국왕이 국왕으로 책봉되는 절차는 황제의 경우와 기본적으로 동일하다. 총대주교가 황제를 책봉하듯이, 대주교가 국왕을, 주교가 그 이하의 통치자를 책봉했다. 예복을 입히고 관을 씌워주는 것이 책봉의 절차인데, 그 절차를 황제의 경우에는 총대주교가, 국왕의 경우에는 대주교가, 그 이하 통치자의 경우에는 주교가 담당하게 했다. 장소는 총대주교·대주교·주교가 각기 사제로 복무하고 있는 교회였다.

총대주교가 대주교나 주교를 책봉하는 교회 안의 책봉을 근간으로 삼고 세속의 군주를 책봉하는 그런 곁가지가 마련되어, 서방기독교문명권의 책봉체제는 그 나름대로 완벽한 체계를 갖추었다. 하늘의 뜻을 땅에 펴는 데 아무런 차질이 없게 했다. 그래서 다른 여러 문명권의 책봉체제와 기본적인 동질성을 갖추었다.

그러나 교회 안의 책봉이 일관되게 이루어진 반면에, 세속의 통치자들은 책봉관계를 가지지 않아 상호간의 관계가 모호했다. 황제는 자기대로 책봉을 받고, 국왕은 국왕대로 책봉을 받을 따름이고, 황제가 국왕을 책봉하지는 않아 황제와 국왕의 관계가 모호했다. 또한 국왕 이하의 통치자인 제후도 자기 나름대로 자리를 얻고 자기 나름대로 책봉받는 독립적인 존재이다.

그래서는 정치의 질서가 수립되지 않아 곤란하고, 종교의 질서가 곧 정치의 질서는 아니므로, 정치적인 상하관계를 마련하는 보조수단이 필요했다. 그것이 계약관계이다. 황제와 국왕, 국왕과 제후는 서로 권리와 의무를 가지는 계약에 의해서 상하관계를 맺었다. 종교가 개입하지 않는 세속의 관계이니 책봉일 수 없고, 하늘의 뜻이 전달되지 않으니 계약에 의한 상호관계일 수밖에 없었다. 서방기독교문명권의 통치자들은 기독교 교회 안의 책봉을 통해서 각기 그 등급에 맞는 책봉을 받아 일관되게 이어지고 상하관계가 명백한 일면이 있으면서 다른 일면에서는 각기 독립되어 있는 대등한 존재여서 세속인들이 거래하는 관습에 따라 서로 권리와 의무를 명시한 계약관계를 가졌다.

책봉관계와 계약관계의 양면 가운데 중세인은 책봉관계를 더욱 중요시했으나, 근대의 역사가는 계약관계만 인정하고서 중세유럽사회 이해의 핵심 개념으로 삼는다. 그 때문에 기독교문명권을 다른 문명권과 함께 다룰 수 있는 연결의 고리가 끊어져 세계사로 나아갈 수 없고, 기독교문명권 자체에 대한 이해도 편협하게 된다. 계약관계의 측면만 보면 유럽은 중세시기에 이미 근대가 된 것 같은 착각을 하게 된다. 그러나 교회 안의 책봉관계는 오늘날까지 이어지고, 가톨릭교를 받아들인 전 세계 모든 곳으로 확장되어, 중세를 지속시키고 있다.

총괄론

지금까지 유교문명권, 힌두·불교문명권, 이슬람교문명권, 동·서 기독교문명권의 책봉체제에 관해서 고찰했다. 지금까지 누구도 하지 않던 일을 처음 했다. 다룬 내용을 종합해 다음과 같은 공통점을 추출할 수 있다.

(가) 책봉은 통치자가 이미 스스로 얻은 지위를 공인하는 행위이고, 없던 지위를 만들어 부여하는 임명은 아니다. 그런 책봉이 나라와 나라 사이에서 실행되어 국제관계의 근간을 형성하는 체제를 책봉체제라 한다. 책봉하는 쪽과 받는 쪽뿐만 아니라 책봉받는 쪽의 여러 나라도 공동의 신앙과 가치관을 지니고 우호적인 친화관계를 가진다. 책봉을 받으면 주권이 약화되거나 부인되었다고 하는 것은 전혀 부당하다. 책봉을 받아야 주권국가로서 공인되었다.

(나) 책봉은 보편종교의 권역인 문명권 단위로 이루어졌다. 문명권마다 보편종교의 수장인 단일한 최고통치자가 문명권 전체의 질서를 부여해야 한다는 믿음을 책봉체제를 통해서 구현했다. 책봉하는 쪽과 별개의 문명권에 속하고 종교 또한 다르면서 특별한 사정이 있어 일시적으로 책봉받는 경우는 정상적인 개념의 책봉으

로 인정하지 않는다.

(다) 책봉은 보편종교에 따라서 문명권이 나누어진 중세시기에 있었던 일이다. 보편종교가 없던 고대에는 책봉체제도 없었다. 중세가 끝나고 근대가 시작되면서 문명권의 결속이 해체되고, 근대 민족국가의 배타적 주권의식이 형성되자 책봉체제는 사라졌다. 근대인은 책봉을 받은 것이 몰주체적이고 반민족적인 행위라고 비난할 권리가 있으나, 중세문명이 성립된 곳에는 반드시 책봉체제가 있었다. 책봉체제에 들어가기를 거부하고 고대에 머무른 것이 마땅했다고 주장할 수는 없다. 책봉하는 쪽은 중세문명의 중심에, 책봉받는 쪽은 중세문명의 주변에 자리를 잡아, 책봉을 통해서 중세문명을 전해주었다. 중세문명을 배경으로 하지 않은 점령이나 간섭 때문에 생기는 국가간의 주종관계는 책봉체제라고 하지 않는다.

(라) 책봉은 책봉하는 쪽이 신의 섭리를 책봉받는 쪽에게 전해주는 종교행사이며, 종교와 정치를 접맥하는 방식이었다. 책봉하는 쪽은 문명권마다 반드시 하나여야 하고, 책봉받는 쪽은 복수인 것이 상례이다. '天子', '차크라바르틴', '칼리파', '총대주교' 등으로 일컫게 된 책봉하는 쪽의 공통된 특징은 그 문명권 종교의 수장이라는 점이며, 제국의 통치자인 것은 어느 경우에나 해당되는 필수적인 요건은 아니다.

책봉하는 쪽을 통칭하는 말은 '천자'가 적합하다. 하늘의 뜻을 땅에 전하는 사람이라는 뜻이 그 명칭에 들어 있기 때문이다. 책봉받는 쪽은 국왕, 통치자, 지배자 등을 나타내는 각국의 말로 일컬어 이름이 갖가지였으나, '국왕'이라고 통칭할 수 있다. "책봉은 한 문명권 전체의 종교적 수장인 천자가 이미 권력을 장악하고 있는 국왕의 통치가 종교적으로 정당하다고 입증하는 행위이다"라고 정리해서 말할 수 있다.

(마) 책봉은 문서, 의관, 인장 등의 징표를 전해주는, 관습적으로 고정된 방식으로 이루어졌다. 그런 것들이 책봉에 의해 공인된 지위를 상징하고, 지위에 따르는 힘의 원천 노릇을 한다고 여겼다.

(바) 책봉의 절차에서 문서를 작성할 때에는 공동문어를 사용했다. 공동문어가 국제적으로 통용되는 언어여서 그랬던 것만은 아니다. 신과 통하는 말인 보편종교의 경전어를 사용해서 문서를 작성해야 책봉의 종교적 효능이 보장되었던 것이 더욱 중요한 이유이다.

(사) 책봉하는 쪽과 책봉받는 쪽은 종교적 서열에서 우열관계에 있고, 정치적 실권의 우열관계에 있지 않았다. 책봉받는 쪽은 문명권의 동질성을 그 국가 나름대로 독자적으로 구체화한 중세적인 개념의 주권국가이다. 중세인은 책봉하는 쪽의 상징적 지배와 책봉받는 쪽의 실질적 지배에 이중으로 소속되는 이중국적 소유자였다. 이중국적이 단일국적으로 바뀌면서 근대가 시작되었다.

(아) 책봉은 책봉하는 쪽의 위신을 높이기 위해서 필요한 것이라기보다 책봉받는 쪽의 정치적인 목적 달성을 더욱 중요한 이유로 삼아 존속되었다. 책봉하는 쪽을 군사적으로 위협해서라도 책봉을 받아내야 했던 것이 그 때문이다. 책봉을 받지 않으면 보편종교를 믿지 않은 불신자이거나 정당하지 못하게 권력을 장악한 찬

탈자이므로 백성이 따르지 않아 정권을 유지하기 힘들었다. 백성에 대한 도덕적 교화를 하기 위해서 통치자가 책봉을 받고 종교적 질서 구현에 가담해야 했다.

(자) 책봉에는 교역관계가 수반되었다. 책봉받는 쪽이 朝貢을 하면 책봉하는 쪽이 답례를 한다는 형식은 불평등했으나, 교역의 내용은 원칙적으로 대등했다. 책봉하는 쪽과 책봉받는 쪽 가운데 어느 한쪽이 교역관계에서 일방적으로 손해 또는 이익을 보는 제도가 마련된 것은 아니다.

이러한 공통점이 문명권마다 다르게 구체화되어 생긴 차이점 가운데 두드러진 것을 들면 다음과 같다.

앞의 (라) 조항에서 서방기독교문명은 특이하다. 유교문명권, 힌두·불교문명권, 이슬람문명권에서는 책봉하는 쪽이 종교의 수장이면서 정치의 수장이기도 한데, 기독교문명권에서는 책봉하는 쪽이 종교의 수장이기만 했다. 서방기독교문명권에는 총대주교가 '천자'이고 황제는 그렇지 않지만, 동방기독교문명권에서는 천자인 총대주교의 책봉을 받은 황제가 또한 그런 권능을 가져 다른 국왕을 책봉했다. 천자가 황제 한 사람만 책봉하는 것이 서방기독교문명권의 특이한 점이고, 천자가 둘인 것은 동방기독교문명권에서만 볼 수 있는 일이다.

그렇다고 해서 그 둘은 다른 문명권과 아주 다른 예외인 것은 아니다. 서방기독교문명에서도 총대주교 천자가 자기를 대신하는 주교를 통해서 각국의 국왕을 책봉했다. 동방기독교문명권의 두 천자는 총대주교가 종교적인 명분의 천자이고, 황제는 정치적인 실질의 천자여서 양립할 수 있었다. 책봉은 종교행사라고 하는 원칙을 고수한다면, 서방기독교문명권의 책봉체제가 가장 잘 정비되어 있다고 할 수 있다. 종교와 정치는 명분과 실제의 관계를 가지고 양립하는 것이 마땅하다고 하면, 동방기독교문명권의 책봉체제가 가장 모범이라고 할 수 있다.

(마)의 조항에서는 힌두·불교문명권이 특이하다. 그 쪽의 천자 차크라바르틴이 라자 등으로 일컬어지는 왕들을 책봉하는 절차가 고정되어 있지는 않았다. 차크라바르틴은 실제로 존재하는 책봉자라기보다 이상적으로 상정된 책봉자의 성격을 더 많이 지니고 있다. 다른 문명권에서는 책봉하는 쪽의 자격이나 기능을 이상화해 놓은 것이 실제 인물과 맞지 않는다. 한 사람이 천자이면서 황제이지만, 그 둘이 따로 놀았다는 말이다. 그런데 힌두·불교문명권의 천자인 차크라바르틴은 실제가 없는 이상인 경우가 많았다. 그러므로 자기가 천자라고 자처할 수 있었다.

(사)의 조항에서 유교문명권은 다소 예외이다. 책봉하는 쪽인 중국이 작은 나라로 되어 세력이 약화되거나 천자가 권력을 잃어 종교적인 수장이기만 한 시기가 없었다. 그 점은 다른 문명권에서 볼 수 없는 예외적인 일이어서, 책봉체제 일반에 대한 오해를 자아낸다. 책봉체제는 강대국이 약소국을 지배하기 위한 체제라고 하는 견해가 오직 유교문명권에만 남아 있어, 세계사 이해를 그릇되게 한다.

그렇게 된 이유의 하나는 동아시아의 지형적인 특성이다. 중국의 중원지방이 줄곧 동아시아 유교문명권의 중심지였던 것이 지형적인 조건 때문에 불가피했다. 그곳을 점령해야 황제국가일 수 있었다. 민족은 교체해도 장소는 바뀌지 않았다. 중국이라는 거대제국이 해체되지 않고 지속되어 중국이 주변 나라를 지배하기 위해서 다른 데는 없는 책봉체제를 만들어냈다고 오해할 수 있게 한다.

또 하나의 이유는 유교가 지닌 현실주의적 성격이다. 정치철학을 넘어선 초월적 영역의 교리가 분명하지 않아 종교의 수장이 제국의 통치자에서 분리될 수 없었다. 북방민족이 중국을 침공해서 종교의 수장인 천자는 그대로 두고 정치적인 지배력만 장악하는, 이슬람문명권에서는 볼 수 있는 일이 유교문명권에서는 일어나지 않은 것은, 유교의 교리나 교단이 정치권력을 떠나서 별도로 마련되지 않았기 때문이다. 또한 그 때문에 유교문명권의 책봉체제가 가장 오랜 기간 동안 흔들리지 않고 유지되었다.

(다)에서 말한 책봉체제의 성립을 비교해보자. 그 이상적인 모형은 힌두·불교문명권에서 가장 먼저 등장했다. 제도가 확립된 것은 동방기독교문명권에서 가장 먼저 있었던 일이고, 이슬람문명권이 그 다음이다. 유교문명권에서는 한나라에서 시작해서 당나라 때 정해지고, 명나라 때 완성되었다. 유교에서 제공하는 그 이론은 명나라 때 완비되었다. 서방기독교문명권의 책봉체제가 가장 나중에 등장했다. 그것이 중세화의 속도이다.

중세전기에 책봉체제가 정비된 곳은 동방기독교문명권과 이슬람문명권이다. 그 두 곳의 제도가 모범이고 표준이라고 할 수 있다. 그 두 문명권은 중세문화 건설에서 누가 선진이냐를 놓고 치열하게 경쟁하고 투쟁했다. 이슬람문명권의 책봉체제는 중세후기에 커다란 변화를 보였다. 칼리파가 종교의 수장이기만 한 시기가 시작되었다. 유교문명권에서 책봉체제를 통해 문명의 동질성을 이룩하는 성과가 뚜렷했던 시기는 중세전기의 당나라 때였다. 그런데 책봉체제의 이념이 완비된 것은 중세후기의 명나라 시기여서 서로 맞지 않는다.

책봉체제의 성립과 더불어, 높은 수준의 중세문명이 널리 확대된 성과는 중세전기의 힌두·불교문명권, 이슬람문명권, 유교문명권에서 특히 두드러졌다. 그것이 인류 역사에서 크게 평가해야 할 전환점이었다. 그런데 종교이념과 정치체제의 상호관계를 들어서 말한다면, 중세전기에는 동방기독교문명권과 이슬람문명권, 중세후기에는 이슬람문명권과 유교문명권에서 책봉체제의 전형적인 모습을 보여주었다.

중세에서 근대로의 이행기에 이르러서도 책봉체제가 지속되거나 재정비된 곳은 유교문명권과 이슬람문명권이다. 청나라와 오스만터키가 그 중심점이다. 그 때문에 문명권의 동질성이 지속되어 오늘날 재평가해야 할 유산을 더 만든 반면에, 근대화가 지연되어 유럽문명권의 세계제패 때문에 시련을 겪지 않을 수 없게 했다.

후대의 상황

책봉체제 철폐 과정에는 공통점보다 차이점이 두드러진다. 유교문명권에서는 각국의 국왕이 황제가 되고, 중국의 황제는 중국이 공화국이 되자 폐위되었다. 힌두·불교문명권에서는 이슬람교의 황제가 등장하고, 그 자리를 다시 영국인이 빼앗아갔다. 이슬람문명권에서는 터키가 공화국이 되어 황제가 폐위된 점이 중국과 같다. 동방기독교문명권에서는 비잔틴제국이 망해서 책봉체제가 끝났다. 러시아황제가 그 자리를 이었다고 하면서 황제로 행세하다가 혁명으로 물러났다. 서방기독교문명권에서는 나폴레옹이 황제의 자리를 찬탈해서 혼란이 일어났으며, 제1차 세계대전과 더불어 신성로마제국을 이은 정통 황제가 없어졌다. 그러나 서방기독교교회 안의 책봉체제는 오늘날까지 지속되고, 종교의 전파와 더불어 다른 여러 지역으로 확장되었다. 가톨릭교회에서 마지막 남은 중세책봉체제를 볼 수 있다.

이슬람문명권의 세력이 비잔틴제국을 무너뜨리고, 인도로 들어가서 그 두 곳의 책봉체제를 종식시켰다. 그래서 중세의 청산을 앞당겼다. 이슬람문명권의 침공을 받지 않은 문명권에서는 중세책봉체제가 오랫동안 지속되면서 많은 문제를 일으키다가 마침내 혁명을 거쳐 청산되었다. 유럽문명권의 충격이 그런 변화를 촉진하는 구실을 했다. 책봉체제가 철폐될 때 매도의 대상은 유교문명권 황제이고, 숭앙의 대상은 이슬람문명권의 황제였다. 청나라와 오스만터키는 비슷했지만, 중심부에서 다른 민족을 다스렸는가 아니면 자기 민족을 다스렸는가 하는 점이 서로 달랐다. 보편종교가 불신받기만 했는가, 새 시대 투쟁의 이념이었던가 하는 점도 달랐다.

유교문명권과 이슬람문명권의 책봉체제는 청산기에 특히 주목할 만한 공통점과 차이점이 있다. 오스만터키는 청나라와 상통하는 외래 민족의 찬탈자가 세운 제국이다. 오스만터키의 술탄이 칼리파라는 것은 청나라의 황제가 천자라는 것과 마찬가지로 다소 무리가 있는 주장이었다. 터키와 중국에서 왕정을 버리고 공화국을 만드는 혁명이 일어난 것도 동일한 사건이었다. 그런데 청나라의 천자가 폐위될 때에는 없었던 그 반대운동이 오스만터키의 칼리파가 폐위될 때에는 일어난 것이 크게 다르다.

그 이유는 세 가지로 생각할 수 있다. 칼리파제의 근거가 되는 이슬람교는 천자의 유교보다 교리가 분명하고 종교로서의 기능이 한층 활성화되어 있다. 오스만터키 칼리파의 책봉에는 정치적인 영향력 행사는 거의 배제되고 종교적인 결속이 중요시되었는데, 청나라 천자는 황제의 권능도 행사했다. 칼리파가 폐위될 때 이슬람세계 전체가 기독교문명권의 침략에 시달리고 있어서 상호간의 결속을 다지면서 공동의 문명을 이어 나가야 할 필요성이 절실했는데, 유교문명권에서는 내부의 분란이 심각해졌다. 일본이 한국을 침략하는 데 청나라가 경쟁자로 등장해서 책봉체제의 오랜 이상을 스스로 유린했으므로, 청나라 천자가 폐위되는 데 대해서 그 전에 이미 황제국임을 선포한 한국에서 일말의 동정도 가지지 않았다.

그러나 책봉체제가 철폐될 때의 상황이 이처럼 서로 다르다고 해서, 책봉체제의 성격마다 판이했다고 하는 것은 잘못이다. 책봉체제는 보편종교, 공동문어와 함께 중세문명권을 하나로 만드는 데 반드시 필요한 또 한 가지의 공동영역이었다. 그러므로 구체적인 사정의 차이점을 넘어선 보편성을 가졌다. 지금에 와서는 책봉체제를 재현하는 것은 불가능하고 무의미하다. 보편종교·공동문어·책봉체제 가운데 책봉체제가 가장 철저하게 청산되면서 근대가 시작된 것을 되돌릴 수 없다.

그러나 오늘날 문명권 전체의 유대를 공고하게 하는 과업을 문화나 경제에서뿐만 아니라 정치에서도 이룩하고자 할 때 책봉체제 속에서의 상호관계를 재평가하지 않을 수 없다. 책봉하는 나라와 책봉받는 나라의 구분은 있을 수 없지만, 책봉받는 나라들끼리의 대등한 관계는 근대의 배타적인 주권을 넘어서서 새로운 국제관계를 마련하고자 할 때 소중한 지침이 된다. 범아랍민족주의가 그 길을 찾고 있는 것은 이미 오래된 일이다. 유럽통합은 더 늦게 시작되었으나 더욱 두드러진 성과를 보여주고 있다. 그런데 동아시아만 책봉체제를 역사의 과오라고 규탄하는 근대주의 노선에 계속 머무르고 있을 것은 아니다.

지금까지의 논의는 후진이 선진이고, 고난이 발전임을 입증하는 생극론적 의의가 있다. 한국이 중국의 책봉을 받은 과거를 두고 고민해온 것을 출발점으로 삼아 세계적인 범위에서 타당성을 가진 일반이론을 마련하는 데 이르렀다. 유교문명권의 책봉체제에 관한 포괄적인 이해가 아쉬워 다각도로 노력하다가 다른 문명권의 책봉체제와 전면적인 비교를 통해 세계사의 책봉체제를 총괄해 해명하는 창조학의 성과를 얻었다. 뒤떨어진 것을 비약의 발판으로 삼아, 각기 자기네 나라가 책봉체제에서 차지한 위치나 되돌아보거나 자기네 문명권의 책봉체제나 고찰해온 지난 시기의 편협한 학풍을 청산하고 인류 전체가 함께 새 시대를 향해 나아가는 길을 열었다.

3-2. 한·월 국사서의 근접 양상

무엇을 하려는가?

월남과 한국은 멀리 떨어져 있어 직접적인 교섭이 없었지만 거의 같은 일을 비슷한 시기에 했다. 월남의 《大越史記全書》는 1479년에, 한국의 《東國通鑑》은 1485년에 이루어진 자국사 개설서이다. 월남에서는 黎朝가, 한국에서는 朝鮮王朝가 들어서서 이념을 정비하고 문화를 창달하는 작업의 하나로 이 작업을 했다.

두 책은 또한 서술 체계가 유사하다. 양쪽 다 이른 시기의 역사는 "外紀"라고 하고, 정통왕조가 확립된 다음의 역사는 왕조명에 "紀"자를 붙여 일컬었다. 《大越史記全書》에는 外紀 다음에 丁紀·黎紀·李紀·陳紀가 있다. 《東國通鑑》에는 外紀 다음에 三國紀·新羅紀·高麗紀가 있다. 신유학의 가치관에 입각한 史臣의 評이 많이 들어가 있는 점도 서로 같다.

이제부터 두 사서를 비교하면서, 서술의 균형은 돌보지 않고 요긴한 사항을 적절한 순서로 다루고자 한다. 《대월사기전서》는 국내 학계에 잘 알려져 있지 않으므로 자세하게 논의하기로 한다. 그 결과를 가지고 《동국통감》을 재검토하는 작업은 간략하게 하고서 논의를 확대하고 비교방법을 점검한다. 미지수를 풀어 기지수를 재검하면서 둘이 뒤바뀌어 있음을 밝히는 것이 방법의 요체이다.

두 역사서 비교에서 고찰하고자 하는 핵심사항은 중국과의 관계이다. 한국에서 조선왕조가 중국 명나라의 책봉국이 되어 事大의 관계를 가진 것은 잘못된 일이고 무력을 써서라도 주권을 수호하지 못한 것이 한탄스럽다는 견해가 널리 유포되어 있다. 조선왕조를 창건한 것과 비슷한 시기에 월남에서는 명나라의 침공을 무력으로 격퇴해 빛나는 승리를 거두고 黎朝가 들어섰다. 그렇다면 조선왕조의 굴종과는 다른 주체적인 자세로 명나라와의 관계를 가지고 국사를 서술했을 만한데 그렇지 않았다.

중국과 월남의 관계와 중국과 조선의 관계는 사실에서나 사실에 대한 인식과 평가에서나 기본적인 일치점이 있었다. 구체적인 사정이 상이해도 바뀌지 않는 지속상이 확인된다. 왜 그랬던지 알아내려면 사실의 표면에 머무르는 실증사학에서 벗어나 역사의 저층과 만나는 심화된 논의를 해야 한다.

한국사에 대한 의문을 해명하기 위해 다른 나라 역사와 비교고찰이 필요하다. 월남이 가장 좋은 비교 대상이다. 월남사와 한국사가 각기 전개되면서 보여준 일치점은 한국사를 되돌아보는 거울이 되고, 동아시아사에서 출발해 세계사를 새롭게 이해하는 지침을 제공한다.

《대월사기전서》에서 보여준 월남사의 전개

《대월사기전서》가 이루어진 경과를 살피자. 黎文休가 1272년에 편찬한 기존의 국사서《大越史記》와 潘孚先이 1455년에 저술한 그 속편을 축소하고 개작해 吳士連이 1479년에《대월사기전서》를 내놓았다. 그 일은《三國史》를《三國史記》로 고친 한국의 선례와 비슷해서, 중세전기의 과업을 중세후기에 뒤늦게 수행한 것처럼 보인다.

《삼국사기》와《대월사기전서》의 서문이 비슷한 문구로 이루어진 것이 그 증거라고 할 수 있다. 金富軾의〈進三國史記表〉와 吳士連의〈大越史記外紀全書序〉양쪽에서 모두 "列國各有史"의 전례에 따라서 자국의 역사를 갖추어야 한다고 했다. 역사 서술을 바로잡아 善惡鑑戒의 구실을 분명하게 해야 한다고 했다.

월남에는《嶺南摭怪》라는 비정통의 역사서도 있다. 건국신화가 길게 나와 있는 것을 간추려 보자. 炎帝神農氏의 3세손 帝明이 월남 땅에 이르러 월남 여자와 관계해 낳은 아들이 건국시조인 涇陽王이라고 했다. 물속에 들어가 데려온 洞庭龍王女를 아내로 삼아 후계자를 낳았다고 했다.《대월사기전서》에서는 같은 내력을 수록하면서 불합리하다고 생각되는 대목을 조금씩 수정했다. 사람이 용궁에 가서 용왕의 딸을 배필로 삼을 수 없다고 여겨 洞庭龍王女를 洞庭君女로 고쳤다. 吳士連의 논평에서는 한 걸음 더 나아가 다음과 같이 말했다.(陳荊和 編校,《大越史記全書》, 東京: 東京大學東洋文化硏究所 附屬 東洋學資料センタ-, 1984, 97면)

史臣吳士連曰 天地開肇之時 有以氣化者 盤古氏是也 有氣化 然後爲形化 莫非陰陽二氣也 易曰 天地絪縕 萬物化醇 男女媾精 萬物化生 故有夫婦 然後 有父子 有父子 然後 有君臣 然而 聖賢之生 必異乎常 乃天所命

사신 오사련은 말한다. 천지가 처음 열릴 때 氣化한 자가 있었으니, 반고씨였다. 기화한 뒤에 形化가 이루어져 음양 두 氣가 아님이 없었다. 易에서 말하기를 "천지가 생겨나고 만물이 변화하며 남녀가 정을 나누어 만물이 생겨난다"고 했다. 그러므로 부부가 있는 다음 부자가 있고, 부자가 있은 다음 군신이 있다. 성인이 태어날 때에는 예사롭지 않은 일이 반드시 있나니, 하늘이 명한 바이기 때문이다.

陰陽의 작용에 의한 氣化로 천지만물이 생성되었다고 하는 理氣철학의 이치는 김부식 시대 이후에 정립되었다. 중세전기를 넘어선 중세후기의 사고여서 대단한 발전이라고 하지 않을 수 없다. 고대와 중세, 월남과 중국의 관계를 통괄해서 파악하는 철학을 중세후기에 이르러서 비로소 마련했다. 중세보편주의를 독자적으로 구현하기 위해서 민족문화의 전통이 지니는 의의를 인정하고 계승해야 한다는 원리도 함께 정립했다.

월남에서 한문문명을 받아들이기 시작한 군주는 趙佗이다. 趙佗

는 중국인이며 秦나라에서 파견한 관원이었는데 스스로 南越國을
세워 武帝라고 칭한 것이 기원전 207년의 일이다. 월남인을 다스리
면서 중국의 秦과 漢에 대항하는 주권의식을 가졌다. 한나라 사신
陸賈가 와서 漢나라가 南越을 정벌하려고 하다가 백성을 괴롭히지
않으려고 해서 그만두었다고 하자, 자기가 漢高祖보다 못할 것이
없다고 자부하는 말을 했다. 趙佗에 관해서《대월사기》를 저술하
면서 黎文休가 쓴 논평과《대월사기전서》의 저자 吳士連이 쓴 논
평이《대월사기전서》에 나란히 실려 있다. 각기 한 대목씩 인용한
다.(위의 책, 113~114면; 위의 책, 114면)

黎文休曰　遼東微箕子不能成衣冠之俗　吳會非泰伯不能躋王霸之强…
趙武帝能開拓我越　而自帝其國　與漢抗衡　書稱老夫　爲我越倡始帝王之基
業　其功可謂大矣

黎文休가 말한다. 遼東은 箕子가 아니면 의관의 풍속을 이루지
못했으며, 吳나라 회계 땅에서는 泰伯이 아니면 강력한 임금이 패
권을 장악하는 경지에 이르지 못했을 것이다… 趙武帝는 우리 월남
을 능히 개척해서 스스로 국가를 통치하면서 한나라에 대항해서
균형을 이루고, 글에서는 老夫라고 칭했다. 우리 월남을 위해 제왕
통치의 터전을 마련한 공이 크도다.

吳士連曰　傳曰　有大德　必得其位　必得其名　必得其壽　帝何修而得此哉
亦曰德而已矣　觀其答陸賈語　則英武之威　豈讓漢高

吳士連이 말한다. 傳에 이르기를, 큰 덕이 있으면 반드시 그 지위

를 얻고, 그 이름을 얻고, 그 수명을 얻는다고 했다. 임금님은 어떻게 덕을 닦아 그런 것들을 얻었겠는가. 오직 덕일 따름이라고 다시 말해야 하겠다. 육가에게 대답하는 말을 보니, 빼어난 무력의 위엄이 어찌 한나라 高祖보다 못하겠는가.

趙佗가 월남의 군주라고 한 것은 중국인과 월남인 사이에서 태어난 인물이 월남의 건국시조가 되었다고 한 신화와 연관을 가진 견해이다. 혈통보다 문화를 더욱 중요시하면서 중국과의 관계를 월남에 유리하게 이해하는 사고의 틀을 다시 마련했다. 중국인이라도 월남에 와서 월남을 위해서 일하면 월남인이 되고, 월남에 가져온 중국문화는 월남문화라고 하는 것이 그 뒤에 계속 나타나는 일관된 사고방식이다.

중국 것이 그 자체로 소중하다고 생각하지는 않았다. 월남문화의 발전을 위해서 중국문화가 필요해서 가져다 써야 했다. 중국이 침공해서 월남을 지배하면서 월남을 중국화하는 것은 용납할 수 없었다. 중국의 침공에 맞서서 월남의 주권을 지키기 위해서 중국에서 가진 능력을 월남에서도 갖추어야 했다. 중국문화를 배격하지 않고 받아들여 포용한 것은 그 때문이다.

중국이 침공해서 월남을 지배하는 불행한 역사가 漢나라가 南越國을 멸망시키자 시작되었다. 漢나라가 南越 땅에 南海·蒼梧·鬱林·合浦·交趾·九眞·日南의 7군을 설치한 것이 한국에 四郡을 설치하기 3년 전인 기원전 111년의 일이다. 7군 가운데 처음 든 4군은 오늘날의 중국 땅에 있었고, 나중에 든 3군은 오늘날의 월남

땅에 있었다. 한나라가 남월을 치고 7군을 설치한 대목에 이르러서는 黎文休와 吳士連 두 사람 모두 통탄하는 논평을 했다.

呂嘉라는 재상이 임금을 폐립하는 횡포를 저지르다가 나라를 망친 죄를 나무랐다. 여문휴는 "今乃弑其君以逞私怨 又不能以死守國 使越分裂 而入臣漢人 則呂嘉之罪 不容誅者矣"(이제 그 임금을 시해하고 사사로운 원한을 풀었으며, 또한 죽음으로 나라를 지키지 않아, 월남이 찢어지게 하고, 중국인의 신하 노릇을 하게 했으니, 여가의 죄는 죽여도 용서될 수 없는 것이다)라고 했다.(위의 책, 120면) 吳士連은 "國亡統絶"을 통탄했다.(위의 책, 120면)

두 여성 영웅 徵側, 徵貳 자매를 지도자로 하는 독립운동을 일으켰다가 실패한 사건에 대해서 黎文休는 논평을 하고, "惜乎繼趙之後 以至吳氏之前 千餘年之間 男子徒自低頭束手 爲北人臣僕"(애석하게도, 조씨 이후 오씨 이전 천여 년 동안, 남자는 다만 스스로 머리 숙이고 손 묶어 북인의 종이 되었다)라고 했다.(위의 책, 126면) 吳權이 939년에 왕위에 오른 시기에 월남이 비로소 독립했으므로, 중국에 복속된 기간이 기원전 111년에서 그 해까지 천년이 넘는다. 그 기간 동안의 역사를 회고하면서 월남의 사가들은 독립운동의 영웅들을 깊이 흠모하고, 중국의 통치를 계속 받은 것을 큰 치욕으로 여겼다.

그러나 중국에 복속되어 있던 천여 년 동안이 암흑시대이기만한 것은 아니었다. 187년에 日南郡의 통치자가 된 士燮은 월남에서 여러 대 살아온 중국인이며, 월남에서 한문문명을 일으키는 데 크게 공헌했다고 평가된다. 오사련은 사섭에 대해서 "我國通詩書 習

禮樂 爲文獻之邦 自士王始 其功德豈特施於當時 而有之遠及於後代"
(우리나라가 詩書가 통하고, 예악을 익혀 문헌의 고장이 된 것은 士王
에서 비롯한 일이니, 그 공덕이 어찌 당시에만 특별하게 베풀어졌다고
하리오, 멀리 후대에까지 미친다)고 했다.(위의 책, 133면) 중국인이
기도 하고 월남인이기도 한 인물은 월남인이라고 하면서, 그런 인
물의 활약에 힘입어 중국문화를 받아들여 월남 것을 만들어야 마
땅하다는 개방적인 자세에 근거를 둔다.

  월남이 중국에서 독립해서 세운 왕조 가운데 李朝가 처음으로
1009년부터 1225년까지 장기간 지속되었다. 李朝의 둘째 임금 聖宗
은 한문문명을 확립하는 것이 국가 발전의 길이라고 판단해, 1070
년에는 文廟를 세우고, 1075년에는 科擧制를 실시했으며, 1076년에
는 國子監을 설치했다. 바로 그 해 1076년에 중국 宋나라가 침공해
오자, 李常傑이 맞아 물리치면서, 다음과 같은 시를 지어 군사들의
사기를 돋우었다. 그 시가 유래 설명과 함께 《대월사기전서》에 수
록되어 있다.(본기 권3, 위의 책, 249면)

    南國山河南帝居 남국의 산하에는 남쪽 황제가 계신다고,
    截然分定在天書 분명하게 갈라놓은 말이 천서에 있도다.
    如何逆虜來侵犯 어째서 반역의 도당이 침범해 왔는가.
    汝等行看取敗虛 너희들은 허망한 패배를 보고 말 것이다.

  여기서 중국과 월남의 두 가지 상이한 관계를 확인할 수 있다.
중국과 월남은 한문문명을 공유해야 한다. 월남에서 중국의 전례

에 따라 문묘를 세우고, 과거제를 실시하고, 국자감을 설치하는 것은 당연한 일이다. 그래야만 월남이 문명세계의 일원일 수 있고, 나라를 지킬 힘을 얻는다. 그렇지만 중국과 월남은 정치적으로 분리되어 있는 별개의 나라이다. 중국은 北帝가 월남은 南帝가 다스린다. 그런 구분을 무시하고 중국이 월남을 침공해서 지배하고자 하는 것은 반역의 도당인 逆虜의 짓이므로 용납할 수 없다.

《대월사기전서》에 나타난 책봉체제 인식

중국과 정치적인 관계에서는 양국이 대등하다는 원칙만 있었던 것은 아니다. 송나라의 침공을 격퇴하고 평화가 이룩되자 두 나라는 국교관계를 가지게 되었다. 중국과 월남의 국교는 중국 통치자가 월남 통치자의 통치권을 공인해 冊封하는 절차를 취하고, 월남 통치자는 중국 통치자에게 朝貢을 하는 관계이다. 그것 외의 다른 관계는 없었다.

《대월사기전서》 1087년의 기사에 "宋封帝爲南平王"이라고 기록한 말이 보인다.(본기 권3, 위의 책, 251면) "송나라가 (월남의) 帝를 南平王에 봉했다"는 말이다. 그 뒤 1226년에 李朝는 陳朝로 바뀌었다. 陳朝의 시조인 太宗에 관해서는 1229년에 "宋封帝爲安南國王"이라고 한 기사가 《대월사기전서》에 있다.(본기 권5, 위의 책, 324면) "송나라가 (월남의) 帝를 安南國王에 봉했다"는 말이다.

월남의 통치자를 월남 자체에서는 '帝'라고 해도 책봉관계에서는 '王'이다. 책봉관계는 '天子'가 '王'의 통치권을 공인하는 관계이다. 하늘을 대신해서 지상의 권력을 공인하는 구실을 천자라야 수행할 수 있다고 인정했다. 월남의 '帝'는 천자일 수 없어 책봉을 받아야 했다.

天子가 통치권을 공인해서 王을 冊封하는 범위가 한문문명권이다. 책봉을 받아야 한문문명권의 일원일 수 있다. 책봉은 한문문명권의 동일성을 입증하는 상징적이고 종교적인 행사이지, 정치적인 지배권을 입증하는 것은 아니다. 그렇기 때문에 중국의 침공을 물리치고 승리를 거둔 월남에서 그 절차를 받아들였다. 월남에서 문묘, 과거제, 국자감을 갖추고서 천자의 책봉을 거부하는 것은 있을 수 없다. 우주적인 질서에서 개인의 행실까지 일관되게 규정하는 禮를 갖추어야 유교국가일 수 있기 때문이다.

천자의 책봉에 종교적인 의미를 부여하는 근거는 유교에서 제공했다. 유교에서 천자만 하늘에 제사지내고 하늘의 뜻을 받아 지상에 편다고 했다. 문명권의 동질성을 상징적으로 나타내는 근거는 종교가 아니고서는 제공할 수 없으므로 유교가 그 일을 담당했다. 월남의 통치자는 '帝'라고 일컬었어도 천자는 아니다. 천자는 하나만 있어야 유교문명권의 단일성이 보장되었다.

월남은 내부적으로 황제국이고자 했지만 대외적으로는 책봉국이었다. 책봉국 노릇을 거부하고 천자국이 되기 위해서는 중국의 중원을 정벌해서 통치할 수밖에 없었는데, 그렇게 해야 할 필요가 전혀 없었다. 원나라를 세운 몽고족이나 청나라를 세운 만주족이 그 일을 맡아 해서 무슨 소득이 있었던지 진지하게 물어야 한다. 동아시아문명의 전통을 지키고 한족 지배층의 안전을 보장하는 두

가지 임무를 수행하느라고 너무 수고해서 자기 민족을 크게 약화
시키기나 했다. 책봉이라는 제도 자체를 폐지하고 어느 나라든지
왕이 곧 황제라고 하는 것은 중세를 넘어서서 근대에 이르러야 가
능한 일이고, 중세인은 생각을 할 수 없었다.

1400년에 胡季犛가 陳왕조를 무너뜨리자, 중국의 명나라가 찬탈
을 징벌한다는 이유로 1406년 월남을 침공해서 복속시켜 다스렸다.
월남의 독자적인 풍속을 금하고, 월남의 식자층을 북경의 국자감
에 데려가 중국인으로 교육해서 자기 민족에서 이탈하게 했다. 그
렇게 해서 중국과 월남이 둘임을 부인했다.

陳朝의 왕족이 독립운동을 일으켰다가 실패해 명나라로 잡혀가
처형된 다음, 黎利를 지도자로 한 거사가 성공해서 월남의 주권을
되찾고 黎朝를 창건한 것이 1427년의 일이다. 그 해에 阮廌가 〈平
吳人誥〉에서, 명나라를 春秋시대의 吳에다 견주어 越이 吳와 싸워
이긴 위업을 천하에 알린 글 서두에서 다음과 같이 말했다.(본기
권10, 위의 책, 546~547면) 탈락된 말을 보충해서 괄호 안에 적는다.

仁義之擧 要在安民 弔伐之師 莫先去暴 惟我人越之國 實爲文獻之邦
山川之封域旣殊 南北之風俗亦異 自趙丁李陳之肇造 我國與漢唐宋元 而
各帝(一)方

어질고 정의로운 거사는 백성을 편안하게 하는 것을 요체로 삼
고, 위로하고 징벌하는 군사는 먼저 포악함을 제거한다. 우리 월남
은 오직 文獻之邦이다. 산천의 경계가 이미 구분되고, 남북의 풍속
이 또한 다르며, 趙·丁·李·陳朝 이래로 우리는 漢·唐·宋·元

과 더불어 각기 한쪽을 다스렸다.

앞에서는 명나라의 침공을 물리친 전승을 기렸다. "포악한" 명나라를 제거하는 정의로운 전쟁을 했다고 했다. 글 마지막 대목에서는 "雪千古無窮之恥"(천고의 무궁한 수치를 씻었다)고 했다. 이런 과정을 거쳐 두 나라의 관계가 정상화되었다고 했다. 그러면서 월남이 높은 수준의 한문문명을 이룩하고 있다고 했다. 그 점에서는 중국과 하나이다. 뒤에서는 월남과 중국은 남북으로 구분되며 각기 독립왕조의 역사를 이룩해왔다고 했다. 그 점에서는 월남과 중국이 둘이라고 했다.

월남과 중국이 둘인 이치를 무시한 중국의 횡포를 물리치기 위해서 싸워야 했다. 그런데 중국과 싸워 이길 수 있었던 것은 대등한 수준의 문명을 갖추었기 때문이다. 한문문명의 일원으로서 월남은 중국과 하나인 대등한 역량을 지녔으므로 월남과 중국이 둘임을 분명하게 할 수 있었다.

전쟁이 끝나고 평화가 찾아와 월남이 중국과 국교를 재개할 때에는 월남과 중국이 하나라고 하는 원리를 구현했다. 1431년에 "命帝權署安南國事"라고 했다는 말이 《대월사기전서》에 있다.(본기 권 10, 위의 책, 563면) 명나라에서 월남의 새 왕조의 太祖 黎利를 안남국의 일을 임시로 맡아보는 '權署安南國事'로 인정했다는 말이다.

명나라에서는 黎朝의 창업을 인정하지 않고 이미 책봉한 왕조陳朝를 이으라고 했다. 이에 응답해 진조의 후손을 찾아보아도 발견되지 않고 나라를 다스리는 사람이 없을 수 없어 임시조처를 바란다고 한 데 대한 회답이다. 그것은 고려를 무너뜨리고 새로운 왕조를 창건한 조선왕국의 태조 李成桂를 명나라에서 '權知高麗國事'라고 한 것과 같은 조처이다. 국호를 조선이라고 하는 조처가 먼저 있어 '권지고려국사'가 '權知朝鮮國事'로 되었다가 '朝鮮國王'으로 바뀐 것은 제3대 임금 태종이 즉위한 해인 1401년의 일이다.(《태종실록》 원년 6월 12일 己巳)

'權署安南國事'라고 일컬었더라도 그것으로 책봉이 이루어져, 중국과의 관계가 정상화되었다. 그 뒤에 월남은 명나라에 자주 사신을 보내 조공했다. 명나라에 사신을 파견한 횟수를 보면 유구가 첫째이고, 월남이 둘째이고, 조선은 열째이며, 일본은 열셋째였다. 중국에게 책봉을 받고 조공을 하는 나라는 모두 한문문명권의 일원이어서 서로 동질적인 위치에 있고, 대등한 관계를 가졌다. 서로 국교를 맺는 절차를 별도로 갖출 필요는 없었다.

조선태조 李成桂가 權知高麗國事가 된 것은 명나라의 간섭을 물리칠 힘이 없어 부득이 수락한 치욕이라고 여기는 이들이 많다. 그러나 黎太祖 黎利는 원나라와 싸워 이겼다. 黎太祖가 세상을 떠났다고 한 기사에서는 "北擊明寇"의 공적을 세웠다고 칭송했다.(陳荊和 編校, 앞의 책, 564면) 그런데도 權署安南國事로 책봉된 것은 이해할 수 없는 일이라고 할 수 있으나 그렇지 않다. 월남이 한문문명권의 일원으로 복귀해서 중국뿐만 아니라 한문문명권의 다른 여러 나라와도 국교를 가지는 데 그렇게 하는 것 외에 다른 방법이 없었다. 중세인이 근대인이 아니라는 이유에서 나무라는 것은 부당하다.

중세인은 국가 차원에서 중국과 월남이 하나가 아니므로 北擊明
寇한 월남의 군주가 문명권 차원에서는 중국과 월남이 둘이 아니
므로 權署安南國事에 책봉된 것이 당연하다고 여기는 것을 근대인
은 이해하지 못한다. 근대인의 생각으로는 중국과 월남은 어떤 경
우에든 하나일 수 없고 둘이기만 하다고 여기기 때문에 北擊明寇
는 자랑스럽고, 權署安南國事에 책봉된 것은 치욕이라고 한다. "雪
千古無窮之恥"라고 하고서 다시 그런 치욕을 받아들인 것이 정신
나간 짓이라고 여긴다. 근대의 역사가도 근대인의 한계를 벗어나
지 못하므로 그런 주장에 쉽사리 동의한다. 그러나 중세는 근대와
다른 시대였음을 인정하는 것이 역사학의 첫걸음이다.

중국과 월남이 문명권 차원에서 하나인 것은 중국이 강요하는
사항이 아니고 월남이 적극적으로 희망하고 획득해야 할 자격이
다. 월남에서 한문문명을 수준 높게 이룩하고 적극 재창조해야 주
권을 수호해서 국가 차원에서 중국과 월남이 하나라고 중국에서
강요하지 못하게 할 수 있다. 黎朝의 통치자들은 그렇게 하는 데
선행 왕조들보다 더욱 힘을 써서, 가치관을 바로잡고 문장을 가다
듬어 국사를 다시 쓰고, 과거를 보여 인재를 선발하는 데 더욱 힘
썼다.

文廟에다 1442년에 세운 비〈大寶三年壬戌科進士題名記〉에 과거
급제자를 기리고 그 명단을 적었다. 거기서 태조가 "武功既定 文德
誕敷"(무공을 확고하게 하고 문덕을 폈다)고 하는 말을 핵심으로 한
찬사를 늘어놓으면서, 무력으로 나라를 구하는 공을 세운 다음에
는 문치의 덕을 이어서 폈다고 했다. 과거제를 재확립해서 "萬世太

平之基"(만세가 태평하게 되는 기틀)을 마련했다고 했다. "人文化成"
(인문으로 교화를 이룩하고), "隆儒爲首務"(유학을 융성하게 하는 것
을 으뜸가는 일로 삼는다)는 방침을 천명했다고 했다. 월남이 그런
전통을 이은 문명국임을 오늘날 사람들도 자랑하고 있다.

黎朝가 들어선 시기에 월남문화 전반에서 커다란 변화가 일어났
다. 불교를 대신해서 유학을 국가의 최고 이념으로 삼는 역사적인
전환을 겪고, 애민의 정치철학을 제시했으며, 한시와 병행해서 國
音詩를 발전시켰다. 阮廌가 그런 변화를 선도했다. 《대월사기전서》
가 이룩된 것도 그 때문이다. 중세전기에서 중세후기로 이행하기
위해 반드시 필요한 과업을 일제히 수행해서 국력을 거듭 쇄신했다.

《동국통감》 재검토

한국의 조선왕조는 월남의 黎朝와 같은 시기에 들어섰으나, 중
국과 싸워서 주권을 되찾는 과정을 거치지 않았다. 월남에서 〈平吳
大誥〉를 쓴 것과 같은 일이 한국에서는 벌어지지 않았다. 그러나
〈平吳大誥〉에서 월남은 '文獻之邦'이어서 중국과 대등하다고 자부
한 말을 한국에서는 〈進東國通鑑箋〉에서 했다. 거기서 다음과 같이
말했다.

我朝鮮有國 古稱文獻之邦 檀君並立於唐堯 民自淳 而俗自朴 箕子受
封於周武
우리 조선은 예로부터 文獻之邦이다. 단군은 요임금과 나란히 일

어났다. 백성은 스스로 순후하고, 풍속은 저절로 질박했다. 箕子는
周武王의 책봉을 받았다.

文獻之邦이라는 말은 한문문명권의 일원이라는 뜻이고, 중국과
한국이 하나임을 일컫는 데 쓰는 말이다. 그 내력을 두 단계로 설
명했다. 檀君이 중국 堯임금과 나란히 일어났다는 것은 중국과 한
국이 처음부터 대등했다는 말이다. 백성이 순후하고, 풍속이 질박
한 것은 단군 시대 이래의 전통이고 밖에서 들어온 풍조가 아니라
고 했다. 그런 기반 위에 箕子가 등장해 周武王의 책봉을 받고 한
문문명을 받아들여 나라의 품격을 높였다고 했다.

독자적인 전통이 유교문명의 이상과 합치되어 스스로 이룩한 文
獻之邦의 기풍을 중국의 영향을 받아 더욱 발전시켰다는 말이다.
한국은 단군의 통치를 이은 나라이므로 중국과 대등하지만, 군주
가 기자의 후계자이기도 하므로 중국 천자의 책봉을 받는 것이 당
연하다고 했다. 중국과 한국은 둘이면서 하나이고, 하나이면서 둘
이라고 여긴 것이다.

《대월사기전서》에서 월남이 중국의 침공을 물리치고 승리했다
고 자랑한 것과 같은 기록이 《동국통감》에는 없다. 이런 이유에서
《동국통감》을 낮게 평가하는 것은 부적절하다. 차이가 생긴 이유
가 사고방식이 아닌 사실에 있기 때문이다. 중국과 전면전을 한 한
국의 왕조가 백제와 고구려 둘 있었는데 모두 패배했다. 이 사실에
관한 《동국통감》의 서술이 《대월사기전서》와 같을 수 없었다.

백제와 고구려의 패망에 대해서 어떻게 생각해야 하는가? 패배

해서 원통하다고 길이 탄식하고, 한때 위대한 승리를 했었던 것을 두고두고 칭송해야 하는가? 아니다.《동국통감》의 史臣評을 보자. 백제가 망한 대목에서는 "不能禮事中國"(중국을 예의로 섬기지 못한) 잘못을 나무라고, 고구려 패망은 "可謂保小國之永鑑(작은 나라를 보존하는 영원한 지침이라고 할 것)을 남겼다고 했다. 중국이 침공할 수 있는 구실을 제공한 것이 잘못이라고 했다.

백제와 고구려의 실패에서 신라는 벗어났다. 중국을 큰 나라로 인정하고 잘 지내는 것이 작은 나라가 할 일임을 알았다. 그래서 국가를 보존하고 평화를 누린 전례를 후대의 왕조가 이었다. 중국과 하나일 수 없다고 하는 나라는 망해 하나가 되는 몰락을 강요당하고, 중국과 하나라고 하는 나라는 둘일 수 있는 여유를 누리면서 번영을 이룩한다. 이것이《동국통감》을 저술해 국사를 정리하면서 재확인한 조선왕조의 이념이고 지혜이다.

《대월사기전서》와의 차이점을 들어《동국통감》의 사대주의를 일방적으로 나무랄 수는 없다. 월남에서는 중국과 월남이 둘임을, 한국에서는 중국과 한국이 하나임을 더 강조했다. 중국과 자국은 하나이면서 둘임을 공통되게 인정하는 원칙이 실제 상황에 적용될 때 편차가 생긴 것이다. 동질성에 관한 이해가 이질성에 관한 이해보다 더욱 긴요하다.

한국의 箕子는 월남의 趙佗나 士燮과 흡사하다. 월남의 기자는 둘이라고 할 수 있다. 중국인이 조선이나 월남에 와서 문명을 전해 준 것을 양국의 사서에서 적극 평가했다. 기자는 중국을 버리고 한국에 왔는데, 조타나 사섭은 월남을 다스리는 임무를 띠고 임명된 중국의 관원이다. 이런 사실을 오늘날 재론하면서, 한국에서는 기자가 온 것을 환영하고, 월남에서는 조타나 사섭에 대해 반감을 가져야 마땅할 것 같은데 사실은 반대이다.

한국에서는 기자가 중국에서 왔다는 사실이 한국의 자존심을 해친다고 여겨, 원래 기자는 역사적 인물이 아니라고 하기도 하고 원래 한국인이었다고 하기도 한다. 그런데 월남에서는 조타나 사섭이 중국의 관원이었다고 시비하지 않는다. 움직일 수 없는 사실이어서 재론이 불가능한 것만이 이유가 아니다. 중국인이기도 하고 월남인이기도 한 이중소속자는 월남인이라고 하는 것이 건국신화 이래의 일관된 관점이다. 그런데 한국에서는 중국인이기는 하지 않고 오직 한국인이기만 해야 한국인이라고 한다.

오늘날 월남과 한국은 민족주의 사관을 함께 내세운다. 그러면서 월남에서는 《대월사기전서》를 자부심 확인의 원천으로 평가하고, 한국에서는 《동국통감》이 주체성을 상실한 역사서라고 나무란다. 중국과 자국이 하나가 아니고 둘이라는 사실을 《대월사기전서》에서는 더 분명하게, 《동국통감》에서는 덜 분명하게 한 차이점을 지나치게 확대한 결과라고 하고 말 것은 아니다. 월남에서는 《대월사기전서》를 자랑스럽게 여기면서 개방적인 관점을 계승하고, 한국에서는 《동국통감》을 부끄럽게 여기면서 폐쇄되고 고립된 민족주의를 택한 것이 더 큰 이유이다. 그래서 중국과 자국이 하나여서 문명을 함께 이룩한 내력을 이해하는 데 월남이 앞서고 한국은 뒤떨어진다.

왜 이런지 고찰하려면 식민지 통치를 겪고 해방 투쟁을 하는 조건의 차이를 주목할 필요가 있다. 월남인은 프랑스의 지배에서 벗어나기 위해 유럽문명에 굴복할 수 없는 동아시아문명의 전통을 적극 활용해 문화투쟁의 무기로 삼았다. 한국에서는 일본과 싸우려면 일본의 고유문화론에 한국의 고유문화론으로 맞서야 한다는 주장을 펴는 논자들이 있었다. 이제 잘못을 시정해야 한다.

논의의 확대

월남은 중국의 통치를 받는 천여 년 동안에 한문문명권에 소속되었다. 그 점은 한국이나 일본의 경우와 달랐다. 한국은 민족과 국토의 일부가 한사군의 통치를 받다가 곧 벗어났으며, 그 뒤에는 고구려·백제·신라에서 스스로 한문문명을 받아들였다. 한편 일본은 중국에 정복되어 통치를 받은 적이 없고, 중국인과는 직접적인 관련을 맺지 않으면서, 한국인을 통해서 한문문명을 수입했다.

월남·한국·일본이 한문문명권에 소속되게 된 내력에는 차이가 있었어도, 한문문명이 자국의 역사 발전을 위해서 긍정적인 기여를 한 점은 서로 다르지 않았다. 과연 그랬던지 월남의 경우를 들어 고찰하는 것이 유익하다. 월남은 한문문명의 역량을 획득해 중국과 맞서서 독립을 수호했을 뿐만 아니라, 경쟁관계에 있는 다른 민족보다 우세할 수 있었다.

월남은 오늘날의 중부월남에 자리 잡고 있던 참파(占城 또는 占婆, Champa)와 오랫동안 싸웠다. 참파는 산스크리트문명권에 속한다. 산스크리트문명권의 중심국가 인도는 다른 나라를 침공한 적이 없다. 참파는 인도의 침공을 받지 않고 스스로 선택해 산스크리트문명권에 소속되었으니 중국에 정복된 월남의 불운과 좋은 대조가 된다. 월남은 참파와 여러 세기 동안에 싸우다가 마침내 참파를 정복하고 참파인을 동화시켜 월남인으로 만들거나 소수민족의 처지로 전락시켰다. 불운과 행운을 완전히 역전시켰다.

중세전기에 월남은 중국의 지배를 받다가 가까스로 독립을 했지만 참파는 번성하는 나라였다. 982년의 전투에서 월남이 야만국이고 참파가 문명국인 차이점이 나타난다. 중세후기에는 둘이 대등한 위치에서 싸우면서 공존했다. 1301년에서 1312년에 이르기까지 있었던 일련의 사건이 그런 관계를 잘 나타내준다. 중세에서 근대로의 이행기의 싸움에서는 월남이 이기고 참파가 졌다. 1697년에 참파가 월남에 복속되어 두 나라 사이의 대립관계가 끝났다.

월남과 참파의 관계가 그리 된 것은 한문문명권은 시대에 따른 혁신을 적극적으로 하고 산스크리트문명은 그렇지 못한 데 이유가 있다고 할 수 있다. 월남은 중국의 침공을 거듭 격퇴하면서 민족사의 발전을 이룩하기 위해서 한문문명의 혁신을 적극 수행하지 않을 수 없었는데, 산스크리트문명권의 중심국가와 싸울 기회가 없는 참파는 그렇게 하지 못한 것이 불운의 이유라고 할 수 있다.

한문문명권 내부에서 중국과 다른 나라가 불평등한 관계를 가졌던가 아니면 평등한 관계를 가졌던가는 오늘날에 와서 크게 중요하지 않다. 문명권 내부의 이질성보다 동질성이, 갈등보다 화합이 재평가되어야 할 시기에 이르렀기 때문이다. 국가와 국가 사이의 대립보다 문명권과 문명권 사이의 대립이 더 커지고 있어서, 중세

시기에 이룩된 문명권의 동질성을 재인식하고 계승해야 한다.

동아시아 한문문명권 각국은 문명의 동질성을 배격해서 상실한 탓에 산스크리트문명권이나 아랍어문명권에서와 같은 수준의 정신적 각성을 하지 못하고 있으며, 라틴어문명권과의 경쟁에서 경제나 기술의 능력만으로 이기려고 하고 있다. 이런 잘못을 시정하기 위해서 동아시아 한문문명권의 역사를 통괄해서 서술하는 것이 시급한 일이다. 민족사·문명권사·세계사 가운데 문명권사의 의의를 특히 강조해야 한다.

3-3. 신분제 해체 과정 비교

중세에서 근대로의 이행기 인식

17세기부터 19세기까지 동아시아도 유럽도 커다란 변화를 겪으면서 근대의 기원을 마련했다. 그런데 변화의 양상을 명명하는 시대구분 용어에서 심한 불균형을 보여 시정이 요망된다. 유럽은 14세기의 문예부흥에서 근대로 들어섰다고도 하고, 17세기에 영국에서 시민혁명이 일어난 다음에 근대사회로 들어섰으나, 동아시아를 비롯한 다른 곳은 20세기에도 전근대사회에서 벗어나지 못했다고 한다. 그런 차등발전론이 아직 커다란 영향력을 행사하고 있어 세계사 이해를 그릇되게 한다.

문예부흥은 중세후기에 일어나서 중세에서 근대로의 이행기가 시작되게 했을 따름이다. 이탈리아는 문예부흥을 겪고 침체기에 들어섰으며, 그 성과를 받아들인 스페인, 프랑스, 영국 등의 다른 나라가 17세기부터 전면에 나서서 근대로의 이행기의 시대 변화를 주도했다. 유럽이 문예부흥기를 거쳐 중세에서 근대로의 이행기에 들어선 변화는 동아시아에 견주어서 결코 빠르지도 않고 철저하지도 않았다.

문예부흥기의 성격에 관해서는 오랜 논란이 있다가 어느 정도 해결을 보았다. 문예부흥이 근대의 시작이라고 하는 견해가 유행하다가 그 반발로 중세의 연장일 따름이라는 주장이 대두하더니, "문예부흥은 이행기였다"고 해야 한다는 데 이르렀다. 그러면서 문예부흥기의 위치를 단독으로 판별할 수 없고 시대구분을 어떻게 해야 할 것인가 하는 커다란 문제를 해결해야 한다고 했다. 문예부흥에 대한 지나친 평가에 근거를 두고, 유럽은 이미 16·17세기에 획기적인 전환을 이룩해 다른 문명권보다 앞서기 시작했다는 주장은 타당하지 않다는 것이 입증되었다.

유럽에서 17세기 이후에 근대가 시작되었다고 하는 견해는 멀리서도 받아들이고 있지만 잘못되었다. 그 시기에 일어난 영국혁명의 성격을 두고 논란이 거듭되다가, 그것이 근대사회를 만든 혁명이 아니고 중세에서 근대로 이행하는 한 과정이었다는 데 대해서는 의견의 일치를 보았다. 1640년의 영국혁명은 시민이 원하지도 않았고, 주도하지도 않았으며, 시민이 주도하는 사회를 만드는 결과에 이른 것도 아니므로 시민혁명이 아니라고 하는 견해가 설득력을 얻고 있다.

그런 연구에서는 영국이 특별히 앞서서 사회 변화를 선도했다고 보지 않고, 같은 양상의 위기가 다른 나라에서도 일제히 조성되었는데, 영국은 왕권이 미약해서 감당하지 못한 것이 특수한 사정이었다고 한다. 국왕의 세금 확대에 반대하는 귀족과 불만에 찬 하층민이 연합해서 반란을 일으켰다고 한다. 절대왕정이 미약해서 통제력을 상실한 탓에 상하층의 불만을 누르지 못하고 있을 때 종교적인 극단주의가 편승해서 폭발적인 사태가 벌어졌다는 것이다.

영국, 프랑스 등의 유럽 선진국에서는 시민혁명과 산업혁명이 일어나서 19세기 중엽에 귀족을 대신해 시민이 주도하는 근대사회가 되었다. 1848년에 일어난 프랑스의 2월혁명이 분기점이라고 할 수 있다. 그러나 동유럽 각국에서는 그런 변화가 지연되어, 1914년까지 경제적 우위, 정치적 주도권, 문화적 우월성을 유지하던 귀족이 근대화를 이룩하는 과업을 시민에게 내주지 않고 스스로 맡아나섰다.

유럽에서는 중세가 끝나자 바로 근대에 들어섰다고 하는 것은 잘못이다. 유럽의 최선진국에서 일어난 변화를 따르지 못한 곳은 모두 예외로 처리해야 한다는 것은 억지이다. 시대구분에서 나타나는 유럽문명권중심주의를 극복하고, 세계사의 전개를 총괄해서 파악하는 새로운 관점을 확보하는 데 동아시아가 적극 기여해야 한다.

전근대와 근대, 중세와 근대 두 시대만 있다고 하면, 그 둘의 경계를 긋는 것이 문제이다. 근대가 시작된 시기부터 근대라고 할 수도 있고, 중세가 끝난 시기부터 근대라고 할 수도 있는 두 가지 기준이 생긴다. 유럽의 경우에는 근대가 시작된 시기가 근대라고 하는 관점을 택해 14세기부터 근대라고 하고, 다른 곳에서는 전근대

또는 중세가 끝난 시기가 근대라고 하는 다른 관점을 택해 20세기도 아직 근대가 아니어서 근대화에 힘써야 한다고 한다.

같은 시대의 중국과 유럽을 비교하면서 "late imperial China and early modern Europe"이라고 하는 말을 쓰는 것을 흔히 볼 수 있다. 그렇게 해서 중국에서는 왕조의 시대가 끝나갈 때 유럽에서는 근대가 시작되었다고 하면서, 둘 사이에 상당한 격차가 있었던 것처럼 보이게 하는 것은 잘못이다. 중국은 중세와 더불어 운명을 같이하고, 유럽은 근대로 나가는 새 길을 연 점이 서로 다르다고 한다. 그러나 왕조시대가 끝나가는 것도, 근대가 시작되는 것도 유럽이나 중국에서 함께 일어난 일이다. 발전이 빠르고 더딘 것은 같은 시대 안에서 생긴 격차이지, 시대가 서로 달랐다고 할 증거는 아니다.

17·18세기의 유럽뿐만 아니라 아시아 또한 'early modern'의 시기에 들어섰다고 하면서, 그 둘을 대등한 위치에서 비교한 업적이 있어 새로운 시각을 보여준다. 그 시기에 양쪽 다 국가통치가 위기에 이르고 변란이나 혁명이 빈번하게 일어난 공통점이 있었다고 한 것은 주목할 만한 일이다. 그러나 동아시아 역사의 한 시기를 같은 이름으로 일컫는 데는 상당한 난점이 있다.

'early modern'이라는 말은 번역해 사용하자면 '전기근대'라고 해야 하는데, 그 말은 생소하다. 동아시아도 17세기에는 '전기근대'에 들어섰다고 하는 견해를 펴면 동아시아 각국에서 쉽사리 받아들이지 않으면서, 유럽의 전례를 무리하게 이식하지 말라고 할 수 있다. 또한 '전기근대'라는 말을 일반화해서 사용하면 그 시대가 근대로 이어진 측면에만 일방적인 의의를 부여하고 중세의 연속된

면은 도외시해 형평을 어길 염려가 있다.

일본에는 중세에서 근대로의 이행기를 '近世'라고 일컫는 용어가 정착되어 있다. 그 용어를 널리 사용하면 '중세에서 근대로의 이행기'라고 길게 말하는 번거로움을 피할 수 있다. 그러나 '近世'는 일본사의 특수성을 유럽사와 비교를 통해 부각시키는 데 사용되는 용어이다. 유럽은 17세기 이후에 이미 화폐경제 시대인 '近代'에 들어섰지만, 동시대 다른 곳은 아직 '中世'였으며, 일본만은 중세의 지배체제와 근대의 화폐경제가 공존하는 특수성이 있어 '近世'라고 따로 명명해야 한다고 한다.

일본에서 말하는 '近世'를 영어로 옮기면 'early modern'이라고 할 수밖에 없다. 일본사에 관한 영문서적에서 그 말을 흔히 내세운다. 일본사에 관한 영어 저술에서는 일본만 유럽과 함께 'early modern'의 시대에 들어섰다고 한다. 일본의 용어 '近世'나 일본사에 적용된 영어 용어 'early modern'은 유럽사가 세계사의 척도라고 하는 유럽문명권중심주의를 합리화하는 데 쓰이고 있어 널리 받아들일 수 없다.

'전기근대'나 '近世'는 각기 그런 문제점이 있으므로, 그 대신에 '중세에서 근대로의 이행기'라는 용어를 일반화해서 사용하고자 한다. 이 말이 무엇을 말하는가는 오해의 여지없이 전달된다. 말이 너무 길어진 결점이 있어도 뜻이 정확한 이점이 앞선다. 17·18세기 전후의 시기가 중세에서 근대, 또는 봉건주의에서 자본주의로 이행한 시기라는 것은 유럽 학계에서도 널리 통용되고 있는 견해이다.

경제사의 관점에서 규정하면, 중세에서 근대로의 이행기는 상업자본주의의 시대이다. 상업자본주의는 그 뒤에 오는 산업자본주의처럼 지배적인 산업일 수 없었으며 자본주의화하지 않은 농업과 공존했다. 자본주의의 주역인 시민이 대두해서 상당한 활동을 했지만, 자본주의화하지 않은 농업의 지배자인 귀족의 우위를 부정하지 못했다.

그런 사실을 더욱 복합적으로 파악하려면 경제사에서 한 단계 더 나아간 사회경제사가 필요하다. 귀족 지배의 신분사회였던 중세가 시민 우위의 계급사회로 바뀌어 근대가 되는 중간 과정이 중세에서 근대로의 이행기이다. 신분사회와 계급사회, 귀족의 지배와 시민의 우위가 복잡한 양상을 가지고 얽힌 시대이다.

유럽과 동아시아가 같은 시기에 중세에서 근대로의 이행기였다는 사실을 명확하게 하고 비교논의를 진행해야, 공통점과 차이점이 실상대로 파악된다. 중세에서 근대로의 이행기가 세계사의 보편적인 시기였다고 해야, 유럽문명권중심주의의 그릇된 역사관을 시정할 수 있다. 중세에서 근대로의 이행기는 근대가 시작될 때부터 중세가 끝날 때까지의 시기이다. 근대가 시작되었다고 해서 중세가 끝난 것은 아니다. 사회의 어느 한 면에서 시작된 근대가 전면적으로 확대되어 중세를 청산할 때까지 여러 세기가 걸렸다. 그 점에서 유럽도, 동아시아도, 그 밖의 다른 문명권도 동일하다.

중세에서 근대로의 이행기는 빠른 곳에서는 14세기에, 대개는 17세기에, 늦은 곳에서는 19세기 또는 20세기에 시작되었으며, 빠른 곳에서는 19세기에, 대개는 20세기에 끝나고, 늦은 곳에서는 아직 끝나지 않았다고 일반화해서 말할 수 있다. 중세에서 근대로의 이행기는 세계사의 공통된 시대이다.

중세에서 근대로의 이행기를 이해해야 동아시아의 근대가 스스로 준비되고 있었음을 알 수 있다. 유럽문명권의 도전과 충격이 닥쳐와 근대화의 방향이 준비한 것과 달라졌다. 지금은 근대화의 방향을 시정하면서 다음 시대로 나아가야 할 때이다. 폐기된 설계를 찾아내 참고로 삼으면서 필요한 것은 되살려야 한다.

근대화는 서양화여야 한다는 것은 잘못이다. 이 말은 누구나 한다. 그러나 서양인의 근대화를 받아들여 동아시아에 맞게 수정하거나 동아시아 전통에 입각한 변형을 할 필요가 있다는 정도의 논의가 그 뒤를 잇는다. 그래도 마땅한 해결책이 생기지 않는다고 여기는 쪽에서는 극단적인 자위책을 택하고자 한다. 근대화를 추구하는 것 자체가 결국 서양 추종이므로 그만두어야 한다고 한다. 근대화를 가치의 척도로 삼고 우리 역사를 연구하는 허상 추구는 그만두어야 한다고도 한다.

모르면 미혹에 빠지므로 알 것을 알고 말을 해야 한다. 동아시아는 언제나 중세에 머무르고 있지 않았다. 서양은 중세에서 바로 근대로 들어서지 않았다. 서양이라고 일컬어지는 유럽문명권과 함께 동아시아문명권 또한 비슷한 시기에 중세에서 근대로의 이행기에 들어서서 필요한 노력을 각기 진행했다는 사실을 알아야 한다. 유럽문명권의 침공 때문에 좌절된 독자적인 발전의 길을 되살려야 근대화를 바람직하게 이룩하고 한 걸음 더 나아갈 수 있다. 근대를 넘어서서 다음 시대로 나아가는 지혜를 얻을 수 있다.

근대의 장점을 살리고 폐해를 줄이는 것이 근대화를 바람직하게 이룩하는 길이다. 동아시아 각국에는 정신적 가치를 근거로 삼는 협동정신이 살아 있어 사태가 낙관적이다. 거기다 보태 중세 부정의 부정을 시도해야 한다. 중세 동안에는 이상적인 수준에서 추구하던 보편주의의 가치관을 현실에서 구현하면서 근대를 넘어서서 다음 시대로 나아가는 것이 마땅하다.

신분사회에서 평등사회로

신분과 계급은 역사 이해에서 핵심적인 의의를 가진다. 신분이 생겨났다가 없어지고, 신분 대신에 계급이 등장한 것이 어느 곳의 역사에서든지 공통되게 나타난 현상이다. 유럽의 경우에는 이에 관해 많은 논의가 있었으나 동아시아는 그렇지 못하다. 반성하고 분발하지 않을 수 없다.

그러나 유럽에서 한 작업을 따르면 동아시아 연구의 과제가 해결되는 것은 아니다. 유럽에서도 개별적인 연구를 총괄하는 작업은 제대로 이루어지지 않았다. 여러 문명권의 경우와 비교해 논하면서 세계적인 범위의 일반이론을 만들어내는 작업은 유럽에서는 하지 않고 있어 동아시아가 나서야 한다. 동아시아의 경우를 통괄해서 고찰하고 국가끼리 비교도 해서 세계사를 다시 이해하는 출발점을 마련해야 한다.

중세는 신분사회이고, 근대는 계급사회이다. 그 중간의 중세에서 근대로의 이행기는 신분사회가 계급사회로 바뀌면서 그 둘이

겹쳤다. 이처럼 명백한 사실이 지금까지 제대로 인식되지 못했다. 신분과 계급 가운데 어느 하나를 택하고 다른 것은 버리는 편향성을 가지고 논란을 벌여 그 둘의 관계를 밝히는 이론이 이루어지지 못했다. 중세와 근대를 각기 연구해 이행기를 제대로 알 수 없었다.

신분사회에서 계급사회로 넘어온 것은 세계사의 보편적인 과정이다. 유럽에서는 일어난 일이 동아시아에서는 일어나지 않았다고 하는 오해를 불식해야 한다. 아시아는 일찍이 위대한 역사를 이룩했다가 활력을 잃고 쇠퇴했으며 발전은 오직 유럽에서만 있었다는 편견을 바로잡기 위해 아시아를 변호하는 것이 능사가 아니다. 여러 문명권을 함께 다루어 일반이론을 마련해야 한다. 유럽문명권 중심주의에 사로잡힌 근대학문의 잘못을 시정하는 대안 제시가 주도권 교체가 시작된 증거이다.

사람을 '士·民' 또는 '官·民'으로 구분해 '士' 또는 '官'이라고 하는 귀족이 '民'이라는 평민을 지배하는 관계는 어디서든지 중세에 마련한 신분제의 핵심을 이루었다. 그러면서 문명권에 따른 차이가 있었다. 동아시아의 '士'는 '官'이 아닐 수도 있는 점이 특이했다. 신분적인 특권을 가지기는 하지만 '민'의 옹호자 노릇을 하는 경우가 적지 않았다. 피지배층을 '農·工·商'으로 나누어 '士·農·工·商'을 '四民'이라고 하면서 중세의 범위 안에서 가능한 평등을 확보하는 데 다른 어느 곳보다 더 나아갔다.

그런데 상업, 수공업, 금융업 등의 영역에서 시장경제가 성장하면서 귀족의 지배가 위태롭게 되는 변화가 일제히 나타났다. 신분제 속의 '工・商'인이 하던 일을 주어진 규범에서 벗어나 자유를 누리기 시작한 '市民'이 한층 적극적으로 수행하면서 중세에서 근대로의 이행기에 들어섰다. 유럽에서 쓴 'bourgeois' 또는 'Bürger' 즉 '城內 사람'이라는 말보다 '市場 사람'을 뜻한 동아시아의 용어 市民이 지역적인 한계를 넘어선 일반론을 전개하는 데 더 유리하다.

귀족은 士・民으로 구분된 신분사회를, 시민은 貧・富에 따라 나누어진 계급사회를 지배하는 위치에 있다. 시민의 경제력이 귀족의 정치력을 위협하면서 귀족이 수세에 몰리는 데 그치지 않고, 신분사회를 계급사회로 바꾸어놓는 과정에 들어선 시기가 중세에서 근대로의 이행기이다. 그 과정에서 귀족과 시민은 대립하면서 공존하고, 귀족의 시민화와 시민의 귀족화가 함께 이루어지면서, 구체적인 양상은 각기 달랐다. 유럽과 동아시아가 기본적인 공통점을 가지면서 문명권에 따른 차이, 나라마다 차이가 있었다.

영국에서는 왕권과 맞서온 귀족이 귀족의 신분을 지닌 채 스스로 시민의 생업에 참여했다. 귀족과 시민이 자본주의 발전을 함께 도모했다. 그래서 귀족이 시민문학의 발전에 참여하고, 시민문학이 귀족에 항거하는 혁명성은 가지지 않았다. 프랑스에서는 부유한 시민은 국가 시책에 따라서 귀족의 신분을 획득하도록 했다. 귀족화한 시민이 한 시기 문학을 주도했다. 신분상승에서 제외되어 불만을 가진 시민이 민중 폭동에 편승해 혁명을 일으켜 신분제를 폐지하고 계급사회를 만들었다.

독일에서는 귀족이 강하고 시민은 약해 시민이 귀족을 추종했다. 귀족이 주도해 위로부터 개혁해 근대사회를 이룩했다. 신분제는 폐지했으나 권위주의가 온존한다. 그 때문에 독일의 시민은 귀족과의 화합을 염원했다. 러시아에서는 일부 빈곤해진 귀족이 기존의 체제에 불만을 가지고 시민을 대신해서 사회개혁을 주장하다가 무산계급 혁명의 동조자가 되었다. 러시아에서는 시민혁명은 좌절되고 무산계급혁명이 일어나 신분제를 철폐했다. 사회 비판의식을 가진 귀족이 농민이나 노동자를 위해 봉사하겠다고 나서서 무산계급혁명을 도왔다.

중세에서 근대로의 이행기에 신분과 계급의 관계가, 동아시아 각국에서는 어떻게 나타났던가 확인하고자 하면, 연구가 미비해 커다란 어려움이 있다. 각국의 역사에 대한 개별적이고 구체적인 연구 업적에는 이용할 수 있는 것이 적지 않지만, 신분과 계급의 관계에 관한 일반론은 보이지 않는다. 그런 개념을 사용해서 사회구조의 변화를 총괄하려고 하는 시도조차 없으며, 각국의 경우를 서로 비교하려고 하지 않는다. 유럽의 경우에는 기존 연구를 간추리기만 하면 되었지만, 중세에서 근대로의 이행기 동아시아의 사회구조에 관한 논의는 새롭게 마련하지 않을 수 없다.

그렇다고 해서 연구를 기초부터 할 수는 없다. 동아시아 각국의 자료를 직접 뒤지고, 개별적이고 구체적인 연구를 충분히 진행하고서 일반론을 도출하는 것은 너무 벅찬 일이므로, 이미 마련한 유럽의 경우를 통해 검증된 일반론을 적용해서 논의를 전개하는 방법을 사용하기로 한다. 유럽의 역사에 맞추어 동아시아의 역사를 재단하는 잘못을 다시 저지른다고 나무랄지 모르나, 염려할 일은 아니다.

공통점과 함께 차이점도 살펴, 일반론을 한층 확실하게 다지는 한편 개별적인 양상의 특수성에 대한 인식도 획기적으로 진전시키고자 한다. 유럽의 경우에는 구체적인 논의를 기존의 논저로 미루면 되지만, 동아시아에 관한 고찰은 어디 미룰 데가 없어 전반적인 상황에서 개별적인 양상까지 더욱 자세하게 고찰하지 않을 수 없다. 그래서 논의의 발전을 이룩해야 한다.

　동아시아의 신분제는 유럽에 비해서 개념 구분이 분명하고 이론이 정연했다. 그런데도 오늘날의 연구가 미비해서 도리어 모호하게 되었으므로, 학자들의 무능을 개탄하지 않을 수 없다. 한국에서는 조선시대의 신분제를 두고 상당한 논란이 벌어지고 있는데, 신분제의 등장에서 철폐까지를 통괄하는 이론이 없으며, 다른 나라의 경우를 함께 다루지 않아, 무익한 천착을 일삼으면서 공연한 시비를 벌인다. 유럽과 동아시아, 한국과 동아시아 다른 나라를 함께 고찰하면서 신분과 계급의 관계를 총체적으로 이해하지 않고서는 그런 질곡에서 벗어날 수 없다.

　동아시아 각국, 중국·한국·일본·월남에 공통적으로 존재한 중세의 신분은 '良賤'과 '士民'이다. 동아시아에는 유럽에서와 같은 '聖俗'의 구분이 없었다. 귀족과 농민을 구분하는 개념이 유럽에서는 '貴賤'이지만 동아시아에서는 '士民'이다. '양천'의 '良'은 자유민인 '良人'이고, '賤'은 예속민인 '賤人'이다. '사민'의 '士'는 다스리는 사람이고, '民'은 다스림을 받는 사람이다.

　신분 구분은 생업 구분이기도 하다고 해서, '士農工商'이라는 말을 널리 사용했다. '士民' 가운데 '士'는 다스리는 능력을 가지기 위해서 학문을 하고, '民'은 농업인 '農', 공업인 '工', 상업인 '商'에 종사한다고 했다. '農·工·商'은 직업이 다르지만 신분상의 차등이 있었던 것은 아니다. 농민과는 '良賤'의 구분이 있는, '賤人'은 위의 네 가지에 속하지 않는 별도의 생업에 종사했다.

'양천'과 '사민' 가운데 앞의 것만 신분이고, 뒤의 것은 신분이 아니라고 하는 견해가 있으나, 타당하지 않다. '사민'의 구분은 '양천'에 비해 상대적이고 유동적이지만, 그것 또한 신분이다. '양천'과 '사민' 가운데 '양천'은 타고난 조건에 의해 정해진 절대적인 구분이어서, 노력한다고 해서 소속을 바꿀 수 없다. '사민'은 살아가는 방식을 말하는 상대적인 구분이어서, 노력하면 소속을 바꿀 수 있다. 절대적인 신분과 상대적인 신분이 공존한 것은 당연한 일이다. 신분은 고정되어야 하지만, 지나치게 고정되지는 않아야 하는 양면성이 있어야 하기 때문이다.

중국에서는 신분의 구분을 가리지 않고 누구든지 과거에 급제하면 '紳士'가 되었으며, 평민 급제자가 한국의 경우보다 월등히 많지만, 그렇다고 해서 '신사'는 신분이 아니고 계급이라고 할 수 없다. 양반이나 '신사'가 계급이라고 하기 위해서는, 외연이나 내포가 지주와 일치한다고 해야 하는데, 그럴 수 없다. 양반이나 '신사'가 계급이라면, 경제력을 가져 계급관계에서는 우월한 위치에 이른 평민이 구태여 양반의 지위를 획득하려고 한 사실을 설명할 수 없다.

신분이라고 해서 다 같은 것은 아니고, 등급이나 격차가 있다. 어디서나 공통되게 '양천'은 절대적으로, '사민'은 상대적으로; '양천'은 성문법에 의해, '사민'은 관습법에 의해 구분되던 신분이다. 그러면서 한국의 '사민'보다 중국의 '사민'은 상대적인 성격을 더 많이 가졌다. 그런 사실은 여러 곳의 사례를 비교하면서 전개하는 일반이론에 비추어 이해하고 설명해야 한다.

'양천'과 '사민'의 두 가지 구분이 겹쳐 '良人' 가운데 '士'와 '良民'이 있고, '賤人' 가운데 '賤民'이 있어서, 신분이 삼분되었다. 일반적인 용어를 가져와서 다시 규정하면, 귀족인 '士', 평민인 '良民', 예속민인 '賤民'이 서로 구분되었다. 그 점에서 동아시아의 신분제는 유럽이나 다른 곳과 기본적으로 일치하는 보편성을 가진다.

유럽의 경우에는 농민이 중세 동안에 모두 예속민인 '농노'였다가, 중세에서 근대로의 이행기에 이르러서 서유럽에서는 자유민이 되었으나, 동유럽에서는 계속 그 지위에 머무른 것이 동아시아의 경우와 다르다. 동아시아의 농민은 중세 동안에는 예속민이었다가 중세에서 근대로의 이행기에 이르러서 자유민이 된 것은 아니다. 변화가 나타난 영역은 예속민인 '노비'가 중세에서 근대로의 이행기가 진행하는 동안에 신분적 제약에서 벗어나 일반 농민과 다름이 없는 '양인'이 된 것이다.

용어는 나라에 따라서 또는 시기에 따라서 다소 다르게 썼으나, 그런 구분이 동아시아 네 나라에서 근본적으로 일치했다. 중국에서는 '士民'이 양분되기만 하고, 한국의 경우에는 '士'와 '良民' 사이에 '中人'이 있고, 일본의 경우에는 그 둘 사이에 '町人'이 있어서 서로 아주 달랐다고 할 것은 아니다. 삼분법의 공통된 구조가 중세에서 근대로의 이행기에 그렇게 변했을 따름이다.

‘士’는 생산활동에 종사하지 않으면서 文武의 능력으로 ‘民’을 지배하고, ‘良民’은 농업을 위주로 한 생산활동에 종사하고, ‘賤民’은 농업 주변의 보조적인 일을 맡은 것도 서로 다르지 않았다. ‘士’는 공동문어문학인 한문학에 힘써 文의 능력으로 삼고, ‘양민’은 농사일과 관련된 구비문학을 담당하고, ‘천민’ 가운데 예능활동에 종사하는 전문가가 있었던 점도 마찬가지였다. 동아시아 중세사회와 문학의 일반적인 양상에 관한 포괄적인 이해를 그런 관점에서 구체화할 수 있다.

그런데 17세기 이후에 상업이 발달하고 화폐경제 활동이 확대되면서, 새로운 세력이 대두해 중세사회의 개편을 요구했다. 화폐경제 활동에 종사하는 사람들을 통칭할 수 있는 용어는 ‘市民’이다. ‘시민’을 서양말 ‘부르주아지’의 번역어라고 여겨 혼란을 일으키지 않아야, 이제부터 논의를 제대로 전개할 수 있다. ‘시민’은 문자 그대로 ‘저자 사람’이다. 저자에서 장사하는 사람들을 두루 일컫는 말이어서 생업의 특징을 명확하게 규정하고 있다.

유럽의 언어 ‘부르주아’나 ‘뷔르거’는 ‘부르크’(bourg) 즉 ‘城’에 사는 ‘성내 사람’을 뜻한다. 성에 산다는 것은 시민의 특성을 규정하는 본질적인 요소가 아니다. 그런 흐릿한 말을 후대 학자들이 잘 다듬어 학술용어로서 뚜렷한 위치를 차지할 수 있게 했다. 그보다 더 나은 말 ‘市民’을 물려받은 동아시아의 학자들이 개념 확립에 힘쓰지 않고, ‘시민’을 ‘부르주아지’의 번역어로 여기는 것은 잘못이다. ‘市民’이라는 용어가 연속되지 않아, 동아시아 시민계급의 발생과 발전이 오늘날로 이어지지 않았다는 선입견을 조성한 잘못을 시정해야 한다.

'시민'은 대다수가 신분에서 '양민'에 속하지만, 농업과는 다른 생업을 개척해서 돈을 모으고 능력을 길러 '士'의 지배를 위협했으며, 신분을 계급으로 개편할 것을 요구했다. 그렇게 해서 중세에서 근대로의 이행기가 시작되었다. 그 시기 정권 담당자는 '시민'의 대두로 말미암아 생긴 사회 변화를 한편으로 막고, 다른 한편으로는 받아들여 최소의 필요한 변화만 용인하면서 중세사회를 지속시키고자 했다. 계급에 따라 사회를 개편해야 한다는 요구를 근본적인 위협이 되지 않는 범위 안에서 수용해, 신분을 유지하는 방책을 강구하는 것이 구체적인 대응책이었다.

그 점이 유럽 각국보다 동아시아 각국에서 더욱 분명하게 확인되어, 중세에서 근대로의 이행기 사회구조가 유럽에서보다 동아시아에서 한층 자각적이고 의도적인 대응책의 산물임을 입증한다. 자각적이고 의도적인 대응책을 마련한 주체는 정권담당자였다. 시대 변화 자체는 공통되게 나타났으나, 정권담당자의 인식에서 동아시아가 유럽보다 앞서서 상이한 결과가 나타났다고 할 수 있다.

당시 동아시아 각국의 정권담당자는 중세에서 근대로의 이행기 사회 형성의 과제를 서로 다르게 해결했다. 오랜 정권이 지속되면 사태 변화에 소극적으로 대처하고, 왕조교체를 해서 새로운 정권이 등장하면 적극적인 해결책을 마련했다. 지배민족과 피지배민족의 이질성도 변수의 하나였다. 신분의 경계와 이동에 관한 종래의 관습이 또한 긴요한 요인으로 작용했다. 그래서 신분과 계급의 모순을 해결하는 세 가지 가능한 방식이 중국·일본·한국에서 각기 구현되었다.

중 국

중국에 새로 들어선 淸朝는 명조에서 마련한 대책을 더욱 강화해서 신분을 그 맨 위에 있는 지배신분 '士'의 범위 안에서만 엄격하게 유지하고, '士'가 특권을 누리도록 보장해 만주족의 한족 지배를 위한 동맹자가 되게 했다. 과거에 급제해야 '士'가 되고, 과거에 급제한 다음 벼슬을 해야 '紳'이 된다고 명확하게 규정하고, 전인구의 5%를 넘지 않은 '紳士'라야 특권을 누리는 지배층이게 하고, 그 신분을 세습하지 못하게 했다.

지배신분인 귀족 '士'라는 점에서는 서로 같으면서, '紳士'는 그 전대의 '士大夫'와 중요한 차이점이 있었다. 唐代에 나타나 宋代에 확고하게 자리 잡은 '사대부'는, 그 앞 시대에 스스로 막대한 세력을 구축한 豪族 또는 문벌귀족과 달리, 국가에서 실시하는 과거를 거쳐 실력을 인정받은 중소지주 출신의 중소귀족 또는 일반 백성의 지위에 있던 사람들이었지만, 일단 획득한 신분을 과거에 응시할 수 있는 수준의 학식과 교양을 갖춘다면 세습할 수 있었다.

원칙상으로는 과거에 급제한 사람이라야 '사대부'라고 했지만, 과거 공부를 하고 있는 "布衣의 독서인"도 그 범위 안에 포함시켜 형법상의 특례자가 되게 하고, 요역을 면제하는 방식으로 신분적 특권을 인정했다.(양종국,《송대사대부사회연구》, 서울: 삼지원, 1996, 60~61면) 과거 응시자가 폭발적으로 늘어난 형편에 과거를 거치지 않고 蔭이니 進納이니 하는 과정을 통해서 관직을 얻는 길이 열려 있었다. 송대에는 사대부 신분이 세습되었기 때문에 그럴 수 있었다.

그런데 명·청대의 '신사'는 신분은 세습되지 않고, 그 자손이라도 다시 과거를 보아 획득해야 했다. 3품 이상의 관원에 한해서 그 자식이 蔭敍로 진출할 수 있는 길을 열어두어 전대의 제도를 지속시켰으나, 그런 혜택을 입은 사람의 숫자는 실질적인 영향을 거의 미치지 않을 정도로 미미했다.(Ho Ping-Ti, *The Ladder of Success in Imperial China: Aspects of Social Mobility, 1368~1911*, New York: Columbia University Press, 1962: 何炳棣·曹永祿 외 역, 《중국과거제의 사회사적 연구》, 서울: 동국대학교출판부, 1987, 166~171면)

중국과는 달리 동아시아 다른 나라에서는, 중세에서 근대로의 이행기에 이르러도, '士'의 신분에 관한 제도나 관습을 바꾸지 않고 중세후기에 이룩한 전례를 그대로 이었다. 한국의 '士'는 과거에 급제해서 얻은 신분을 세습하는 '사대부'인 점이 중국의 '사대부'와 같았다. 일본에서는 중세후기에 중소지주 출신의 하급무사가 대지주인 대귀족무사를 밀어내고 '士'의 지위를 차지한 변화를 중세에서 근대로의 이행기까지 지속시켰다. 그런데 중국에서는 신분이 세습되지 않은 '신사'의 제도를 새롭게 마련했다.

중국의 전통사회는 어느 시대이든 같은 양상이고, 지위변동이라고는 없었던 정체된 사회였다고 하는 선입견은 잘못되었다. 명·청대에 이르러서는 '신사'의 자식이 아닌 사람이 과거에 급제해 '신사'가 되어 상승할 수 있는 비율이 오늘날의 미국에서보다도 오히려 컸다고 한다.(Wolfram Eberhard, "Social Mobility and Stratification in China", Reinhard Bendix and Seymour Martin Lipset ed., *Class, Status, and Power, Social Stratification in Comparative Perspective*, New York: The Free Press, 1966, 179면) 그래서 신분제가 없는 평등사회가 된 것은 아니다. '신사'가 된다는 것은 '신사'의 신분 획득을 의미했다. 위기에 처한 신분제를 유지하기 위해서 중국에서는 전에 없던 방법을 강구했다.

그렇게 한 이유를 두고 많은 논의가 이루어졌다. 새로운 왕조를 창건한 명·청 군주는 "독재권을 확립하기 위해서는 다루기 힘든 창업공신보다는, 황제에게 순응하는 신진지배층의 확보가 필요"했다. "학교와 과거제를 연결시키고 생원, 監生, 擧人 등 未入仕 학위소지자에게까지도 특권을 주어 새로 지배층이 되게 한 것은 신진인재를 우익으로 끌어들이려는 수단이었다"고 한다.(오금성, 〈명·청시대의 국가권력과 紳士〉, 《강좌중국사 IV》, 서울: 지식산업사, 1989, 231면)

그러나 '사대부'가 '신사'로 교체된 이유를 정치적인 측면에서 이해하고 마는 것은 잘못이다. 신분제를 무너뜨리고자 하는 시민의 도전이 화폐경제의 발달과 함께 점차 거세지고 있었던 사정을 이해해야 한다. 신분제를 전면적으로 유지하는 것은 불가능한 상황이었다. 전 인구의 1% 정도에 지나지 않는 천민이 끊임없이 해방을 요구해, 雍正연간(1723~1935)에 칙령을 내려 그 요구를 수용해야 했으므로, '양천'의 구분 철폐로 신분제의 저변이 흔들렸다.(何炳棣·曹永祿 외 역, 앞의 책, 21면) '신사'를 배출시킨 집안사람들은 흔히 상업에 종사했다. 3품 이상 관원의 가문은 상업을 할 수 없게 금하는 법령이 있었으나 지켜지지 않았다.(위의 책, 92면)

그처럼 신분제가 전면적으로 무너지는 추세를 최소한의 범위 안에서나마 막으려고 한 조처가 '신사'가 된 본인은 상층신분의 품위를 지키도록 하는 것이었다. '신사'에게는 신분적 특권을 주어 한정된 범위 안에서 신분제를 유지하고, 그 이하의 신분은 없어지게 했다. '신사'는 벼슬을 하지 못하고 자기 고장에서 살아가더라도, 차림새부터 특이하고, 요역을 지지 않으며, 세금이 면제되고, 형법상 예외자이고, 조정에서 파견한 지방관을 보좌하면서, 재판에 개입할 수 있는 세력가 노릇을 했다. 그렇게 하면서 과거에 급제해 '신사'의 신분을 얻을 수 있는 자격은 아무런 제한을 두지 않고 완전히 개방했다. 신분제의 철폐를 주장하는 시민이 과거를 거쳐 신분적 특권을 얻을 수 있는 기회를 만들어서 질서붕궤를 막았다.

다른 나라에서도 흔히 있었던 시민의 귀족화를 중국에서는 군주가 관장하는 국가시험을 통해서 가능하게 했던 것은 특이한 선택이었다. 시민이 스스로 지닌 경제적인 능력은 무시하고 보수적인 방식의 시험을 실시해, 혁신의 기풍을 보수주의로 눌렀다. 시대 변화를 받아들이면서 보수회귀를 이루었다. '신사'는 세습되지 않고, 자기 능력으로 획득해야 할 신분이므로, 획득을 위한 경쟁이 너무 치열해서 많은 폐단을 자아냈다. 형식화의 폐단이 극심한 글쓰기로 과거를 실시해, 지배층이 되려면 권위에 순응하는 훈련부터 하도록 했다. 그것은 지배체제를 유지하는 데 필요한 방책이었다.

과거에 응시하는 자격은 '양인'이면 누구나 가지고 있고, 반드시

'士'의 신분이어야 할 필요가 없다고 하는 것이 과거제를 실시한 모든 나라에서 공통된 원칙이었다. 그러나 '士'도 신분이고 '民'도 신분인 경우에는 '民'에 속한 사람에게는 과거가 원칙상은 열려 있고 실제로는 닫혀 있어, 실제를 무시하고 원칙을 살리는 것이 힘든 일이었다. 그런데 '士'의 신분이 세습되지 않고 '民'이 '士'와 구분되는 신분이 아니라고 하게 되자, 과거 급제의 전력이 없는 집안의 자식이라도 과거에 응시해서 합격하는 데 장애가 된 사회관습상의 제약마저 철폐되었다. 그 결과 명·청대를 통틀어 과거급제자의 분포가 다음과 같았다.(일부 중복)

A. 과거 급제자가 전혀 없었던 집안 출신자: 36.2%

B. 과거 급제자가 일부 있었던 집안 출신자: 11.6%

C. 과거 급제자가 있었던 집안 출신자: 57.3%

D. 과거 급제후 3품 이상 진출한 선조가 있는 집안 출신자: 5.7%

A와 B를 합친 47.8%가 평민 출신 합격자이다. D는 높은 지위에 오른 가문 출신자인데, 그 숫자는 5.7%에 지나지 않았다.(위의 책, 128~130면) 그만큼 기회가 균등해지고, 사회변동이 활성화되었다고 할 수 있다. 그러나 그 점을 긍정적으로 평가할 수는 없다. 과거제에 많은 폐단이 있었기 때문이다.

동아시아 각국의 과거에서 요구하는 글이 모두 복고적인 형식주의의 폐단을 자아냈지만, 중국의 경우가 가장 극단에 이르렀다. 옛사람이 쓴 말을 많이 모아 여덟 구절을 짝맞추어 써야 했으므로

八股文이라고 일컬어진 형식 위주의 문체로 요구해 창의력과는 거리가 멀었으며, 보수적인 기풍을 고착시키는 구실을 했다. 중국의 과거는 체제를 변혁하는 방향으로 나아갈 미천한 기반의 유능한 인재를 끌어들여 체제 수호에 동원하는 구실을 한국이나 월남의 경우보다 더 심하게 수행했다.

16세기 중국은 명나라 중엽에 시민의 경제활동이 활발해 시장경제가 현저하게 성장했다. 그 점에서 동시대의 유럽보다 앞섰다. 그런데 청대에는 거기서 더 나아갔다고 하기 어렵다. 16세기에서 19세기 중엽까지 거의 같은 상황이 지속되어, 유럽보다 뒤떨어지게 되었다. 그 이유에는 정치적인 억압이 큰 비중을 차지했다고 하는데, 누구든지 과거를 거쳐 '신사'가 될 수 있게 한 조처에 따라 진행된 시민의 귀족화로, 시민의 활력을 감퇴시키고 창의력을 저해시킨 것이 바로 가장 교묘한 방식으로 진행된 정치적 억압이었다.

중국에서는 왜 자본주의의 맹아가 발전해서 자본주의 사회를 이룩하지 못했던가 하는 의문에 대해서 해명하면서 중국 학계에서는 "생산력의 발전이 수평으로 이루어지기만 하고 생산관계 조건을 돌파하지 못했다"고도 하고, "한편으로는 상인이면서, 지주나 관료이기도 한 것이 중국 자산계급의 전신"이었던 데 문제가 있었다고도 한다.(張持平, 〈資本主義在中國的萌芽問題〉, 姜義華 主編, 《中國社會科學爭鳴大系〔1949~1989〕歷史卷》, 上海: 上海人民出版, 1991, 221면; 朱英, 《中國早期資産階級槪論》, 開封: 河南大學出版社, 1992, 23~24면) 과거에 급제해야 귀족의 신분을 획득하고, 그럴 수 있는 기회가 열려 있어, 시민과 귀족 그 어느 쪽에서도 정치적인 비판세력이 자라나지 못했다. 경제발전이 사회변혁 운동을 수반하지 않아 가속화되지 못하고 침체했다.

과거 때문에 빚어지는 그런 폐단을 《儒林外史》에서 너무나도 선명하게 그렸다. 과거급제자가 선망의 대상은 되어도 존경받지 못했다. 과거에 초연한 사람이 있을 수 없었다. 과거에 거듭 응시했으나 불합격한 사람들이 자기 불운을 개탄하면서 혁신 사상을 폈으니 떳떳하지 못했다. 氣철학을 발전시키는 데 앞선 戴震 또한 그런 사람이어서, 53세 때까지 여섯 번이나 응시했으나 급제하지 못했다.(周兆茂, 《戴震哲學新探》, 合肥: 安徽人民出版社, 1997, 6면) 한국에서 洪大容이나 朴趾源은 과거에 응시하지 않고, 양반의 특권을 누리면서 새로운 학문을 할 수 있었던 것과 좋은 대조가 된다.

모든 사람을 향해 과거에 급제해 신분적 특권을 누리도록 독려한 중국의 방식은 보수주의의 일반화를 가져왔다. 청조의 통치자들은 그뿐만 아니라, 지식인에 대한 직접적 탄압을 자행해서 비판의식과 진보적인 사상이 일어나지 못하게 막았다. 그 때문에 명대보다는 청대가, 명말·청초의 혼란기보다는 청대 안정기가 사상혁신에서는 오히려 후퇴했다. 중세에서 근대로의 이행기가 중국에서는 전반적으로 침체기가 되었다.

과거의 급제자들은 문헌편찬 사업에 종사하면서 미세한 고증작업에 정력을 소모하게 했다. 철학자의 시대는 가고 문헌학자의 시대가 도래하게 되었다. 만주족의 통치에 반대하는 기풍이 일어나지 못하게 하느라고, 이른바 文字獄을 일으켜 수많은 지식인을 죽였다. 考證學이라는 학문이 이루어져 문헌을 정밀하게 다루는 업적은 많이 축적했지만, 이치의 근본을 따지는 철학은 일어나지 못했다. 명말·청초에 王夫之가 크게 진전시킨 氣철학을 이어 발전시키는 사람이 없다가 戴震이 나타났으나, 기존의 성과를 오히려 후퇴시켰다고 평가된다. 그 점은 한국에서 氣철학이 崔漢綺에 이르기까지 계속 발전한 것과 좋은 대조가 된다.

일 본

일본에서 새 시대를 연 德川幕府의 통치자들은 신분제를 재확립했다. 이른바 '兵·農分離'에 따라 지배층인 '武士'와 피지배층인 농민을 엄격하게 갈라놓고, 신분이 바뀌지 못하게 했다. '무사'는 항상 칼을 차고 다니고, 다른 사람들은 칼을 차지 못하게 했다. '무사'는 '大名'이라는 主君을 섬겨 군사 및 행정의 실무를 담당하면서, 영주의 城이 있는 도시에 거주하고, 농촌에 가서 살면서 농민을 지배하지는 못하게 했다. '무사'의 신분은 장남에게만 세습하도록 해서 수가 늘어나는 것을 막았다. 농민은 농촌에서 살면서 농사일에 전념하게 했다. '무사'는 농민이 될 수 없고, 농민은 '무사'가될 수 없게 했다.

'兵·農'을 분리한 것과 함께, '兵'도 아니고 '農'도 아닌 또 하나의 신분인 '町人'의 지위와 임무를 규정한 것도 중요한 개혁이었다. '町人'이라고 하는 시민은 농촌에 거주하거나 토지를 소유할 수 없게 하고, 도시에서 상공업에 종사하도록 조처하고, 세금 내는 대가로 영업권을 보호했다. '町人'은 원칙상 농민과 같은 신분이고 별도의 신분은 아니며, '士·農·工·商'의 서열에서는 농민보다 하위에 있다고 간주되었으나, 실제상황에서는 '町人'이 '武士'의 권력에 버금가는 금력을 지녀, 농민보다는 상위에 있었다.

'士·農·工·商'이라는 동아시아 공통의 명분상 구분이, '武士'·'町人'·'農民'·'賤民'으로 개편된 것이 실제의 신분이었다. 그 넷은 신분에서뿐만 아니라 생업에서도 서로 넘나들 수 없는 자기 영역을 지키도록 했다. 그런 제도를 확립한 것은 대단한 능력이다.

'무사'는 권력을 가진 지배자이며, 국가에서 제정한 '石高制'라고 하는 제도에 따라 집단적으로 징수해 분배하는 소작료에 의거해서 살아갔다. '町人'은 상공업에 종사하는 시민이었다. '농민'은 국가에서 배정한 토지를 경작하는 일차적 생산자였다. '천민'은 농업 이외의 생산업이나 잡역에 종사하는 근로자였다. 그래서 신분과 계급이 거의 일치했다. 신분을 세분화해서 흔들리지 않게 하면서 계급투쟁을 막았다.

그런 사회구조가 기능상 훌륭하다고 당대의 통치자들이 자부하고 있었음을 山鹿素行(1622~1685)이 남긴 설명을 통해서 알 수 있다. '農·工·商'은 공통적으로 자기네가 바라는 것만 추구한다 하고, '農'은 "농사를 게을리 하고 부업에 힘쓰며", '工'은 "그릇 만드는 일을 소홀하게 하고 이익만 많이 얻으려고 하며", '商'은 "이익을 탐내 하고 싶은 대로 하고 간교함을 부린다"고 했다. 그런 무질서를 통제하는 것이 '士'의 임무라고 했다.

신분이 낮은 쪽부터 들고 높은 데로 나아가면서, 신분이 곧 직분인 원리를 제시하고, '士' 또한 고유한 직분이 있다고 했다. 동아시아에 공통되게 있던 '士・農・工・商'의 구분을 그렇게 명시하면서 '士'의 지배를 구체적으로 합리화한 것은 일본 특유의 기능적인 사고의 발현이라고 할 수 있다. 제도와 이론이 다 출중했다.

그런데 '武士'나 '町人'은 도시에만 거주하고, 농촌에는 없도록 한 것이 그 나름대로 문제점을 지녔다. 농촌에 거주하면서 농업에 종사하는 농민은 같은 신분이면서 계급의 분화를 일으켰다. '百姓'이라고 일컬은 농민 가운데 '本百姓'이라고 하는 사람들은 토지를 많이 가져 지주 노릇을 하면서, 마을 자치기구의 행정담당자 노릇을 하고, 山鹿素行이 부업이라고 한 영업체도 운영해 돈을 모았다. 다른 나라의 귀족과 같은 위치를 차지하면서 시민으로 변신할 수 있는 가능성을 키웠다.

그런 문제점이 부분적으로 있기는 하지만, '武士'나 '町人'을 농민과 분리시킨 것은 농업생산을 보장하고 사회변화를 막는 효과적인 방법이었다. 시민의 성장 때문에 생긴 사회 전반의 동요를 일본에서는 아주 모범이 되게 해결해서, 모든 신분이 자기 위치를 엄격하게 지켜 서로 섞이거나 이동하지 못하게 하면서, 시장경제의 발달을 억누르지 않고 허용하는 이중의 목표를 동시에 달성했다. 그렇게 한 곳은 일본뿐이다. 동아시아 다른 나라는 물론, 유럽에도 그런 예가 없다. 그 점에 관해서 다음과 같이 지적한 말을 주목할 만하다.(Thomas C. Smith, *Native Sources of Japanese Industrialization, 1750~1920*, Berkeley: University of California Press, 1988, 135~136면)

서양의 시민(bourgeoisie)과는 달리 일본의 町人(townsmen)은 귀족의 특권에 대해서, 실제로든 이론상으로든 도전한 적이 결코 없다. 그 사람들은 두 번째 순위의 정치적인 지위에 만족하면서, 돈을 벌고, 가정생활을 하고, 외설적이고 풍성한 도시문화를 즐기는 데서 행복을 누리는 것 같았다… 무사가 함부로 으스대는 것이 불만이라고 여기지 않았다. 개인적인 불만 때문에 복수를 하는 경우는 있었지만, 그런 불만을 이념의 수준에 이르게 하지 않은 데는 그럴 만한 이유가 있다. 개인적으로 받은 상처 때문에 옳고 그른 것을 가리는 원칙론을 전개하지는 않았다. 어쨌든, 町人은 武士의 정치적 우위를 인정하고, 武士가 무엇이든지 제 마음대로 바꾸어 위협이 되는 짓을 두려움을 느끼지도 않고 용인했다.

이러한 관습이 오래 누적되어, 지배층은 피지배층을 일방적으로 지배하면서 희생을 강요해도 반발을 사지 않는다. 일반 국민은 사회 전체의 향방을 결정하는 커다란 문제는 자기 소관사가 아니라고 여겨 돌보지 않고, 생활 주변의 사소한 관심사는 지나치다고 할 수 있을 정도로 치밀하게 따져 처리한다. 분수에 넘치는 짓은 하지 않고, 주어진 임무에 충실하는 데서 삶의 보람을 찾아야 한다는 방식의 분업이 아주 잘 이루어져, 사회 전체의 총체적인 시빗거리를 누구나 함부로 제기해 자기 생각대로 논란을 벌이는 것은 상상할 수 없는 일이다. 일상생활의 사소한 관심사를 어느 한 단면을 갈라내서 정밀하게 다루어 세공품으로 만드는 것은 문학 창작이나 학문 연구에서도 견지해야 마땅한 성실한 자세라고 한다.

중국에서는 신분을 지배층에 한해서 유지하고, 그 이하는 계급의 영역일 수 있게 방치하고, 일본에서는 신분을 시대 변화에 맞게 개편해 계급과 일치하게 한 것은 둘 다 획기적인 처사이다. 양쪽에서 다 중세에서 근대로의 이행기의 통치를 담당할 자격이 있는 정권이 자기네 실정에 맞는 현명한 판단을 했다고 할 수 있다. 그러나 중국에서는 이민족 통치자들이 자기네의 지배를 안착시켜야 하는 부담이 있어 사회 변화의 활력을 억압해야 했는데, 일본의 집권층은 사회를 온통 장악할 능력이 뛰어나서 더욱 슬기로운 방책을 마련했다고 할 수 있다.

그러나 중국이나 한국의 '士'는 '文士'인데 일본의 '士'는 '武士'인 것이 문제였다. 귀족이 원래 '무사'인 것은 유럽과 일본의 공통점이었으나, 유럽에서는 중세에서 근대로의 이행기로 들어설 때 '무사'가 '문사'로 바뀌었다고 할 수 있는데, 일본에서는 그런 변화가 일어나지 않고 '무사'의 지배를 재확인했다. 평화가 오래 계속되고 전쟁을 할 일이 없어져 '무사'가 행정실무가 노릇을 하게 되는 변화가 일어났지만, 그렇다고 해서 '문사'로서 필요한 사상이나 지식을 갖춘 것은 아니다. 農工商을 감독하고 통제할 수는 있어도, 정신문화의 창조물을 만들어 제공하는 또 하나의 생산업에 종사해서 사회를 총체적으로 풍요롭게 하는 데는 역부족이었다.

'町人'은 '士'로 상승하는 것을 바랄 수 없고, 농촌에 거주할 수도 없고 토지를 소유할 수도 없으니 '농민'이 될 길도 막혔으므로, 그 나름의 자부심을 가지고, 자기 직분에 충실해서 경제를 발전시키고 기술을 향상시켰다. 그 때문에 일본은 시장경제가 시작되는 변화가 중국보다 늦게 이루어졌으나 먼저 발전해, 18세기에 이르러서는 江戸와 大阪이 각기 인구 백만과 오십만의 거대한 상업도시로 성장했다. 조선통신사가 일본에 갔을 때 도시의 번영이 시장경제가 발달한 결과임을 이해하지 못하고, 농민을 착취한 결과라고만 여긴 데서 두 나라의 격차를 명확하게 확인할 수 있다. 상업도시의 번영이 후일 일본이 근대자본주의 국가로 성장하는 데 불가결한 기초가 되었다.

(James McClain and John M. Merriman, "Edo and Paris, Cities and Power", James McClain et al., ed., *Edo and Paris, Urban Life and the State in the Early Modern Era*, Ithaca: Cornell University Press, 1994, 13면에서 제시한 비교표에 따르면, 유럽에서 제일 큰 도시인 파리의 인구는 1790년에 66만으로 늘어나고, 江戸의 인구는 가장 늘어난 해인 1731년에는 107만에 이르렀다.)

그러나 그 반대의 측면도 있었음을 간과할 수 없다. 시민이 경제적인 실력은 크게 향상하면서도 정치적으로나 문화적으로는 '무사'에게 줄곧 억압되어 있어야 했다. 돈을 내거나 과거를 보는 것과 같은 방법으로 '町人'이 '무사'로 신분이 상승하는 길은 완전히 막혀 있었다. 또한 '무사'는 아무리 궁핍해도 '町人'이 하는 일을 하지 못했다. 시민의 귀족화도 귀족의 시민화도 이루어지지 않은 일본의 특수성 때문에, 역사 발전이 다각도로 또는 복합적으로 활기를 띠지 못했다. 오늘날 일본이 경제대국에 상응하는 다른 면의 발전은 이루어지지 않는 이유가 거기 있다고 할 수 있다.

월 남

월남의 경우에는 시민의 성장이 더디고, '吳商'이라고 일컬어지는 중국인이 시민 노릇을 하는 경우가 많아, 신분제를 개편하도록 촉구하는 힘을 발휘하지 못한 것이 전반적인 상황이다. 그런 추세를 뒤집으려고 하는 정치적인 운동이 있었던 것이 특이한데 성공하지 못했다. 그 뒤에 등장한 왕조는 혁신에 대한 반동으로 보수적인 성향을 두드러지게 지니고 시대 변화를 막았다.

西山운동이라고 하는 농민혁명이 성사되어 국권을 장악한 그 지도자 光中황제는 1788년부터 몇 년 동안 갖가지 개혁을 하면서 오랜 억압정책을 철폐하고 시민의 활동을 장려하는 것을 중요한 시책으로 삼았으며, 字喃 표기의 월남어문학을 과거 시험의 과목으로 삼았다.(Nguyen Khac Vien, *Vietnam, une longue histoire*, Hanoi: Éditiond en langues étrangères, 1987, 133~134면; Le Thanh Khoi, *Histoire du Viet Nam, des origines à nos jours*, Paris: Sudestasie, 1987, 330면) 그러나 1802년에 光中황제가 세상을 떠나자, 보수적인 왕조인 阮(Nguyen)朝가 들어서서 사태를 역전시켰다. 阮朝는 재래의 신분제를 그대로 유지하면서, 전통적인 방식의 과거를 통해서 관원을 선발했다.

월남의 阮朝는 중국 청조의 제도를 많이 받아들여, 표면상으로는 별 차이가 없는 것 같았다. 두 왕조를 비교한 것을 보면, 월남은 '士·農·工·商' 가운데 '工·商'이 차지하는 비중이 미미하고, 과거를 실시하는 절차가 중국의 경우보다 단순하고, 월남에서는 유학의 학설을 따져서 분별하기보다 두루 받아들인 정도의 차이점이 두드러진 것이라고 한다.(Alexander Barton Woodside, *A Comparative Study of Nguyen and Ch'ing Civil Government in the First Half of the Nineteenth Century*, Cambridge: Harvard University Press, 1971, 30~31·176~177·232~233면)

그러나 월남의 '士'는 중국의 경우처럼 과거에 급제해야 얻을 수 있는 신분이 아니었다. 보수적인 왕조를 위해 봉사하면서 출세하는 '士'도 있었지만, 서당 훈장 노릇이나 하고 시골에 머무르면서 농민과 친근한 관계를 가진 '士'도 있었다. 양쪽의 상관관계에 대해서 다음과 같이 한 말을 주목할 만하다.(Nguyen Khac Vien, "Le confucianisme", Alain Ruscio ed., *Vietnam, l'histoire, la terre, les hommes*, Paris: L'Harmattan, 1989, 88면)

일반적인 '士'는 ― 다시 말하면 그 대다수는 ― (모든 시대의 지식인이 그렇듯이) 의식적으로든 무의식적으로든 전통적인 지배 체제를 옹호했다. 그러나 민중과 가까운 관계를 가지고 살아가는 하위의 '士'도 있어 동전의 뒷면을 보지 않을 수 없게 한다. 전통사회가 "태평성대"의 안정을 누릴 때에는 '士'는 벼슬을 했든 벼슬을 하지 않았든 국왕에 대해서 함께 충성하면서 경전 주석에 대해서도 견해가 같다. 그러나 끔찍한 홍수 또는 오랜 가뭄이 오거나, 국왕의 통치가 잘못되면, 농민들은 분개해서 반란을 일으킨다. 시골의 '士'는 운동의 선두에 서서, 유교의 인본사상과 윤리를 들어서 왕조를 전복하는 강령으로 삼는다. 또한 孔子의 이름을 내세우면서,

벼슬한 '士'는 "도적"의 반란을 진압하는 관군을 지휘한다.

벼슬해 국왕을 섬기는 '士'와 벼슬하지 않고 시골에서 농민과 함께 살아가는 '士'가 서로 같고 다른 관계를 아주 잘 설명했다. 그 둘은 같은 신분이므로 나라가 편안할 때에는 동질적인 의식을 가지다가, 농민의 항거가 일어나는 위기의 상황에서는 서로 다른 계급이어서 같은 원천을 이용해 반대가 되는 주장을 편다고 했다. 그런 일이 중국이나 일본에는 없고, 한국에는 있어 서로 공통된다. 그러면서 월남의 '士'가 민중과 더욱 가까운 관계를 가졌다.

한 국

한국은 중세에서 근대로의 이행기에 이르러서도 왕조교체를 하지 않은 보수적인 나라이다. 한국을 무대로 벌어진 동아시아의 국제전인 임진왜란을 겪고 그 충격 때문에 중국에서는 明이 淸으로 교체되고, 일본에서는 德川幕府가 들어섰다. 그런데 가장 큰 피해를 겪은 한국에서는 왕조교체가 일어나지 않고 조선왕조가 지속되었다. 그래서 시대 변화에 적극적으로 대처하지 못했다. 무엇이 문제인가 파악해 제도를 고칠 능력이 없었다. 淸朝나 德川幕府에서는 새 시대에 맞는 신분제를 마련한 것과 달리, 조선왕조는 재래의 신분제를 그대로 유지하면서 양반의 지배를 온존시키려고 했다.

그러나 시대가 달라졌기 때문에 그럴 수 없었다. 신분제를 그대로 유지하려고 하다가 시대 변화에 아무 대책 없이 휘말려 신분제가 망가지고 무너지는 결과를 초래하고 말았다. 양반이 크게 늘어나 전 인구의 60% 이상 되도록 방치해 양반이 지배신분일 수 없게 했다. 중국과 일본에서는 신분제를 개조했기 때문에 지속되었는데, 한국에서는 그대로 두고 지키려고 하다가 그 반대의 결과에 이르렀다.

양반이 대폭 늘어나게 된 이유는 수를 제한하는 장치가 미비했기 때문이다. 중국의 '紳士'는 과거급제자만이고, 일본의 '武士'는 장자에게만 세습되는 신분인 것과 달리, 한국에서는 '양반'의 자식이면 누구나 '양반'이어서, 수가 늘어나게 마련이었다. 상민이 과거에 급제해 양반이 될 수 있는 길도 열려 있었다. 나라에 공이 있는 사람은 누구든지 가리지 않고 설사 노비라도 '양반'이 되게 하는 관례가 있어서 상승의 길이 열려 있었다.

(최승희, 〈조선후기 原從功臣錄勳과 신분제 동요〉, 《한국문화》 22, 서울: 서울대학교한국문화연구소, 1998에서 밝힌 바에 의하면, 1606년부터 1728년까지 국가에 공이 있어 공신이 된 사람들 총원 37,230인 가운데 중인 이하의 신분이 14,572인[39%]이다. 그 인원인 14,572인이 양반의 신분을 획득했다. 중인 이하의 신분을 다시 나누어보면, 중인은 3,945인[27%], 양인은 5,967인[41%], 身良役賤은 1,231인[8%], 천인은 3,429인[24%]이다. 중인이나 양인은 물론, 천인도 다수 양반으로 상승했다.)

그러나 양반이 대폭 늘어난 이유가 제한하는 장치가 미비했기 때문이라고 하고 말 것은 아니다. 제도 자체에서는 조선전기와 조선후기에 큰 차이가 없었지만, 조선전기에는 7% 정도에 머무르고 있던 양반의 수가 60% 이상 늘어난 이유는 모든 가능한 방법을 이용해서 양반이 되고자 하는 사람들이 대거 나타났기 때문이다. 나라에 돈을 내서 양반의 신분을 얻고, 양반의 족보에 편입하고, 없던 족보를 만들어내고 하는 등의 방법으로 양반이 되고자 한 사람들은 그 비용을 감당할 만한 부자이다. 화폐경제적인 활동을 해서 재력을 얻은 시민이 그렇게 하는 데 앞장서고, 농촌에서 지주가 되거나 자영농으로 성공한 상민도 그 대열에 들어섰다. 그것은 기이한 일도, 예외적인 현상도 아니다. 시민이 귀족화하는 통상적인 방법이 그렇게 구체화되었다.

그런 변화를 당대인이 인식하고 문제로 삼은 것은 당연한 일이었다. 丁若鏞은 "凡持族譜來訴者 十無一眞"(무릇 족보를 가지고 관가에 소송을 하러 오는 자 가운데 진짜는 열의 하나도 되지 않는다)고 했다.(《牧民心書》 권8 〈兵典簽丁〉, 《與猶堂全書》 5, 서울: 경인문화사, 1970, 488면) 또한 "所謂忠義衛者 功臣嫡長孫之所宅也 今賤流奸民 造作僞譜 冒居忠義者 甚多"(이른바 忠義衛라는 곳에는 공신의 嫡長孫이라야 소속되는데, 지금은 천한 무리 간사한 백성이 족보를 위조해서 충의위의 경력을 가졌다고 스스로 칭하는 자가 아주 많다)고 했다. (《經世遺表》 권2 〈夏官兵曹第四〉, 《與猶堂全書》 5, 23면)

朴趾源은 〈兩班傳〉을 써서 신분이 천한 부자가 양반의 빚을 대신 갚아주고 양반의 신분을 사는 사건을 희화적인 수법으로 그렸다. 돈이 있으면 기존 양반의 동의를 얻어 양반이 될 수 있다는 것은 사실이지만, 양반의 신분을 사고 팔아, 전의 상민은 양반이 되고, 전의 양반은 상민이 된다고 하는 것은 풍자를 위한 과장이다.

실제 상황에서는 양반의 신분을 판 쪽도 계속 양반이다.〈許生傳〉에서 그린 것과 같은 빈곤한 양반이라도 양반이었다. 한 번 양반이면 영원한 양반이었다.

중국이나 일본과는 달리 한국에서는 중세에서 근대로의 이행기 정권이 현명한 대책을 세우지 못해 양반의 수가 계속 늘어난 것이 반드시 불행이었다고 할 수 없다. 그 점에 관해 관점에 따라서 다르게 평가할 수 있다. 정약용은 그런 상황을 두고 개탄만 하지 않았으며, 도리어 긍정적으로 이해할 수 있다는 탁견을 보였다. 중국의 '生員'은 당대에 그치는데 한국의 '兩班'은 대대로 이어지고 수도 정해져 있지 않아 폐단이 더 크다고 하다가, "使通一國而爲兩班 卽通一國而無兩班矣"(나라 사람이 다 양반이 되게 하면, 온 나라에 양반이 없어질 것이다)라고 했다.(〈跋顧亭林生員論〉,《與猶堂全書》1, 296면) 결국 그 말대로 되었다.

오늘날의 연구자들은 신분의 변동을 숫자로 헤아린다. 대구의 호적을 자료로 조사한 바에 따르면, 1690년에서 1858년 사이에 양반은 9.2%에서 70.3%로, 상민은 53.7%에서 28.2%로, 노비는 37.1%에서 1.5%로 바뀌었다.(四方博,〈李朝人口に關する身分階級別的觀察〉,《朝鮮經濟の硏究》, 서울: 京城帝國大學, 1938) 양반의 증가가 특히 두드러진다. 울산의 호적에 나타난 신분별 호수 변동을 계산한 바에 따르면, 1726년에서 1867년 사이에 양반은 26.29%에서 65.48%로, 상민은 59.78%에서 33.96%로, 노비는 13.93%에서 0.56%로 바뀌었다.(정석종,〈조선후기 사회신분제의 붕괴 ― 울산부 호적대장을 중심으로〉,《조선후기사회변동연구》, 서울: 일조각, 1983) 노비의 감소가 뚜

렷하게 나타난다. 山陰과 丹城의 호적을 자료로 계산한 바에 따르면, 1678년에서 1786년 사이에 양반은 13.1%에서 31.1%로, 상민은 35.1%에서 39.8%로, 노비는 46.5%에서 8.0%로 바뀌었다.(이준구, 《조선후기身分職役변동연구》, 서울: 일조각, 1993) 상민이 다소 늘어난 것은 노비가 줄어들면서 상민이 되었기 때문이다.

지역이 다르고, 자료 보존상태에도 차이가 있고, 계산한 연도도 같지 않으나, 그 세 자료에서 얻은 결과는 거의 공통된다고 할 수 있다. 양반의 격증, 상민의 격감, 노비의 실질적인 소멸을 확인할 수 있게 하는 점이 서로 일치한다. 1690년에 양반이 9.2%이었다는 것은 통상적인 비중이 약간 늘어났기 때문이라고 생각된다. 그런 정도의 양반이 65.48% 또는 70.3%로 늘어난 것은 커다란 변화이다. 상민이 대거 양반으로 바뀌어서 그렇게 되었다. 노비가 양민으로 바뀌어 양민이 늘어난 것보다 상민이 양반으로 바뀐 숫자가 더 많아, 양반은 격증하고, 상민은 격감했다.

양반이 그렇게 늘어난 결과 양반이라고 하더라도 경제적인 처지가 달라져서 서로 다른 계급에 속했다. 그래서 양반이 계급이라고 하는 견해는 전혀 부당하다. 경제적 처지가 열악해진 양반은 "農‧工‧商에 참여치 않을 수 없게 되었으며, 심지어는 남의 머슴으로까지 전락"했다. 그러면서 다른 한편으로 "지방사회에서 꾸준히 상승하는 세력층"이 대두해서 양반신분을 획득했다. "18‧19세기에 있어서는 신분상의 우월은 명목화되었으며, 경제적인 관계가 사회관계에서 가장 중요한 역할을 하는 차원으로 모든 관계가 변천되고 있었다"고 한 것이 타당하다.(정석종, 앞의 책, 199면)

재래의 양반 가운데 다수는 몰락해 빈민이 되는 반면에, 상승하는 세력층인 시민이나 부농이 양반의 신분을 새롭게 얻었으며, 그 수가 나날이 확대되었다. 경제적인 실력이 없는 하층민조차도 호적에 양반이라고 등재되고, 양반가문의 족보에 편입되었을 뿐만 아니라 그런 기회를 얻지 못해도 양반이라고 행세했다. 1894년의 갑오경장에서 신분제를 폐지한다고 선언했는데, 실제 상황에서는 양반이 없어진 것이 아니고 누구나 다 양반이 되었다. 그래서 양반은 허울뿐인 신분이 되었다. 허울뿐인 양반 신분을 누구나 다 가져 평등한 사회가 되었다.

오늘날까지의 변화 과정

중국에서는 1911년에 신해혁명을 겪고 과거제를 철폐하자, 신분제가 사라지는 것과 함께 '신사'가 없어졌다. 누구든지 다 평민이 되어, 평등한 근대사회가 이룩되었다. 그렇게 한 것은 하향평준화이다. 모든 사람이 평민이 되었을 때 사회주의 혁명이 일어나, 지식인보다 노동자를 존중해야 한다고 했다. 뇌수술을 하는 지식인보다 머리를 깎는 노동자가 대우를 더 잘 받아야 한다는 사회를 만들었다. 그 때문에 불만을 가져도, 지식인은 무력하다.

일본의 경우에는 신분이 그대로 유지되면서 '町人'이 하던 경제활동이 비약적으로 발전해 근대화했으나, 평등이 실현된 것은 아니다. 1868년의 明治維新은 '町人'이 아닌 '武士'가 주도한 변혁이어서, '귀족혁명'이라고 일컬어지기도 한다.(Thomas C. Smith, 앞의 책,

133~147면의 "Japan's Aristocratic Revolution") '町人'은 경제적인 이득을 취하는 데 몰두해 정치적인 불만은 가지지 않았던 반면에, '무사'는 궁핍화되고 무력화된 데 불만을 가져 幕府체제를 거부하고 통일국가를 이룩할 것을 요구했다. 변혁을 주도한 '무사'들은 신분에 따른 거주와 생업의 제약을 철폐했다. 그래서 자기네가 '町人'의 업종인 상공업에 적극 진출해 政·經 양면에서 국가를 경영했을 따름이고, 평등사회를 이룩하려고 한 것은 아니었다. 1880년의 일본 정치인은 '武士' 출신이 79%, '町人' 출신이 3%, 농민 출신이 6%이고, 실업가는 '武士' 출신이 23%, '町人' 출신이 55%, 농민 출신이 22%였다.(Tadashi Fukutake, Ronald P. Dore tr., *The Japanese Social Structure, its Evolution in the Modern Century*, Tokyo: University of Tokyo Press, 1989, 59면) '武士'는 실업가가 되었으나, '町人'은 정치인이 되지 못했다.

明治維新을 할 때 '天皇'을 신비적인 통치자로 만들면서, '士族' 대신에 '華族'과 '貴族'을 최고의 신분으로 등장시키는 방식으로 신분제를 재확립했다. 종래의 지배신분 '士族'을 이루고 있던 '무사'에게는 보수를 지불하지 않고, 신분상의 특권과 제약을 버리도록 해서, 도시에서 '町人'의 영역인 상공업에 종사하거나 농촌으로 가서 지주나 자작농이 되거나 각기 살길을 찾도록 했다. 그 점에서는 신분제를 청산한 것 같다. 그러나 다른 한편으로는 '士族' 가운데 유력자나 유공자에게 한층 높은 '貴族'의 신분을 부여해 유럽의 방식을 본떠서 만든 귀족의 칭호를 세습하도록 해서 시대 변화를 역행했다. '華族'은 과거 지방의 통치자인 '大名華族', 새로운 왕조의

공로자인 '官僚華族', '天皇'의 친척인 '公家華族'으로 이루어졌다.(瀧
川政次郞,《日本社會史》, 東京: 刀江書院, 1938, 357~371면)

그 시기에 '賤民'에 대한 차별도 철폐한다고 했으나 명목상의 조
처에 지나지 않았다. '천민'을 차별하는 관습은 거듭되는 반대운동
이 있었어도 지금까지도 엄존한다. '部落民' 천대는 이해하기 어려
운 기이한 현상이라고 지적된다.(Hiroshi Wagatsuma and George de Vos,
"The Outcaste Tradition in Modern Japan: a Problem in Social Self-Identity",
R. P. Dore ed., *Aspects of Social Change in Modern Japan*, Princeton:
Princeton University Press, 1967에서는 일본에서 이루어지고 있는 '部落
民' 천대는 미국사회의 흑인 차별과도 달라, 경제적이거나 사회적인 이
유를 들어 합리적으로 이해하기 어려운 현상이라고 했다.)

그러나 다른 측면도 함께 살펴야 한다. '天皇'을 신성화하기 위
해서 다른 한편에서는 '부락민'은 천하다고 멸시해야 그 나름대로
논리적 일관성이 있다. '천황'의 혈통은 신성하다고 하려면, 그 반
대쪽 '부락민'의 혈통은 더럽다고 해야 한다. '부락민'과 혼인해서
더러운 혈통이 정상적인 일본인 사이에서 퍼지는 것을 절대로 용
납할 수 없다고 하는 것이 '천황'의 신성한 혈통에 대한 숭앙과 표
리를 이룬다.

'부락민' 해방운동이 일어났어도 큰 힘을 발휘하지 못했다. 島崎
藤村이 1906년에 내놓은, 일본 최초의 근대소설이라고 하는《破
戒》에서, '부락민' 해방 문제를 다루었다. 교사가 된 '부락민' 청년
이, 신분을 감추어야 한다고 하는 아버지의 훈계를 어기고, 자기가
'부락민'임을 공개하는 용기를 가지고, 부당한 편견과 맞서 싸우기

로 결심했다. 그러나 그 때문에 커다란 파문을 일으켰을 따름이고, 동조자를 얻을 수는 없었다. 그 뒤 거의 한 세기가 지난 오늘날에도 '부락민'은 신분을 감추면서 살아가려고 하고, 드러내놓고 투쟁하지는 못한다.

'천황' 숭배와 '부락민' 천대는 신분제가 무너져가는 데 대한 반동이다. '士民'의 신분이 흔들리는 것을 위기상황이라고 여겨, '良賤'의 양극단을 더욱 엄격하게 지켜 더 큰 범위에서 질서의 근본을 유지하고자 한다. 아이누인 같은 이민족, 재일한국인을 비롯한 여러 외국인은 '부락민'과 같은 위치에 있다고 여겨 함께 천대해 일본인의 단합을 꾀한다.(Joy Hendry, *Understanding Japanese Society*, London: Routledge, 1987, 82~84면에서 그 점에 관해 고찰하고, 서양인과의 혼혈아를 배척하는 것도 문제 삼았다.)

상하 양극에 속하지 않은 중간 위치의 일본인이라도 다면적인 위계질서에 따라 자기 위치가 정해져 있다. 직장의 직급, 학교의 선후배, 연령 등이 위계질서를 결정하는 기준이다. 누구든지 자기가 위계질서의 어느 위치에 속해 있다는 것을 알고서 자기 직분에 충실하는 것이 마땅하다고 한다.(위의 책, 84~92면에서 그 양상을 다각도로 분석했다.) 그런 방식으로 '町人'의 관습이 이어지고 있어, 사회가 안정되어 있는 반면에 혁신을 위한 활력은 모자란다. 평등을 요구하는 혁명적 투쟁이 없었기 때문에 오늘날 일본에는 계급의식보다 신분의식이 더 강한 것이 일본사회의 특징이라고 지적된다.(Thomas C. Smith, 앞의 글, 140면) 아들은 아버지와 처지가 달라지는 사회변동을 국제적으로 비교한 결과, 일본은 그 비율이 특히 낮은 것으로 판명되었다.

(육체노동자와 비육체노동자의 변동성[manual/non-manual mobility]을 1960년대에서 1970년대 동안에 선진 19개국에서 조사해 백분율로 나타낸 결과를 비교하면, 일본이 20.8%여서 가장 낮고, 그 다음이 25.2%인 이탈리아이며, 캐나다가 가장 높아서 37.5%이고, 그 다음이 37.0%인 스웨덴이다. Malcom Hamilton and Maria Hirszowicz, *Class and Inequality in Pre-industrial, Capitalist, and Communist Societies*, Brington, Sussex: Wheatsheaf, 1987, 199면)

월남은 근대화를 위한 개혁을 스스로 하지 못한 채 1860년대에 프랑스 식민지가 되었다. 프랑스는 월남사회의 변혁을 원하지 않고, 자기네 이해관계와 직결되지 않은 영역에서는 중세가 지속되는 것이 바람직하다고 여겼다. 형식상 존속되는 왕조에서 1919년까지 과거를 실시할 수 있었던 것이 그 때문이다. 철도, 도로, 항만 등의 시설도 최소한 줄여서 한 것이 서로 연관되는 사항이다.

그런 조건에서도 '士'의 우위가 무너지고, 시민이 성장하고, 신분제가 철폐되었다. 식민지 통치하에서 제한된 범위 안에서 자본주의 경제가 성장한 것보다 식민지 통치에 대해 전면적인 항거가 일어난 것이 변화를 위해 더 큰 촉진제가 되었다. 독립을 되찾기 위한 싸움을 처음에는 '士'가 주도하다가, 새로운 지식인이 그 자리를 이어받고, 다시 민중이 항거의 주역이 되면서 사회가 근본적인 변화를 겪었다. 독립 후에 사회주의국가가 되어, 중국의 경우와 같이 누구나 다 평민이 되는 평등사회를 이룩했다.

한국에서는 1894년의 갑오경장에서 신분제를 철폐한 뒤에 양반의 족보를 만든 사람이 더 많아져 마침내 모든 국민이 양반이 되어 평등사회가 이루어졌다. 정약용이 예견한 결과에 이르렀다. 일본은 식민지 통치를 하면서 한국에서도 신분제를 재확립하려고 했으나 뜻을 이루지 못했다. 누구나 양반이라고 자부하면서 상위의 양반이 따로 있다고 인정하지 않고, 천민에 대한 차별도 없는 사회가 되었다.

그렇게 해서 이루어진 계급관계는 경제적인 평등과는 거리가 멀었다. 신분제의 철폐는 자체의 역량으로 바람직하게 이룩했으나, 계급사회 형성에서는 일제가 바람직하지 않은 방향으로 개입했다. 일제는 식민지통치를 시작하면서 토지조사사업을 실시해, 근대적인 소유권을 확립하는 획기적인 조처를 한다 하고서, 소수의 지주가 토지 소유권을 독점적으로 가지고 대다수의 농민은 토지에 대해서 아무런 권리도 인정받지 못한 소작인이 되도록 했다. 그래서 신분상의 평등과 계급상의 불평등이 공존해서, 계급상의 불평등을 시정하기 위한 투쟁이 격렬하게 일어났다. 소작쟁의나 노동쟁의가 계속되면서 독립운동과 연결되었다.

계급상의 불평등을 시정하고 평등한 사회를 이룩하자는 요구는 어디서나 공통되게 있었지만 구체적인 양상은 서로 달라, 오늘날까지 이어지고 있는 한국의 특성을 확인할 수 있다. 한국에서는 중국의 하향평준화와는 다른 상향평준화에 의해 신분제를 철폐했으므로, 사회적 존재로는 불평등의 맨 하위에 있는 사람들이라도 의식에서는 최상의 위치에 서고자 한다. 신분제의 유산을 존중하는 일본인처럼 주어진 위치와 생업을 지켜야 한다는 생각을 하지 않아, 한국인은 안착된 생활을 거부하고 생업을 자주 바꾸고 이사를 빈번하게 하며, 자식 세대는 어떻게 하든 상승하기를 바란다. 어떤 권위도 인정하지 않고 반발하면서, 나라를 일거에 바로잡을 식견이 있다고 자부하는 사람들이 전국에 넘쳐, 우려할 만한 혼란과 기대에 찬 가능성이 교차한다.

전통사회의 공통된 지배계급인 '士'가 중국에서는 '紳士'로, 일본에서는 '武士'로, 한국과 월남에서는 '文士'여서 각기 그 나름대로 특성도 가졌다. 지금에 와서는 그 공통점보다 특성이 더욱 부각되고 있다. 그 공통점에 대한 역사적인 연구보다는 특성에 대한 평가가 더욱 긴요한 관심사로 등장하고 있으면서, 그 내용이 아주 상반된다.

중국의 경우에는 '신사'가 아무런 긍정적인 의의를 가지지 못하므로 배격하고 청산해야 할 존재라고 한 글이 있어 주목할 만하다. 1947년에서 1948년까지 기간 동안에 국민당과 공산당 가운데 어느 쪽에도 기울어지지 않으려고 한 중립적인 사회학자 費孝通이 신문에 발표한 논설이어서 공론을 대변했다고 볼 수 있다. 거기서 '신사'에 대해서 다음과 같이 비판했다.(Margret Park Redfield revised and edited, *China's Gentry, Essays in Rural-urban Relations by Hsiao-Tung Fei* 〔費孝通〕, Chicago: The University of Chicago Press, 1953, 58·74면)

정치권력을 장악하려고 시도하지 않고, 황제의 은덕에 종속되어 안전을 도모하기만 했다… 기술에 관한 지식이 없어, 기술의 진보를 평가할 수 없다… 사람과 사람 사이의 관계를 바꾸어놓아야 할 이유가 없다고 했다.

일본에서는 '武士'가 지닌 '武士道'를 크게 평가하자는 주장이 상당한 영향력을 가진다. 근대의 군국주의자들이 앞장서서, '무사도'를 온 국민이 이어받아 근대국가의 정신적 지주로 삼아야 한다는 데에 좌익은 반대한다. 그 때문에 심각한 논란이 벌어지고 있다.

'무사도'를 일본정신의 핵심으로 평가해 널리 소개하고 선전한 책이 우익의 견해를 대변하고 있다.(Inazo Nitobe, *Bushido, the Soul of Japan, an Exposition of Japanese thought*, Philadelphia: The Leeds and Biddle, 1899가 일찍이 영문으로 먼저 이루어지고, 그 번역판 新渡戸稲造, 矢内原忠雄 譯, 《武士道》, 東京: 岩波書店, 1938이 문고판으로 나와 판을 거듭하면서 계속 국민필독서 노릇을 하고 있다.) 거기서 '武士道'는 '義', '勇', '仁', '禮', '誠', '名譽', '克己' 등의 정신을 핵심으로 한다고 했는데, 그 내역을 보면 유교도덕의 변용이라고 할 수 있다. '仁·義·禮·智' 가운데 '智' 대신에 '誠'이 들어가 정신적인 자세가 강조되고, '勇'·'名譽'·'克己'를 든 데서는 '文士'와는 다른 '武士'의 특징을 부각시켰다. '武士道'는 유럽의 '騎士道'하고나 견줄 수 있는 일본 특유의 전통이라고 하고, 그 둘은 서로 대등한 의의를 가지면서 장래에도 계속 긍정적인 구실을 해야 마땅하다고 했다.

'무사도'를 그렇게 평가하는 데 대해서 동의하지 않는 사람들은 다른 견해를 편다. '무사도'에 지나친 의의를 부여하는 국수주의적인 발상을 버리고 사실을 바로 보자고 한다. 일본의 '무사'는 학문하는 사람이 아니었으므로, 일본은 문화수준이 낮을 수밖에 없었던 것이 커다란 손실이었다고 한다. 다음과 같은 발언이 그 좋은 본보기이다.(Chie Nakane et al., ed., *Tokugawa Japan, the Social and Economic Antecedents of Modern Japan*, Tokyo: University of Tokyo Press, 1990, 228면)

중국이나 한국에서는 학문이 상층민이 되는 전제조건이었다. 일본에서는 학자로 이름난 '무사'가 있기는 했지만, 학문을 하는 것이 '무사'가 되는 절대적인 조건이 아니어서, '무사'에게는 학문을 하는 강한 전통이 없었다. 도덕의 지침이 되기 때문에 유교를 존중했을 따름이고, '무사'라는 집단이 사회에 학문적 영향력을 끼친 것은 아니다… 德川幕府 시절에 '무사'가 학문적인 기여를 제대로 하지 못한 것이 오늘날 일본은 다른 사회에서처럼 순수한 학문을 존중하지 않은 이유의 하나이다.

월남은 사회주의 국가가 되었지만, '士'가 사회를 지배했던 과거를 부정적으로 평가하지 않고 오히려 자랑스럽게 여긴다. 오늘날의 사회주의 월남 학계를 대표하는 학자가 월남의 '士'에 관해서 다음과 같이 평가한다. 중국의 평가와 아주 다른 점을 주목할 필요가 있다.(Nguyen Khac Vien, "Le confucianisme", Alain Ruscio ed., *Viet Nam, l'histoire, la terre, les hommes*, 82면)

종교가 대단한 힘을 가진 서양에서는 몇 세기 더 기다려야 했으나, 월남은 15세기부터 "세속화"했다. 피안에 대한 희망은 키우지 않고, 유학자는 공부를 하고, 자기완성을 하고, 사회윤리를 분명하게 하는, 순수하게 인간적인 일에 노력을 집중했다…

학업을 중요시하는 것이 유학자의 기본 특징이다. 과거 준비를 하면서 공부를 하는 사람이 훌륭한 사람이었다. 월남에서는 기사나 '사무라이' 등의 칼잡이들은 존중하지 않았으며, 국가 통치에서 문인이 무인보다 우위에 있었다.

월남에서는 칼잡이들이 아닌 문인이 국가를 통치한 것은 평화가 지속되었기 때문이 아니다. 과거의 역사에서 월남은 중국의 침공을 거듭 받으면서 나라를 구하는 전쟁을 문인이 지휘했다. 송나라의 침공을 물리친 李商傑, 명나라와 싸워 이겨 독립을 되찾은 阮鷹가 그런 인물이어서 민족의 영웅으로 존경받는다. 또한 프랑스 식민지 통치를 겪고, 민족해방투쟁을 하는 동안에 자기네 유학이 유럽보다 앞선 선진사상이었음을 재인식하고, 월남은 무인이 아닌 문인을 지도자로 한 나라여서 자랑스럽다고 했다. 민족해방투쟁의 지도자 胡志明도 군인이 아니고 문인이어서 李商傑과 阮鷹의 위업을 계승할 수 있었다.

한국에서는 '양반'이라는 말과 '선비'라는 말이 함께 쓰이면서 '士'에 대한 상반된 평가를 한다. '양반'은 부정적인, '선비'는 긍정적인 의미를 가진 말로 통용된다. '양반'을 '선비'라고 하면 특권층이라는 뜻은 사라지고 고결한 정신을 가진 점이 훌륭하다는 평가가 이루어진다. 모든 '양반'이 '선비'는 아니므로, 과거의 '양반' 가운데 '선비'를 가려내는 것이 긴요한 연구과제라고 한다. '선비정신'을 이어받아야 한다는 데 대해서 별다른 반론이 없다. '선비정신'이 무엇인지 정리해 논한 책에서 선비를 다음과 같이 높이 평가했다.(금장태, 《한국의 선비와 선비정신》, 서울: 서울대학교출판부, 2000, 267면)

선비는 그 사회의 정당성을 수호하는 양심이요, 그 시대의 방향을 투시하는 지성이었으며, 모든 사람이 본받아야 할 인격의 모범이요 기준으로서 인식되었다. 선비는 온화하고 꿋꿋하며, 단아하고 고 겸허하여야 한다. 또한 선비는 근면하고 검소하며, 청렴하면서도 마음이 항상 넉넉하여야 한다.

'士'에 대한 평가의 차이는 오늘날의 문학과 바로 연결된다. 중국의 작가는 '紳士'의 과오를 물려받지 않겠다고 다짐하는 쪽에 서고자 한다. 일본의 작가는 '武士'의 전통을 잇고자 하는 우익과 그 반대쪽의 좌익으로 나누어져 있다. 월남에서는 자기네 '士'가 민족해방투쟁을 이끈 역사를 되새기는 것을 역사 연구와 문학 창작 양쪽의 소중한 과제로 삼고 있다. 한국의 작가는 스스로 의식하지 않더라도 '선비'의 기개와 사명감을 본받아, 초야에 묻혀 있으면서도 역사의 방향을 바로잡아야 한다고 쟁론하는 상소문과 상통하는 작품을 쓰고자 한다.

일본은 제국주의국가가 되고 침략자로 나서서 권위주의적인 질서가 재확인되고, 새로운 신분제를 굳혔다. 그런데 중국은 유럽의 침략에 시달리고, 일본의 침공에 대항하면서 기존의 지배질서가 흔들리고 밑으로부터의 변혁이 이룩되었다. 월남과 한국은 식민지에서 해방되기 위한 투쟁을 장기간에 걸쳐 진행하면서 중세에서 근대로의 이행을 제3세계의 방식으로 경험하는 변화를 뚜렷하게 겪었다.

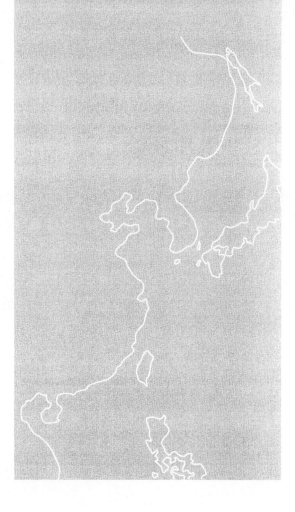

제 4 부

4-1. 儒・佛・道家의 사고형태

보편적 사고의 유산

앞에서 유럽인들만 세계인 노릇을 하고 있는 잘못을 시정하기 위해 孔子가 세계인이게 해야 한다고 했다. 공자뿐만 아니라 老子나 釋迦도 세계인이어야 한다. 동아시아 또는 아시아 전체의 후대 학자들 가운데도 세계인 유자격자를 여럿 찾아내 인류 전체를 위해 기여할 수 있게 해야 한다. 세계사의 파행적 진행을 바로잡아야 한다. 가만 두면 저절로 그렇게 되는 것은 아니다. 연구하고 평가해서 가치가 발현될 수 있게 해야 한다.

세계인이게 한다는 것은 보편적인 가치를 확인하고 이어받자는 말이다. 삶의 자세를 되돌아보고, 생각의 틀을 마련하고, 이치를 탐구할 때 도움이 되는 바 있어 계속 되돌아보자는 것이다. 이미 있어온 자산을 새롭게 이용하는 것이 창조이다. 자산은 많을수록

좋은데 지나치게 엄격하게 감정해 닥치는 대로 불합격시켜 쓰레기
통에 버리는 것은 어리석다.

유럽문명권에서는 웬만한 유산은 모두 찾아내 갈고 다듬어 가치
를 보태 세계에 내놓고 자랑한다. 동아시아에서는 그렇게 하지 않
고 유산 버리기를 일삼는 것은 열등의식이나 패배의식 탓이다. 유
럽문명권이 세계 자체이거나 세계의 중심이고, 우리는 그 주변에
밀려나 있는 초라한 존재라는 그릇된 생각을 이제 버려야 한다. 세
계에는 고정된 중심이 없고, 역사 발전의 주동자는 교체된다.

어느 쪽의 유산이 그 자체로 더 낫다고 하기는 어렵다. 그러나
유용성은 가릴 수 있다. 유럽문명권의 유산에도 소중한 것들이 많
지만, 거의 다 써먹어 새삼스러운 가치가 남아 있지 않다. 뒤늦게
열심히 공부해도 얻을 것이 별반 없다. 이미 해놓은 연구를 받아들
여 찬사를 보태는 것은 연구가 아니다.

동아시아의 유산은 근대에 들어서면서 돌보지 않고 버려두어 새
롭게 활용할 수 있는 가치가 많이 남아 있다. 유럽문명권의 유산은
근대를 이룩하는 데 긴요하게 쓰였고, 동아시아의 유산은 근대를
극복하고 다음 시대를 이룩하는 지침으로 활용할 수 있다. 부당하
게 폐기된 설계도를 찾아내 새로운 집을 짓는 데 쓸 수 있다. 이
일을 누구나 할 수 있지만 멀리 있는 이들보다 우리가 더 잘 한다.

탐구의 대상과 방법

공자를 앞에다 내놓았지만 공자만 다루자는 것은 아니다. 儒·

佛·道家를 함께 든다. 儒·佛·道家는 옛 사람들이 三敎라고 하던 세 학문이다. 그 셋을 원천이 되는 저술을 들어 고찰하면서 생각의 틀로서 어떤 의의가 있는지 말하고자 한다.

그 셋은 다 필요하고, 함께 있어야 한다. 셋 가운데 어느 하나를 절대화하고 다른 둘은 배척하면 편협해진다. 어느 하나를 종교의 교리로 삼아 보편적인 사고를 할 수 없게 하는 것은 잘못이다.

儒·佛·道家는 크게 보면 세 가지 공통된 내용이 있다. (가) 나날이 살아가는 자세를 말한다. (나) 이치를 탐구하고 논의하는 데 필요한 생각의 틀을 제공한다. (다) 사람이 지닌 근본적인 고민을 해결하는 방안을 말한다. 이 셋에 관해 어느 정도의 관심을 보였는 가는 서로 다르다. 유가는 (가)에 큰 비중을 두고, (다)는 상대적으로 소홀하게 여겨 특별한 방책을 제시하지 않았다. 불가는 (가)는 버려두고, (다)로 나아가는 깨달음의 길을 힘써 말해주려고 했다. 도가는 그 둘의 중간 정도의 위치에 서서 (가)나 (다)보다는 (나)에 대해서 더 많은 관심을 보였다.

(나)는 셋을 함께 논의할 수 있는 공통된 영역이며, 재평가해서 이어받아야 할 소중한 유산이다. 유가에서 말하는 (가) 나날이 살아가는 자세는 오늘날 와서 그대로 통용되지 못할 점이 많아 지속적인 가치를 가진다고 하기 어렵다. 불가에서 말한 (다) 사람이 지닌 근본적인 고민을 해결하는 방안은 종교관이 다르면 받아들일 수 없다. 그러나 (나)는 지속적인 의의를 지닌다. 이치를 탐구하고 논의하는 데 필요한 생각의 틀을 제공하는 구실을 계속해서 한다.

(가)와 (나)가 사상의 내용이라면, (다)는 방법이다. 내용은 상대적인 의의를 지니고 시대적인 한계가 있게 마련이지만, 방법은 언제나 새로울 수 있다. 지금 우리에게 절실하게 필요한 것은 방법이다. 창조적인 사고를 스스로 할 수 있는 방법을 얻는 것이 가장 긴요하다.

유·불·도가의 사상의 전폭을 다루는 것은 무리이다. 으뜸이 되는 고전 하나씩만 들기로 하고, 유가의 《論語》, 불가의 《金剛經》, 도가의 《老子》를 선택한다. 孔子(기원전 551~479)의 말을 기록한 《論語》는 유가사상의 경전이다. 《金剛經》은 불교의 기본경전 가운데 하나이며 선종에서 특히 중요시한다. 기원전에 성립된 것으로 보이며, 402년부터 412년 사이의 鳩摩羅什의 한역본을 널리 이용한다. 《老子》의 저자로 알려진 老子는 공자가 예를 물었다고 한 말이 있으나 확실하지 않고, 기원전 400년 무렵에 생존한 것으로 추정된다.

이 셋은 저술의 성격이나 이루어진 시기는 상당히 다르지만, 유·불·도가의 기본경전 노릇을 하는 점이 일치해 함께 다루면서 견주어 살필 만하다. 전모를 고찰하자는 것은 아니다. 생각의 틀을 말해주는 대목만 골라서 논의하기로 한다. 과거형이 아닌 현재형을 사용해 우리 자신이 지금 하는 말로 삼기로 한다.

이 세 저작에 관한 연구는 엄청나게 많다. 그래도 문제점이 많아 논란이 계속된다. 기존 연구를 들어 논란을 시비하기로 한다면 일생을 허비하고서도 얻은 바가 많지 않을 수 있다. 번거로운 절차를 벗어던지고 그냥 책을 읽으면서 생각하기로 한다. 독서의 즐거움을 맛보고 발상의 자유를 누리고자 한다.

진부한 설명, 안이한 교훈에서 벗어나 신선한 발상을 얻어야 한다고 다짐한다. 갑갑함을 떨쳐버리고 신명난 이야기를 하자. 복고주의에 안주하고자 하는 유혹을 물리치고 미래를 향한 창조의 길을 열고자 한다. 고인의 슬기를 새롭게 받아들여 다시 만드는 오늘날의 노력이 남달라야 그럴 수 있다.

《논어》에 길을 물어

《論語》에는 '學'에 대한 말이 많다. '學'을 책 전체의 첫 글자로 하고, "學而時習之 不亦悅乎"(學하고 때때로 익히면 이 또한 즐겁지 않는가)(〈學而〉)라고 했다. 또한 "吾嘗終日不食 終夜不寢 以思 無益 不如學也"(내 일찍 종일토록 먹지 않고 밤 내내 자지 않고 생각해보아도 무익하고, 學만한 것이 없다)(〈衛靈公〉)고 했다. 이렇게 말해 學을 대단하게 여겼다.

'學'을 무엇이라고 할 것인가? '배움'이기도 하고, '공부'이기도 하다. '배움'은 스승에게서 얻는다. '공부'는 스스로 한다. 둘 가운데 하나를 택하라면 '공부'가 좋다. 공부에는 스승에게 얻는 것도 포함되지만, 배움에는 스스로 얻는 것이 포함되지 않기 때문이다.

'학'을 학문이라고 하는 것이 한층 적극적인 해석이다. '학문'은 '학'에 '問'이 붙은 말이다. 유래를 따지면 그 점을 그리 심각하게 생각할 것 없다. 한문으로 글을 쓸 때에는 '학'일 수도 있고 '학문'일 수도 있었다. 그런데 우리말로 말을 할 때에는 단어를 이루는 글자가 두 자는 되어야 하므로 '문'이 붙는다.

'학문' 두 자를 각기 이해하고 '問'의 의미를 찾는 새로운 해석도 가능하다. 공부하고 탐구해서 얻은 바를 묻고 대답해 검증하는 행위까지 학문에 포함한다고 할 수 있다. 학문이라는 말이 지금은 이렇게 쓰인다. 학자라는 사람들이 하는 전문적인 행위를 학문이라고 한다.

그렇게까지 따지는 것은 지나치다. 앞뒤의 사정을 고려해서 적절한 규정을 내리는 것이 마땅하다. 《논어》에서 말한 '學'이란 학문의 기초가 되는 공부이다. 학문이라고 하면 의미가 너무 확대되니 공부라고 하기로 하자. 우리 자신이 공부하는 자세와 방법을 되돌아보기 위해 《논어》와 대화를 하자.

"내 일찍 종일토록 먹지 않고 밤 내내 자지 않고 생각해보아도 무익하고, 學만한 것이 없다"고 한 구절을 다시 보자. 먹지 않고 자지 않고 생각해도 무익했다는 것은 공부가 아닌 다른 일, 예컨대 돈을 번다거나 출세를 한다거나 하는 것들은 공부만 못하다는 말일 수 있다. 딴 마음을 먹지 말고 공부에 힘쓰라는 말로 이해된다.

그러나 공부하지 않고 생각을 하는 것은 올바른 탐구의 방법이 아니라는 말로도 이해된다. 다른 스승들과 비교해보면 이런 뜻이 드러난다. 예수는 기도하라고 하고, 석가는 명상하라고 했는데, 공자는 공부하라고 했다. 먹지 않고 자지 않고 기도하거나 명상하지 말고 먹고 자면서 공부하라고 공자는 말했다는 새로운 해석이 가능하다.

공부는 누가 하는가? 모든 사람이 한다고 하지 않았다. "行有餘

力, 則以學文"(실행하고 남은 힘이 있으면 글공부를 한다)(〈學而〉)고 한 말에서 공부할 사람의 자격을 규정했다고 할 수 있다. 행실에서 모범을 보이는 사람은 공부를 하는 선비가 될 수 있다고 했다. "士 志於道 而恥惡衣惡食者 未足與議也"(선비가 도에 뜻을 두고 험한 옷 거친 밥을 부끄럽게 여기는 사람은 더불어 이야기할 상대가 아니다) (〈里仁〉)라고 해서, 일단 공부의 길에 들어선 선비는 어떠한 어려 움이라도 이겨내야 한다고 했다.

공부가 무엇인지 깊이 이해하기 위해 더 나아가보자. 공부만 하 고 생각은 하지 말라는 것인가? 아니다. "學而不思則罔 思而不學則 殆"(공부하면서 생각하지 않으면 막히고, 생각하면서 공부하지 않으면 위태롭다)(〈爲政〉)라고 했다. 공부는 스승에게 배워서 하는 것이라 면 생각은 자기 스스로 하는 것이다. 공부는 대상으로 향하고, 생 각은 자기 자신에게로 되돌아온다. 공부가 지닌 두 가지 한계를 생 각으로 시정해야 한다고 했다.

"朝聞道 夕死可矣"(아침에 道를 들으면 저녁에 죽어도 좋다)(〈里 仁〉), "知之者 不如好之者 好之者 不如樂之者"(아는 것은 좋아하는 것 만 못하고, 좋아하는 것은 즐기는 것만 못하다)(〈雍也〉) 이 두 말은 상반된다. 공부의 양면을 말했다고 보면 합치될 수 있다.

공부의 내용은 道이다. 도는 듣는다고 했다. 스승이 말해주는 도 를 듣는 것이 공부이다. 도를 들으면 죽어도 좋다고 했다. 안다고 한 것은 들어 알기보다 스스로 아는 쪽이다. 스스로 알아야 좋아할 수 있고, 즐거워할 수 있다. 아침에 도를 듣고 저녁에 죽는 것보다 스스로 알아 즐거워하는 것이 더욱 바람직하다. 들어 알지 않고 깨달아 알아야 즐겁다.

공부에는 올바른 것도 그릇된 것도 있다. 옳고 그른 것을 두 가지 기준에서 판별했다. 옛적의 공부와 지금의 공부 가운데 옛적은 옳고 지금은 그르다고 했다. 군자의 공부와 소인의 공부 가운데 군자는 옳고 소인은 그르다고 했다.

그 이유가 무엇인가? 자기 충실이 올바른 길이고 남들의 평가를 기대하는 것은 그릇되다. "古之學者爲己 今之學者爲人"(옛적에 공부하는 사람은 자기를 위하고, 지금 공부하는 사람은 타인을 위한다)(〈憲問〉), "君子求諸己 小人求諸人"([원하는 바를] 군자는 자기에게서 구하고, 소인은 타인에게서 구한다)(〈衛靈公〉).

자기를 위하거나 자기에게서 구한다는 것은 자기 충실이다. 타인을 위한다거나 타인에게서 구한다는 것은 타인의 평가나 인정을 바라고 그 덕분에 명리를 얻으려고 한다는 말이다. 자기 충실을 하려면 헛된 마음을 바로잡아야 한다. 자기를 극복해야 한다. "克己復禮 爲仁"(자기를 이겨내고 禮로 돌아가는 것이 인의 행함이다)(〈顔淵〉)

자기에게 충실해 마음을 바로잡는 길은 기본적으로 하나이지만 각기 다르게 추구할 수 있다. 올바른 행실이 각기 다를 수 있다는 것을 군자는 인정한다. 소인은 그렇지 못해 모두 같아져야 한다고 한다. "君子和而不同 小人同而不和"(군자는 화합하면서 같지 않고, 소인은 같으면서 불화한다)(〈子路〉) 같지 않아도 화합하는 것이 바람직한 공부의 길이고 삶의 태도이다. 같아야 한다고 불화하는 것은 소인의 짓이다.

"君子不器"(군자는 그릇이 아니다)(〈爲政〉)라는 말에 많은 것이 함축되어 있다. "소인은 그릇이다"고 하는 대조법은 너무나도 명백하니 생략되어 있다. 그릇이란 생김과 크기가 일정해 어느 한 가지에 쓰인다. 기능적인 지식을 일컫는 말이다. 생김과 크기가 정해져 있지 않아 어디에도 적용되는 포괄적이고 총체적인 공부를 하는 것이 군자의 길이다.

그러나 생각이 다양해야 한다고 한 것은 아니다. "吾道一以貫之"(나의 도는 하나로 일관한다)(〈里仁〉)고 해서, 모든 것을 하나의 원리로 일관되게 포괄해야 한다고 말했다. 일관된다는 것은 가치관을 분명하게 해서 흔들림이 없어야 한다는 뜻이다. 가치관을 분명하게 하려면 "必也正名乎"(반드시 이름을 바르게 해야 하느니라)(〈子路〉)라고 했다.

이 대목에 나오는 '正名'에 언어 사용에 관한 유가의 견해가 집약되어 있다. 이름을 바르게 해야 가치관이 분명해진다고 하는 데 그치지 않고 사물과 이름의 관계, 이름 사용의 방법 등을 규정한다. 사물에는 반드시 바른 이름이 있다고 하고, 바른 이름을 찾으면 직설법으로 말할 수 있으므로 우회적인 표현은 필요하지 않다고 한다.

이름에 관한 견해는 말에 관한 것으로 연결된다. "有德者 必有言 有言者 不必有德"(덕이 있는 사람은 반드시 말이 있지만, 말이 있는 사람은 반드시 덕이 있는 것은 아니다)(〈憲問〉) 이 대목에서 보이는 '必言'은 '正名'의 실현이다. '正名'의 경지에 이르러 가치관을 바르게 한 사람은 '名'을 '言'으로 나타내게 마련이다. 그러나 '名'은 본체이고 '言'은 활용이므로, '必言'이면 '正名'인 것은 아니다. 공부하지 않고 덕이 없으면서 말 잘 하는 것은 경계할 일이다. "巧言令色 鮮矣仁"(말을 교묘하게 하고 얼굴을 꾸미는 자가 어진 경우는 드물다)(《學而》)고 했다.

말과 사연, 표현과 내용의 관계를 좀 더 분명하게 할 필요가 있다. 하나는 '質'이라고 하고 또 하나는 '文'이라고 하고, "質勝文則野 文勝質則史 文質彬彬 然後君子"(질이 문을 이기면 촌사람이고, 문이 질을 이기는 것은 글쟁이이며, 질과 문이 함께 빛나야 군자다)(《雍也》)라고 했다. 촌사람은 세련된 표현을 하지 못한다. '史'는 국가의 기록을 관장하는 사람인데, 역사가가 아니고 글쟁이이다. 글은 잘 써도 내용이 없다. 그 어느 쪽도 아니고, 말과 사연, 표현과 내용을 함께 잘 갖추는 것이 군자의 길이다.

《논어》를 읽어 얻은 바를 정리해보았지만 어수선하다. 그 이유는 우선 《논어》 자체에 있다. 이 말 저 말 닥치는 대로 한 것들을 순서와 체계를 잡아 온통 바꾸어놓기 어렵다. 이해 방법에도 잘못이 있다. 《논어》를 다른 책들과 견주어보아야 무엇이 문제점이고 특징이 무엇인지 밝혀진다.

《금강경》에서 말하기를

《金剛經》 서두에서 여래에게 제자가 물었다. "善男子善女人 發阿耨多羅三藐三菩提心 應如是住 如是降伏其心"(선남자·선여인이 아누다라삼먁삼보리의 마음을 내려면 어떻게 마음이 항복하게 해야 합니

까?)(《善現起請分》). 우선 질문을 차근차근 따져보자.

"선남자·선여인"은 착한 마음을 지닌 훌륭한 사람이다. 불도를 닦고자 하고, 닦을 수 있는 사람이다. 《논어》에서 말한 '군자'와 견주어보자. 이제 비교 고찰을 시작한다. 비교의 대상들 사이의 거리가 멀면 밝혀지는 사실의 폭이 넓다.

선하다는 것은 예사 사람이 가질 수 있는 특징이다. 지체와 관련이 없는 마음가짐이다. "실행하고 남은 힘이 있으면" 군자가 되는 공부를 한다고 한 조건이 없다. '군자'는 '소인'과 구별되는데, '선남자·선여인'에게는 그런 상대어가 없다. '선남자'만 말하지 않고, '선여인'도 들어, 남자뿐만 아니라 여자도 불도를 닦을 자격이 있다고 한다. 상하평등과 남녀평등을 함께 말하니 놀랍다.

선남자·선여인은 '아누다라삼먁삼보리의 마음'을 지니는 것이 마땅하다고 한다. 그것은 다른 말로 '菩薩乘' 또는 '無上正等覺'이라고 한다. 깨달은 마음이라는 말이다. 깨달으면 '無量無邊功德'이 있다고 한다. 이런 이치를 갖추면 '菩薩'이 된다고 한다.

출발점에 선 선남자·선여인은 예사 사람과 그리 다르지 않아 군자보다 낮다고 하겠지만, 보살이 된다는 도달점은 군자가 되는 것보다 월등하게 높다. 출발은 쉽고, 도달은 어렵다고 하는 것과 출발과 도달을 가리지 않고 중간 수준의 목표를 정하는 것 가운데 어느 쪽이 바람직한지 쉽사리 판정할 수 없다. 무엇을 해야 하는가가 문제이다.

'無上正等'이라는 수식어가 붙은 '覺'은 《논어》에서 말한 공부의 내용인 '道'와 많이 다르다. 추구하고 탐구하는 자세를 말한 점은 같다. 그러나 '學'이 아닌 '覺'을 말했다. 마음을 바르게 하는 방법을 알고 실현하는 것이 '覺'이다. 스승에게 들어서 알고자 하는 점이 같지만 스승에게 의지하지 말고 스스로 깨달아야 한다는 점을 더욱 강조했다. 스승이 하는 말에 매이면 그릇된다고 거듭 일렀다.

"마음이 항복하게" 한다는 것은 "자기를 이긴다"는 것과 같다. 목표로 하는 바를 이루려면 마음을 그대로 두지 않고 규제하고 제어해야 한다고 양쪽에서 다 말한다. 그러나 자기를 이기고 "禮로 돌아간다"고 한 것과는 많이 다르다.

《논어》에서는 道의 실행이 禮이다. 道가 본체라면 禮는 활용이다. 《금강경》에도 그 둘과 상통하는 것이 있다. 道와 상통하는 것은 '法' 또는 '佛法'이다. 깨달음의 내용을 이렇게 일컫는다. 禮와 상통하는 것은 布施이다. 깨달음은 그 자체로 끝나지 않고 다른 사람들을 위해 봉사하는 보시로 실현된다.

道는 분명히 있는 것이지만 法은 있지 않다고 부인한다. 법을 말해놓고 말하지 않았다고 한다. "我於阿耨多羅三藐三菩提 乃至無有少法可得 是名阿耨多羅三藐三菩提"(나는 아누다라삼먁삼보리에 관해서 조그마한 法이라도 얻은 것이 없으므로, 이것을 아누다라삼먁삼보리라고 부른다)(〈無法可得分〉) "所謂佛法者 卽非佛法"(이른바 佛法이라는 것은 즉 佛法이 아니다)(〈依法出生分〉) "如來所說法 皆不可取 不可說 非法 非非法"(여래가 말한 法은 취할 수 없고, 말할 수 없으며, 非法이며 非非法이다)(〈無得無說分〉) 이렇게 말한 이유가 무엇인가?

"凡所有相 皆是虛妄 若見諸相非相 卽見如來"(무릇 相이 있는 것은 다 허망하나니, 모든 相이 相이 아님을 알아보면 바로 여래를 보느니라)(〈如理實見分〉)고 하는 것이 깨달음의 내용이고 法이다. "如來所說法 此法無實無虛"(여래가 설한 法은 實이 없고 虛도 없다)(〈離相寂滅分〉)고 했다. 法을 法이라고 하면 實이 있으므로 法이 아니다. 實이 없다고만 하면 虛에 머무르니 그것도 法이 아니다.

법의 실현인 보시를 들어 말하면 논의가 진전된다. "應無所住 行於布施 所謂不住色布施 不住聲香味觸味法布施"(마땅히 머무른 바가 없이 보시를 행할지니, 이른바 색에 머무르지 않는 보시이고, 소리·향기·맛·촉각에 머무르지 않고 보시하라)(〈妙行無住分〉)고 했다. 보시는 이유나 조건을 따지지 않고 결과에 대한 기대를 버려야 한다. "應無所住 而生其心"(마땅히 머무르는 곳이 없으면서 마음을 내라)(〈莊嚴淨土分〉)는 것이 모든 실천 행위를 위한 지침이다.

"모든 相이 相이 아님을 알아보면 바로 여래를 보느니라"고 한 말을 다시 주목하자. 이것을 "아침에 道를 들으면 저녁에 죽어도 좋다"고 하는 것과 견주어보자. '視相'이 아니고 '見相'이며, '聽道'가 아니고 '聞道'인 것은 당연하다. 육안으로 보는 '視'가 아닌 심안으로 보는 '見'을 해야만 감각적으로 드러난 것 이면까지 꿰뚫어 실상을 알 수 있다. '視'는 '보다'이고, '見'은 '알아보다'이다. 肉耳나 心耳는 없는 말이지만 지어내서 같은 말을 할 수 있다. 道는 육이로 '聽'할 수 없고, 심이로 '聞'해야 한다. '聽'은 '듣다'이고, '聞'은 '알아듣다'이다. 진리는 감각 기관으로 인식할 수 없고 내면의 이해를 갖추어야 인식된다고 한 점은 같다.

그러면서 '聞道'와 '見相'은 몇 가지 점에서 중요한 차이가 있다. '聞道'의 '聞'은 말해주는 사람이 있어서 듣는다는 뜻이다. 스승에게서 전수받는다는 것이다. '聞道'의 '道'는 스승이 이해하고 정립한 진리이다. '見相'의 '見'은 자기 스스로 보는 것이다. 등장인물이 하나뿐이다. '見相'의 '相'은 자기 스스로 보는 대상이다. 자력으로 볼 수 있어야 본다. 앞에서 말한 공부와 깨달음의 차이가 더욱 분명해진다. 공부는 가르침을 받아 하고, 깨달음은 스스로 얻는다.

'聞道'와 '見相'이 또 하나 다른 점은 언어 사용 여부이다. '聞道'는 도에 관해서 하는 말을 듣는다는 뜻이다. 말을 매개로 하지 않고 도 자체를 바로 듣는 것은 불가능하다. '見相'에는 말이 필요하지 않다. '相'은 말이 아니고 모습이다. '見相'한 것을 다른 사람에게 전달할 때 그 사람도 볼 수 있으면 손가락으로 가리키기만 하면 된다. 그러나 그 사람이 보지 못하면 말로 전달해야 한다. 본 것을 말로 전달하려고 하면 언제나 말이 부족하고 빗나갈 수 있다.

'聞道'는 말을 정확하게 구사하고 정확하게 알아들어야 가능하다. 그래서 '正名'을 내세웠다. 말을 함부로 바꾸지 말아야 진리가 계속 전달된다. 그런데 '見相'한 바를 전달하는 말은 경우에 따라 달라져야 한다. 말의 일관성보다 전달의 효과가 더욱 소중하다. 더구나 '見相'이 일정한 모습을 보는 것이 아니고, "若見諸相非相 卽見如來"라고 했다. "이다"라고 말하지 말고 "아니다"라고 말해야 한다.

이름을 바르게 해야 가치관이 분명해진다고 하는 것은 잘못이다. 이름에 매이면 실상을 보지 못한다. 사물에는 반드시 바른 이름이 있다는 것은 잘못이다. 이에 대한 대답은 "如來說世界 非世界 是名世界"(여래가 설하는 세계는 세계가 아니므로 세계라고 이름 짓는

다)(《如法受持分》)고 했다. 이름은 사물과 어긋나므로 이름을 버려야 실상을 안다. 바른 이름이란 없기 때문에 직설법을 버리고 우회적인 표현을 해야 한다. 말이라는 방편을 경우에 따라 다르게 써야 한다.

그러면 석가여래는 왜 말을 많이 했는가? 석가여래가 한 말을 기록한 것이 경전인데, 경전의 내용이 모두 허위인가? 이런 의문이 제기된다. 이에 대한 해답이 "知我說法 如筏喻者 法尙應捨 何況非法"(내가 설한 法은 뗏목에다 견줄 것이니, 法도 마땅히 버려야 하거늘 하물며 非法이야)(《正信希有分》) 뗏목은 물을 건널 때 필요하다. 물을 건너고 나면 뗏목을 버려야 한다. 뗏목에서 떠나가지 못하면 물을 건넌 보람이 없다. 法이라고 하는 실체로 버려야 하거늘 하물며 뗏목에 지나지 않은 언어표현은 非法에 지나지 않으니 말할 나위가 없다.

'正名'과는 반대가 되는 이런 언어관을 무어라고 하는지 《금강경》에는 말이 없다. 이름 짓는 것이 허망하다고 여겨 이름 짓지 않은 것이 당연하다. 正名은 正名이라고 해야 正名이다. 그 반대의 언어관은 이름이 없어야 그 반대이다. 그러나 經이 아닌 論이나 疏에서는 이치를 따져야 하므로 이름 짓는 것이 불가피해서 '假名'이라고 했다.

"空則不可說 非空不可說 共不共叵說 但以假名說"(空이라고 말해도 되지 않고 空이 아니라고 해도 되지 않아, 둘 다 말하기 어려우므로 다만 가명으로 말한다)고 龍樹는 《中論》에서 말했다. "諸言說唯是假名 故於實性不得不絕"(모든 언설은 假名에 지나지 않아 實性과 떨어지지 않을 수 없다)고 元曉는 《人乘起信論疏》에서 말했다. 假名은 말한 그대로는 진실이 아니고, 진실을 일러주기 위해 사용한 방편에 지나지 않는다.

《노자》를 불러와야

《老子》는 서두에서 너무 많은 말을 해서 읽기 부담스럽다. 아주 어려운 책이라는 인상을 주지만, 차근차근 따져보면 이해하는 길이 열린다. 그 자체로 논란을 벌이느라고 누적된 의문이 앞의 둘과 비교하면 쉽사리 풀린다. 그 덕분에 앞의 둘도 더 잘 알 수 있게 된다. 삼자대면이 진상 해명에 아주 유익하다.

"道可道 非常道 名可名 非常名 無名天地之始 有名萬物之母 故常無欲以觀其妙 常有欲以觀其徼 此兩者同出而異名 同謂之玄 玄之又玄 衆妙之門"(道를 道라고 할 수 있는 것은 常道가 아니고, 名을 名이라고 할 수 있는 것은 常名이 아니다. 無名은 천지의 시작이고, 有名은 만물의 어머니다. 그러므로 常無로 그 妙를 觀하려고 하고, 常有로 그 끝을 觀하려고 한다. 이 둘은 같은 데서 나왔으면서 이름이 다르다. 같게 말하면 玄이라고 한다. 玄하고 또 玄하니 衆妙의 문이다)(제1장)

서두가 이렇다. 먼저 道와 名에 관해 말한다. 道는 진리의 내용이라면 名은 그것을 일컫는 이름이다. 道를 道라고 할 수 있는 것은 常道가 아니라고 한다. 무슨 뜻인가? "道可道 非道"라는 말을 강조하기 위해서 뒤의 道에 '常' 자를 붙였다고 생각된다. 常道는 변하지 않는 참된 道라는 말이다. 道를 道라고 할 수 있는 것은 道 같이 생각되지만 진정한 道는 아니다, 道는 道라는 말로 포착되지 않는다는 말로 이해된다.

名에 관해서도 같은 말을 한다. 名이라고 할 수 있는 것은 제대로 된 名이 아니다. 道를 道라고 할 수 있는 것은 道가 아니니 "道라고 할 수 있는" 것을 名으로 나타낸다고 해서 진정한 名이 될 수 없다. 당연한 말을 덧붙인 이유는 名에 대한 고찰이 그것대로 긴요하기 때문이다.

"無名은 천지의 시작이고, 有名은 만물의 어머니다"라고 한 그 다음 대목에서는 두 가지 名에 관해 말한다. 천지의 시작은 무엇이라고 이름 지을 수 없으니 無名이지만, 천지의 시작이 한층 구체화된 그 다음 단계의 만물 생성은 有名이라고 할 수 있다. 常無로 그 妙를 觀하려고 하고, 常有로 그 끝을 觀하려고 한다고 한 다음 대목까지 들면 무엇을 말하는지 한층 분명해진다. 모든 현상의 근본은 無이나 常無이니 無名이다. 그 말단은 有나 常有이니 有名이다.

이 견해를 正名이나 假名에 관한 견해와 견주어보자. 正名이나 假名에 관한 견해에서는 名을 한 가지로만 말하는데, 여기서는 두 가지로 말한다. 無名은 假名과, 常有는 正名과 상통하는 것 같다. 名은 실상과 어긋나게 마련이고 名 때문에 인식이 그릇되므로 假名을 사용해야 한다고 하는 것과 같은 이유에서 無名을 택한다. 常有를 확고하게 하는 것이 正名이라고 할 수 있다.

假名論과 正名論이 각기 극단으로 치닫는 잘못을 無名有名論을 내세워 시정하고 중도를 제시한다. 실상에는 이름 지을 수 없는 면과 이름 지을 수 있는 면이 둘 다 있다고 해서 양극단으로 치닫지 않게 한다. 궁극의 실상은 이름 지을 수 없다고 해서 좌절하지 말고, 이름 지을 수 있는 실상의 말단을 이름 짓는 데 몰두해 궁극을 망각하지 말아야 한다. 이것이 올바르고 가능한 탐구의 길이다.

無名과 有名을 별개의 것으로 생각하지 말아야 한다고 일러주기 위해 그 둘은 같은 데서 나왔으면서 이름이 다르다고 한다. 그러면서 같게 말하면 玄이라고 한다. 玄하고 또 玄하니 衆妙의 문이라는 말을 덧붙인다. 玄, 玄하고 또 玄한 것, 衆妙의 문이 無名과 有名의 관계에 관한 말인가? 아니다. 無名 쪽을 일컫는 말이다. 無名有名론이 균형을 잃고 無名론으로 기울어진다. 無名의 천지에 관한 탐구가 궁극적인 과제이고, 有名의 만물은 그렇게 긴요하지 않다고 한다.

천지가 無名인 것을 어떻게 아는가? 탐구의 방법은 무엇이고, 누가 탐구할 수 있는가? 앞에서는 "常無로 그 妙를 觀하려고 하고, 常有로 그 끝을 觀하려고 한다"고 하고, 뒤에서는 "致虛極 守靜篤 萬物竝作 吾以觀復"(虛에 이르기를 지극히 하고, 靜을 지키기를 돈독하게 하면 萬物이 함께 일어나니, 나는 이로써 돌아감을 觀한다)(제16장)고 했다. 양쪽에 다 있는 '觀'이 인식 방법이다.

'觀'은 '聞道'의 '聞'과 다르다. 자기 스스로 '觀'할 따름이고 누구에게 들어서 공부하는 것은 아니다. "上士聞道 勤而行之 中士聞道 若存若亡 下士聞道 大笑之"(上士는 聞道하면 부지런히 실행하고, 中士는 聞道하면 긴가민가하고, 下士는 聞道하면 크게 웃는다)(제41장)고 한 말도 있다. "聞道하면"이라는 것은 "觀한 바를 알려주면"이라는 말이다. 觀한 바를 알려주면 알 수 있는 것은 아니다. 스스로 알아내야 한다고 한다.

下士는 聞道하면 크게 웃는다는 것은 우습게 여겨 배격한다는 말이다. 생각이 모자라는 下士만 그러는 것이 아니다. 성인도 聞道의 공부는 버려야 한다고 한다. "絶學 無憂"(學을 그만두면 근심이 없다)(제20장)고 했다. 헛된 공부를 해서 근심을 만들지 말아야 한다는 말이다.

'觀'은 시각적 인식을 나타내는 말이라는 점에서 '見'과 상통한다. 그러나 '見'은 '見相'이라고 해서 뚜렷한 대상이 있는데, '觀'하는 행위는 경우에 따라 다르다. "그 妙를 觀하다"고 하는 '觀妙', "그 끝을 觀하다"고 하는 '觀徼'(관요), "돌아감을 觀한다"고 하는 '觀復'(관복)이 각기 가능해 '觀'의 다양한 모습을 말해준다. 그 핵심은 무엇인가? 자기 마음을 바르게 가지는 것이다. "虛에 이르기를 지극히 하고, 靜을 지키기를 돈독하게 하는" 마음가짐에서 '觀'이 이루어진다.

"視之不見 名曰夷 聽之不聞 名曰希"(視해도 見할 수 없으므로 夷라고 부르고, 聽해도 聞할 수 없으므로 希라고 부른다)(제14장)고 했다. 視해도 見할 수 없고, 聽해도 聞할 수 없는 것은 당연하다. 그러므로 視나 聽과는 다른 見이나 聞의 방법을 제시해야 한다. 그 과제는 버려두고 '夷'니 '希'니 하는 말을 썼다. '夷'나 '希'는 아주 작아분별하기 어려운 것들이다. 視나 聽으로는 알 수 없다는 이유를 들어 見이나 聞의 방법마저 부인했다.

"塞其兌 閉其門 挫其銳 解其紛 和其光 同其塵 是謂玄同"(이목구비를 막고, 외계와 연결되는 문을 닫고, 날카로운 기운을 누그러뜨리고,

얽힘을 풀고, 빛을 부드럽게 하고, 티끌과 함께 하는 것을 玄同이라고 한다)(제56장)고 한 말을 보자. '玄同'이라는 것에서 '觀'을 다르게 일컬으면서 특성을 더욱 분명하게 한다. 이목구비를 막고, 외계와 연결되는 문을 닫아 '玄'이라고 일컬은 형체 없는 인식 대상과 일치되는 '同'이라는 인식 태도가 '觀'이다.

'聞道'는 실행 가능한 방법이다. '聞道'하면서 공부하라는 것은 따를 수 있는 충고이다. '見諸相非相'도 누구나 할 수 있다. 그러나 '觀'이라고도 하고 '玄同'이라고도 한 것은 아득히 높은 견지이다. 실현 가능한 구체적인 방법을 갖추지 않아서 아무나 할 수 없다. 이것이 불만이라고 하지 않을 수 없다.

'觀'을 해서 道가 무엇인지 아는 사람은 '聖人'이다. '上士'라도 별 볼일이 없는 사람이다. 그런데 성인이 이미 알아낸 것을 말하고 어떻게 해서 알아냈는가, 다른 사람도 그렇게 하면 알아낼 수 있는지 말하지는 않는다. "常無로 그 妙를 觀하려고 하고"는 觀해서 이미 常無에 이른 과거의 일을 미래의 희망으로 바꾸어놓았다. "聖人 處無爲之事 行不言之敎"(성인은 無爲의 일에 처해 不言의 가르침을 행한다)(제2장)라고 해도 소용없다. 성인이 예사 사람과 다른 점을 말할 따름이고, 예사 사람이 성인처럼 될 수 있는 방법을 말하지 않았다.

성인은 무엇이든지 다 잘 아는 사람이고, 백성을 잘 다스릴 사람이다. 성인과는 거리가 먼 무자격자가 백성을 다스리는 잘못을 지적하면서 성인을 추켜세웠다. 君子는 예사 사람과 그리 많이 다르지 않다. 소인이 아닌 군자가 되기 위해 누구나 노력할 일이다.

선남자・선여인은 '善' 자가 붙어 있는 예사 사람이다. 그런데 성인은 예사 사람과 아주 다르다.

성인은 정치를 맡고자 하지만 그럴 수 없다. 그러면 무엇을 하는가? 무엇이 커다란 이치를 깨달은 보람인가? 뒤떨어진 사람들을 위해 교화에 힘쓰는 것도 아니고 아무 보상도 바라지 않고 남을 돕는 보시를 하는 것과는 더욱 거리가 멀다. 자기 자신의 근심을 없애는 것이 고작이다. 일인칭 주어를 두 번 되풀이해서 "及吾無身 吾有何患"(내 몸이 없으면 내게 어찌 근심이 있으리오)(제13장)라고 했다. 예사 사람이라도 성인을 본받아 근심을 없애도록 한다. 그것은 仁에 미치지 못하고, 布施보다 많이 모자라는 소극적인 기여이다.

"知者不言 言者不知"(아는 사람은 말하지 않고, 말하는 사람은 알지 못한다)(제56장)고 했다. 《논어》에서 "有德者必有言"(덕이 있는 사람은 반드시 말이 있다)고 한 것과 아주 다르다. 덕이 있든 아는 것이 있든 말로 해서 세상 사람들을 깨우쳐주어야 하는 것이 당연한데, 말하지 않는 것은 무슨 까닭인가? 말은 앎에 이르지 못해 세상을 오도한다고 여기기 때문일 것이다. 無名의 도리를 無言으로 실행하는 것이 성인이 해야 할 일이다.

그러나 《노자》에는 말이 많다. 하는 말이 《논어》나 《금강경》에서보다 복잡하다. 《논어》나 《금강경》에서처럼 문답을 전개하지 않고 저자 혼자 떠든다. 無名에 관한 말을 有名으로 전개하기를 거듭해서 한다. 자기가 정치를 맡지 못한 불만을 토로했다고 여겨지는 대목도 있지만, 현실의 움직임을 총체적으로 보고 거대한 실천

과제를 제시하기도 한다.

"昔之得一者 天得一以淸 地得一以寧 神得一以靈 谷得一以盈 萬物 得一以生 侯王得一以爲天下貞"(옛적에 하나를 얻은 바에서, 하늘은 하나를 얻어 맑고, 땅은 하나를 얻어 편안하고, 신은 하나를 얻어 영험하고, 골짜기는 하나를 얻어 차고, 만물은 하나를 얻어 살고, 임금은 하나를 얻어 천하를 바르게 한다)(제39장)고 한 말을 보자. 근원에서 말단까지 모든 것에 일관된 원리가 있다. 모든 개별적인 것들을 하나로 모아 이해할 수 있다.

"君子不器"(군자는 그릇이 아니다)라고 하는 말로 일컬은 포괄적인 사고형태보다 더 큰 것을 나타냈다. "見諸相非相"(모든 相이 相이 아님을 알아본다)고 한 데는 없는 실질적인 내용을 갖추었다. 없음을 말해 있음을 부인하지 않고 있음의 양상을 여러 등급에서 말하니 쓰임새가 더 크다. 양상이니 등급이니 하는 것을 몇 가지로 다시 논한다.

"道生一 一生二 二生三 三生 萬物 萬物負陰而抱陽 沖氣以爲和"(道는 1을 낳고, 1은 2를 낳고, 2는 3을 낳고, 3은 만물을 낳으며, 만물은 陰을 품고 陽을 껴안아, 빈 氣로써 和를 이룬다)(제42장)고 한 말을 보자. '道'는 0이라고 하면, 0에서 1, 1에서 2, 2에서 3, 3에서 ∞로 나아가는 분화와 확대의 과정을 말한다고 할 수 있다. 그 가운데 2인 陰陽이 특별한 의의가 있다고 하고, 다시 "빈 氣로써 和를 이룬다"고 해서 0과 1의 관계를 말한다. 0·1·2·∞의 관계를 문제 삼을 수 있는 틀을 여럿 제공한다.

"天下皆知美之爲美 斯惡已 皆知善之爲善 斯不善已 故有無相生 難

易相成 長短相形 高下相傾 音聲相和 前後相隨"(천하가 모두 아름다움을 아름다움이라고 알고 있는 것은 추악함일 따름이다. 모두 착함을 착함이라고 알고 있는 것은 착하지 않음일 따름이다. 그러므로 있음과 없음이 相生하고, 어려움과 쉬움이 相成하고, 길고 짧음이 相形하고, 높음과 낮음이 相傾하고, 음과 소리가 相和하고, 앞뒤가 相隨한다)(제2장)

이 대목에서는 더 많은 것을 말한다. 2인 陰陽의 상대적인 관계를 여러 측면에서 파악한다. 있고 없음, 어렵고 쉬움, 높고 낮음, 앞뒤는 서로 어긋나면서 相生하고, 相成하고, 相傾하고, 相隨한다고 한다. 生克論의 원천을 이루는 사고이다.

비교 논의

《論語》·《金剛經》·《老子》에 관한 논의는 너무 많아 새로운 말을 할 수 없을 것 같았다. 진부한 설명, 안이한 교훈에서 벗어나 신선한 발상을 얻어야 한다고 다짐하고서도 과연 그럴 수 있을까 의심했다. 그러나 전인미답의 경지가 그냥 남아 있는 것을 발견하고 신명나게 달렸다. 그래서 얻은 결과를 몇 가지로 간추리고 견주어 살피자.

진실을 탐구하는 것을 공통된 목표로 삼았다. 누가 진실을 탐구하는가? 불가에서는 善男子·善女人이라고 한 예사 사람이 菩薩의 깨달음을 얻으려고 발심한다고 했다. 선남자·선여인은 요즈음 선남선녀라고 하는 말이다. 유가에서는 君子라고 했다. 군자는 행실이 바르고 사사로운 이해관계에 사로잡히지 않는 것이 小人과 다르다고 했다. 도가에서는 높은 경지에 이른 聖人이라야 알 것을 제대로 안다고 했다.

누구나 진실을 탐구할 수 있다는 점을 분명하게 하는 데 불가의 견해가 으뜸이다. 선남자·선여인은 생각을 바르게 하고자 하는 것 외에 다른 전제 조건이 없다. 신분이나 능력을 묻지 않는다. 남자와 함께 여자도 들었으니 놀랍다고 하지 않을 수 없다. 군자는 예사 사람과 다르고, 성인은 더욱 거리가 멀다. 특별한 사람이라야 진실을 탐구할 수 있다고 오판해 웬만하면 그만두게 한다면 큰 잘못이다.

그러나 보살의 경지에 이르러야 한다는 목표는 너무 멀다. 누구나 발심을 하자고 해놓고 목표는 너무 멀리 잡은 것은 불교가 종교이기 때문이다. 유가의 군자나 도가의 성인이 이른 자리는 그처럼 멀지 않아 다가갈 수 있을 것 같다. 여러 말을 한 줄로 늘어놓아, 선남선녀가 군자로, 군자에서 성인으로, 성인에서 보살로 나아간다면 무리한 연결이라고 하겠으나, 낮은 데서 높은 데로 나아가는 단계를 어떻게 하든지 제시해야 한다.

진실을 알아내는 인식의 방법에 관해서 유가는 '聞道', 불가는 '見相', 도가는 '觀妙'를 든 것도 주목할 만하다. '聞'·'見'·'觀'은 동사이다. 동사로 인식 행위를 말했다. '道'·'相'·'妙'는 목적어가 되는 명사이다. 목적어가 되는 명사로 인식 대상을 말했다.

'聞'은 듣는다는 말이지만 '聽'은 아니다. '見'은 본다는 말이지만 '視'는 아니다. '聽'은 '듣다'이고, '聞'은 '알아듣다'이다. '視'는 '보다'이고 '見'은 '알아보다'이다. '보다'는 肉眼의 소관이고, '알아보다'는 心眼의 소관이다. 肉耳와 心耳라는 말도 사용할 수 있다. '聞道'의 '道'는 다른 사람이 말로 전해주는 진실이다. '見相'의 '相'은 스스로 보고 알아야 하는 사물이다.

'觀'은 시각에 의한 판단을 뜻하는 말인데, '見'보다 한층 내면적이고 복합적이다. '觀'의 대상이 '妙'라고 한 것이 그 때문이다. '妙'는 인식 대상이 헤아리기 어려울 만큼 복잡하게 얽혀 있는 양상이라고 할 수 있다.

이 셋을 비교해 평가하고, 계승해 발전시켜야 할 것을 가려내는 작업은 그 자체만으로 하지 말고, 다른 사항과 함께 하는 것이 마땅하다. 다른 사항이란 이름 지어 말한다는 뜻의 '名'에 관한 견해이다. 유가는 '正名', 불가는 '假名', 도가는 '無名'을 내세워 차이를 분명하게 했다.

正名·假名·無名은 인식과 표현의 방법으로 보편적인 의의가 있다. 각기 '…論'이라는 말을 붙이기로 하자. 세 이론을 비교해 고찰하면서 논의를 진전시키기로 하자.

正名論은 인식 대상의 고정성과 그것을 전하는 언어의 능력을 함께 인정하는 긍정론이다. 假名論은 인식 대상의 고정성과 그것을 전하는 언어의 능력을 함께 불신하는 부정론이다. 無名論은 그 중간에서 양면을 아우르고 있다.

無名論만 들면 假名論과 같은 것 같다. 그러나 無名과 有名을 함께 인정해 無名論이 有名論이기도 하다. 有名論은 正名論과 상통한다. 假名論과 無名論에서 각기 하는 일을 無名有名論에서 한다.

正名論·假名論·無名有名論은 공존 가능한가? 어느 것은 버리고 어느 것은 택해야 하는가? 상극의 관계를 가지는가, 상생의 관계를 가지는가? 용도가 다르다고 보면 공존 가능하고 서로 필요로 한다. 正名論에서 이름을 바르게 하자는 것은 人倫이다. 인륜을 분명하게 해서 가치관이 흔들리지 않도록 하자는 것이 正名論의 실질적인 내용이다. '聞道'를 할 때 正名을 틀리지 않게 바로 알아듣고 그대로 받아들여야 한다. 그렇게 해서 난세를 바로잡고 질서를 회복하는 것이 최대의 과제이다.

假名論에서 말하고자 한 것은 천지만물이나 생로병사의 근본이 치이다. 자연물이든 생명체이든 고정된 실체가 없이 계속 변하므로 고정된 이름을 거부해야 한다. 임시로 지어낸 가짜 이름을 방편으로 삼아 진정한 인식과 표현의 길을 열고자 했다. '見相'은 '見非相'이어야 한다는 상반된 말로 진실을 나타낸다. 그래야 집착을 버리고 번뇌를 떨쳐야 하는 시급한 과제가 해결 가능하다.

無名有名論도 그런 구실을 한다. 난세를 바로잡는 방안을 말하기도 하고 마음을 편안하게 하자고도 한다. 그러나 그 어느 쪽도 앞의 둘보다 미지근하다. 효용을 두고 말하면 많이 뒤떨어진다. 그러나 인식의 대상과 방법에서는 양쪽을 포괄하는 의의가 있다. 無名인 것과 有名인 것을 함께 인정하고 연관관계를 말한다. 이치와 현상, 근본과 말단을 無名과 有名에서 함께 나타낸다. 거기다 더 보태서 혼돈과 질서, 인식되지 못한 것과 인식된 것의 양면을 어느 하나도 배제하지 않고 동시에 포괄하려면 無名有名論이 필요하다.

그런데 無名·有名論의 '觀妙'는 正名論의 '聞道'나 假名論의 '見相'보다 한층 모호하다. '觀妙'를 '玄同'이라고 할 때에는 더욱 그렇다. 聖人이 아닌 예사 사람은 과연 그렇게 할 수 있는지 의심스럽다. 성인은 아득히 먼 곳에 있어 가까이 갈 수 있는 길이 없는 듯하다. '觀妙'나 '玄同'의 인식론에 문제가 있어 성인이라야 그렇게 할 수 있다고 여기도록 한다.

누구나 일상적으로 사용할 수 있는 인식의 방법을 다시 마련해야 한다. 인식의 결과에서 출발해서 거기까지 이른 과정을 찾아내면 새로운 작업이 가능하다. "있음과 없음이 相生한다"는 것을 출발점으로 삼아보자. 있음에 대한 경험적 인식에서 있음의 부정인 없음을 알아차린다. 없음에서 있음을 알아차린다.

일차적인 인식에서 이차적인 인식으로, 표면 인식에서 이면 인식으로 나아간다. 그것이 視에서 見으로, 聽에서 聞으로 이행하는 과정이다. 視를 부정해야 見이 되고, 聽을 부정해야 聞이 된다. "이목구비를 막고, 외계와 연결되는 문을 닫고"라는 것이 바로 이 말이다.

그러나 거기서 끝날 수 없다. 그 반대의 과정도 겪어야 한다. 이목구비 막은 것을 떼고, 외계와 연결되는 문을 열어야 한다. 見을 부정하고 視로 돌아가고, 聞을 부정하고 聽을 확인해야 한다. 구체적인 사실과 일반화되는 원리가 서로 배척하면서 하나가 되는 과정을 거쳐야 한다. 이차적인 인식을 거부하고 일차적인 인식으로 되돌아가는 삼차적인 인식을 해야 한다.

부정을 부정하고 다시 부정하는 운동을 거듭해야 있음이 없음이고, 없음이 있음인 줄 안다. 있음과 없음이 상생한다는 것을 안다. 있음과 없음은 상생하면서 또한 상극한다. 상극한다는 것은 없는 말이기 때문에 보태 넣어야 한다. 상생에 치우친 편견을 바로잡아 상생이 상극이게 해야 한다.

이러한 인식은 무엇이라고 불러야 하는가? 생극 인식론이다. 생극 인식론이라야 '聞道'·'見相'·'觀妙'의 인식론을 포괄하면서 넘어선다고 할 수 있다. 생극의 인식론은 현상과 원리, 표면과 이면, 긍정과 부정, 질서와 혼돈, 아직 알지 못한 것과 이미 안 것을 함께 관장한다.

그러고 보니 無名有名論이 생극론이다. 無名이 有名이고 有名이 無名이라는 것이 생극론의 명제이다. 생극론의 명제로 나타낼 수 있는 것은 有名에 지나지 않고 나타낼 수 없는 無名이 아직 남아 있어 無名이 有名이고 有名이 無名이라는 것은 더 큰 생극론이다.

생극론의 원천인 無名有名論을 후대에 전개된 생극론을 보태 다시 만들어 이런 결과를 얻었다. 그래서 원천을 고치자는 것은 아니다. 오늘날의 생극론을 더욱 풍부하게 할 수 있게 된 것이 논의의 성과이다. 이것이 고전에서 필요한 내용을 선택하고, 보충하고, 수정하는 고금학문 합동작전의 좋은 본보기이다. 고금 합동이라고 했지만 그 혜택을 고인은 보지 못하고 금인만 보니 불공평하다. 후인은 나보다 더욱 복되다고 질투할 일은 아니다.

4-2. 동아시아 철학사를 위하여

개념에 관한 진통

유럽에서는 유럽철학사는 거듭 내놓으면서 철학은 자기네의 독점물이라고 한다. "앎에 대한 사랑"을 '필로소피아'($\phi\iota\lambda o\sigma o\phi\iota\alpha$)라고 고대 그리스에서 일컬은 말을 이어받은 '필로소피'(Philosophie, philosophie, philosophy)가 다른 문명권에는 없었다는 것이 그 이유이다. 그런 용어가 없으니 실체도 없다고 한다. 철학사를 자기네 문명권 위주로 쓴다.

(W. Windelband, *Geschichte der Philosophie*, Tübingen: J. C. B. Mohr, 1900에서 이름과는 달리 유럽철학사만 다루었다. 유럽 이외의 다른 곳에는 철학이 없다고 여긴 탓이다. 그런 편견이 계속 나타난다. Bertrand Russell, *History of Western Philosophy*, London: George Allen and Unwin, 1961는 '서양'이라는 말을 붙였지만 철학은 그리스 사람들의 창안물이고 유

럽의 전통이라고 했다. Jean Brun, *L'Europe philosophe, 25 siècles de pensée occidentale*, Paris: Stock, 1988에서는 그리스에서 철학을 만들어낸 것과 같은 일이 다른 문명권에서는 불가능했다 하고, 사상의 전통을 25세기 동안 이어온 것이 유럽의 커다란 자랑이라고 했다.)

유럽사나 유럽문학사에서는 동일한 주장을 내세우지 않는다. 역사나 문학은 유럽에만 있다고 하지는 않으면서 철학만은 유럽의 독점물이라고 한다. 이치를 바르게 따진다는 철학에서 유럽의 독선을 표면화했다. 그것은 다른 문명권에 대한 야유나 도전이다. 반론을 제기하는 싸움을 피할 수 없다.

이에 대해서 여러 문명권에서 일제히 반격했다. 철학의 개념에 대한 반론을 앞세우고 철학사를 서술했다. 산스크리트문명권에서 먼저 들고 일어나, 유럽인의 편견을 시정하는 인도철학사를 내놓았다. 산스크리트의 용어 '다르사나'(darsana)는 유럽의 '필로소피'보다 넓은 뜻이어서 이치를 따지는 데 그치지 않고 통찰력을 얻고 정신을 정화하는 것까지 말한다고 하면서, 그 유산 전체를 논의의 대상으로 삼았다.

(S. Radhakrishnan, *Indian Philosophy*, London: George Allen and Unwin, 1923이 선두에 선 업적이다. 저자는 영국인이 인도인에게 주입시키는 "인도는 철학이 우스꽝스럽고, 예술이 유치하고, 시는 영감이 없고, 종교는 괴이하고, 도덕은 야만적이다"라고 하는 편견을 시정하기 위해 철학사를 쓴다고 했다.)

아랍어문명권에서는 국가 구분을 완전히 넘어서서 문명권 전체의 철학사를 재인식하고 재평가했다. 아랍철학사는 유럽 학자들도 연구하지만 '필로소피'에 해당하는 이성철학 '팔사파흐'(falsafah)만 다루고 통찰철학이라고 할 수 있는 '히크마흐'(hikmah)는 논외로 하는 것이 부당하다고 하고, 그 전체를 다루는 철학사를 내놓았다. '팔사파흐'에 경도되는 것은 잘못이고 '히크마흐'가 더 큰 가치를 가진다고 논파한 13세기의 철학자 가잘리(al-Ghazali)의 유산을 계승하는 것을 아랍철학 재인식의 소중한 과제로 삼고 있다.(Seyyed Hossein Nasr, "The Meaning and Concept of Philosophy in Islam", *History of Islamic Philosophy Part 1*, London: Routledge, 1996)

동아시아는 그렇게 하지 못하고 많이 뒤떨어져 있다. 유럽철학과 처음 만난 일본에서는 '필로소피'를 '哲學'이라고 번역해 사용하는 관례를 만들고, 철학은 서양철학이라고 이해한다. 철학과는 서양철학과라고 여겨 서양철학만 강의하는 것이 당연하다고 한다. (東京大學 철학과는 서양철학만 강의하고 교수가 전원 서양철학 전공자이다. 윤리학과에 일본 윤리사상 전공 교수가 있다.) 중국철학과 인도철학이라고 별도로 일컫는 것들은 특수한 영역이고, 철학이라고만 일컫는 서양철학은 보편적인 영역이므로, 중국철학·인도철학·서양철학을 통괄하는 일반론이 새삼스럽게 필요하지 않다고 여긴다.

'일본철학'이라는 말은 듣기 어렵다. 그런 실체가 없다고 생각하기 때문이다. 〈일본철학사가 있는가〉라는 글을 써서 그 문제를 고찰한 바 있다.(《우리 학문의 길》, 서울: 지식산업사, 1993)《일본철학사》라는 책을 찾을 수 없다. 그 대신 일본사상이라는 말을 널리 사용하고 일본사상사에 관한 책은 아주 많다. 근대 이후에는 사정이 달라져 '필로소피'를 수입해 어느 정도 가공한 성과는 자랑할 만하다고 하면서 거듭 정리한다.

(井上哲次郎,《日本陽明學派之哲學》,《日本古學派之哲學》,《日本朱子學
派之哲學》이 1900년에서 1905년까지 東京: 富山房에서 나왔다. 저자는
《日本陽明學派之哲學》 서두에서 일본철학에 관한 사적 연구의 필요성을
절감한다고 하고 일본 유학의 동향을 세 측면에서 고찰하는 데 그쳤다.
국민의 도덕심을 북돋우는 것을 철학 연구의 목표로 삼고, 실제 작업에
서는 자료를 열거하는 데 그쳤다. 전통시대 일본철학사를 총괄해서 다
룬 저술을 그 뒤에 다른 사람이 내지도 않았다. 高田眞治,《日本儒學史》,
東京: 地人書館, 1941도 있었으나 후속 작업이 발견되지 않는다. 賴祺一,
《近世後期朱子學派の硏究》, 廣島: 溪水社, 1986처럼 자세한 내용을 갖춘
개별적인 연구가 있으나 역사학의 업적이라고 하겠으며 철학사의 일부
를 이루지는 않는다. 廣松涉 外,《哲學は日本でいま》, 東京: 理想社,
1992에서 일본에서 철학은 유럽문명권과 관련을 가진 뒤에 생겨난 수입
가공품이라고 했다. 유럽철학 수용사를 다룬 일본근대철학사는 몇 번
나왔으며 宮川透·荒川幾男,《日本近代哲學史》, 東京: 有斐閣, 1996이 그
가운데 하나이다. 이 책의 번역본이 미야카와 토루·아라카와 이쿠오
엮음, 이수정 옮김,《일본근대철학사》, 서울: 생각의나무, 2001이다. H.
Gene Blocker, Christopher L. Starling, Japanese Philosophy, State University of
New York Press, 2001에서도 근대철학만 다루었다.)

중국은 철학이라는 말을 일본에서 받아들였다. 그러나 '필로소
피'를 이은 서양철학이라야 철학이라고 하지 않고 중국에도 철학
이 있었다고 한다. 중국철학사 서술을 시작하면서 馮友蘭은 魏晉
시대에 '玄學', 宋明 시대에 '道學', 淸代에는 '義理之學'이라고 하던

것이 철학이라고 했다.(馮友蘭, 《中國哲學史》, 北京: 商務印書館, 1947, 7~8면의 〈哲學與中國之義理之學〉) 철학사를 다시 쓰면서 고대그리스 시대 이후 헤겔·마르크스·레닌에 이르기까지 거듭해서 말한 것 과 같은 개념의 철학을 중국에서 이미 《周易》, 《論衡》, 《太極圖說》 등에서 구현했다고 했다.(馮友蘭, 《中國哲學史》 1, 北京: 人民出版社, 修正本 1980, 9~16면의 〈什麼是哲學?〉) 중국 재래의 철학이 유럽문명 권의 철학과 다를 바 없다고 거듭 역설하고, 유럽 철학의 개념에 대한 비판이 필요하다고 여기지 않았다.

《中國哲學史》는 馮友蘭에 이어서 다른 사람들도 썼으며, 중국 학술 업적의 중요한 부분을 이룬다. 대학에서도 소중한 교과목으 로 삼는다. 그러나 두 가지 무관심을 공통되게 지녔다. 철학의 개 념에 대해서 재검토하지 않는다. 유럽에서 내린 정의를 그대로 따 르면 된다고 여긴다. 중국철학을 동아시아 여러 나라의 철학과 연 결시켜 함께 다루지는 않는다. 중국철학이 홀로 대단하다고 여기 고 동아시아 다른 나라에서도 철학을 해온 줄 모른다.

(任繼愈 主編, 《中國哲學史簡編》, 北京: 人民出版社, 1973; 孫叔平, 《中 國哲學史稿》, 上海: 上海人民出版社, 1980; 楊憲邦 主編, 《中國哲學通史》, 北京: 中國人民大學出版社, 1988; 裵大洋 主編, 《中國哲學史便覽》, 西寧: 青海人民出版社, 1988 등의 중국철학사가 있다.)

월남의 경우를 보자. 철학사라는 책은 없고 유학사나 사상사만 있다. 《월남사상사》 서두에서 무엇을 어떻게 문제 삼을 것인지 길 게 논란한 대목이 있어 간추려 옮긴다. 철학이라는 말은 근래 유럽 에서 받아들였으나, 인도와 중국에는 일찍부터 철학이 있었다. 월남은 그 두 곳 철학의 영향을 받아 철학을 했으나 이룬 바는 그리 크지 않다. 월남철학사만 따로 다루는 것보다 철학을 포함한 이념적 사고의 광범위한 영역을 총괄해서 고찰하는 월남사상사를 정치사상이나 사회사상에 상당한 비중을 두고 고찰하는 것이 마땅하다. 이렇게 말했다.

(Tran Van Giau, *Su phat trien tu tuong o Viet Nam tu the ky XIX den Cach mang Thang Tam*, Hanoi: Nha xuat ban khoa hoc xa hoi, 1973 전2권은 《월남 사상의 발전: 19세기부터 8월혁명까지》이다. 근대 사상의 형성과 발전을 시대상황 및 민족해방투쟁과 관련시켜 자세하게 고찰했다. Nguyen Tai Thu 편, *Lich su tu tuong Viet Nam*, Hanoi: Nha xuat ban khoa hoc xa hoi, 1993은 위에 든 《월남사상사》이다. 정치, 사회, 철학, 종교 등에 걸친 월남사상의 전개 양상을 19세기에 이르기까지 시대별로 정리해 고찰했다. Quang Dam, *Nho giao xua va nay*, Hanoi: Nha xuat ban hoa, 1994는 《유교, 과거와 현재》이다. 월남 유교의 기본 개념과 특징을 간략하게 개관했다. Phan Dai Doan, *Mot so van de ve nho giao Viet Nam*, Hanoi: Chinh tri Quoc gia, 1998은 《월남 유교의 몇 가지 문제》이다. 15세기부터 20세기까지의 월남 유교를 역사, 사회, 교육 등과 관련시켜 고찰했다.)

한국은 철학이라는 용어를 일본에서 받아들였다. 그러면서 일본에서처럼 '필로소피'를 이은 서양철학이라야 철학이라고 하지 않고, 중국에서 하듯이 철학에 해당하는 재래의 용어와 개념이 어떤 것인지 찾는 작업도 생략했다. 철학사 쓰는 것을 쉬운 일로 여겨 거듭 내놓으면서 철학이 무엇인가 하는 문제에 대해서는 특별한 관심을 보이지 않는다. 철학사를 구성하는 내부의 논란을 어떻게 이해하고 평가할 것인가 하는 것을 긴요한 관심사로 삼는다.

(정진석 외, 《조선철학사》, 평양: 과학원출판사, 1960; 최민홍, 《한국철학사》, 서울: 성문사, 1974; 한국철학회, 《한국철학사》, 서울: 동명사, 1978; 유명종, 《한국철학사》, 서울: 일신사, 1969; 정성철, 《조선철학사》, 평양: 과학백과사전출판사, 1987; 최봉익, 《조선철학사》, 평양: 백과사전출판사, 1991; 하기락, 《조선철학사》, 서울: 형설출판사, 1992; 김승동, 《한국철학사》, 부산: 부산대학교출판부, 1999 등이 있다.)

동아시아철학사로 가는 길

역사 분야에 한국사·동양사·서양사가 있듯이 철학에도 한국철학·동양철학·서양철학이 있는 것이 당연하다고 여긴다. 동양철학이라는 말을 한국에서 많이 쓴다고 해서 그런 내용을 갖춘 철학사가 있는 것은 아니다. 중국철학을 동양철학이라고 하고, 더러는 인도철학을 곁들이거나 한다. 동아시아철학사를 통괄해서 이해하려는 진지한 노력은 찾아보기 어렵다.

중국에서는 《東方哲學》이라는 책이 거듭 나왔으나, 동방문학의 경우처럼 '동방'의 범위가 아주 넓어, 인도철학, 아랍철학, 고대 이집트와 바빌로니아의 철학까지 다루었다. 동아시아에서는 중국과 일본의 철학만 필수적인 고찰의 대상으로 삼았다. 한국철학을 넣는 경우에도 월남은 빠뜨렸다. 여러 곳의 철학에 관해 각기 설명한 글을 느슨하게 연결시켰다.(任厚奎 外 主編, 《東方哲學槪論》, 成都: 四

川大學出版社, 1991; 樓宇烈 主編, 《東方哲學槪論》, 北京: 北京大學出版
社, 1997)

일본에서 출간된 《개설 동아시아 사상사》는 고찰의 범위를 중
국·한국·일본으로 했으나 여러모로 미흡하다. 일본의 관례를 다
른 나라에도 적용해 '철학사'가 아닌 '사상사'를 다룬다고 했다. 각
국에 관한 고찰이 독립되어 있고 상호관련에 관한 논의는 없다. 이
미 알려진 내용을 열거하는 데 그치고 새로운 탐구를 시도하지 않
았다. 한국어 번역본 표제에 "비교연구"라는 말을 넣었으나, 비교
는 아니고 연구라고 하기도 어렵다.(松島隆裕·成澤 勝·松田弘·渡
部治, 《槪說 東アジア思想史》, 東京: 杉山書店, 1982; 조성을 역, 《동아
시아사상사: 중국·한국·일본사상사 비교연구》, 서울: 한울아카데미,
1991)

동아시아에 대한 인식을 멀리서 깨우쳐주는 작업마저 철학에서
는 그리 두드러지지 않다. 유럽문명권에서는 자기네 문명권 밖의
철학에 대해서도 알고자 한다. 세계 여러 곳의 철학을 개관할 때
동아시아철학 일부를 거론한다. 그런 책은 여러 전문가가 각기 쓴
글을 모았을 따름이고 철학사가 아니다. 세계철학사라고 하는 것
들도 있으나 공통된 전개를 밝혀 논하지는 못했다.

(Brian Carr and Indira Mahalingam ed., *Companion Encyclopedia of Asian
Philosophy*, London: Routledge, 1997에서 페르시아·인도·불교·중국·
일본·이슬람철학을 개관했다. Eliot Deutsch and Ron Bontekoe ed., *A
Companion to World Philosophies*, Malden: Blackwell, 1997라는 것에서는
유럽 밖의 철학을 아프리카나 폴리네시아의 것들까지 개관하면서 중국

철학과 일본철학을 포함시켰다. 《철학사와 문학사 둘인가 하나인가》,
서울: 지식산업사, 2000 서두에서 세계철학사의 여러 저작을 일제히 검
토하고 비판했다.)

그러다가 동아시아의 경제 발전이 전통사상 특히 유교와 어떤
관련을 가지는지 문제 삼는 것이 새로운 관심사로 등장했다. 《유
교 다시 생각하기》(Benjamin and others ed., *Rethinking Confucianism,
Past and Present in China, Japan, Korea, and Vietnam*, Los Angels: UCLA
International Institute, 2002)라는 것이 그래서 이루어진 책의 하나이
다. 그런데 유교사회나 유교문화에 관한 이러저러한 논의를 산만
하게 모아놓아 핵심이 분명하지 않다. 유교를 철학으로 문제 삼지
않아 깊이가 없다. 유교와 경제 발전의 관계에 관한 해묵은 논제를
새롭게 다룬 성과가 있다고 인정하기도 어렵다. 한국에 관해 고찰
한 논자들은 철학과 거리가 먼 분야의 전공자들이다.

중국·한국·일본만 동아시아라고 하지 않고 월남을 함께 다룬
점은 평가할 만하다. 공동 작업에 참여한 월남 전공자들이 유학에
대해 상당한 관심과 이해를 갖추고 있어 필요한 노력을 했다. 유교
의 유산을 정리하고 평가하는 작업을 근대월남에서 한 저작을 논
의의 대상으로 하고, 유교를 공산주의 지향의 사회사상과 합치되
게 계승하려는 시도도 있다는 것을 알려주었다.

동아시아에서 철학이 근대화와 어떤 관계를 가지는가 하는 문제
를 일본에서도 다루고자 했다. 그래서 내놓은 《동아시아와 철학》
(藤田正勝 外, 《東アジアと哲學》, 京都: ナカニシヤ出版, 2003)에 중국
이나 한국 학자들이 자국에 관해 고찰한 글도 실려 있다. 그러나

동아시아의 철학이라는 것이 유럽철학의 수용이다. 일본에는 전통철학에 대한 관심과 논의가 없는 형편에다 중국과 한국을 갖다 맞추었다. 중국이나 한국도 유럽철학에서 받아들여 철학을 하게 되었다고 알렸다.

동아시아 사상의 소중한 전통을 이어받고자 하는 노력도 있다. 인류의 미래를 위해 지표로 삼아야 하는 共生이나 平和 사상이 유럽에나 이루어졌다는 잘못을 시정하고 동아시아의 전통을 재인식해야 한다는 저작이 이어 나왔다.(吉田傑俊 外 共編,《'共生'思想の探究: アジアの視點から》, 東京: 靑木書店, 2002; 村瀨裕也,《東洋の平和思想》, 東京: 靑木書店, 2003) 그러나 동아시아 철학사를 통괄해 다루는 시야를 갖추려고 하지 않고, 이른 시기의 중국과 근대 이후의 일본을 바로 연결시켜 공생이나 평화를 위한 일본의 기여가 돋보이게 하려고 한다.

동아시아철학사에 대해서 고찰하고자 하는 시도는 한국 학자들이 적극적으로 하고 있다. 한국은 중국과 일본 사이에 있어 양쪽에 관심을 가지게 마련이다. 중국이나 일본 양쪽 또는 그 가운데 어느 한쪽에 관해서 특별한 이해를 하거나 유학해서 학문의 폭을 넓힐 기회가 그 두 나라 사람들보다 많은 편이다.

주칠성 외 역,《동아시아의 전통철학》(서울: 예문서원, 1998)을 보자.(延邊大學 朝鮮問題硏究所,《中國・朝鮮・日本傳統哲學比較硏究》의 번역본이다.) 유학・도교・불교・주자학・양명학・실학의 항목을 설정하고, 그런 것들이 중국・한국・일본에서 어떻게 나타나고 어떤 특징을 지녔는지 정리했다. 일본어를 아는 세대의 중국 조선족

학자들이 앞서서 할 수 있는 일이다.

새로운 세대는 이웃 나라에 유학해 이해를 넓힌다. 이기동·정용선 역,《동양 삼국의 주자학》(서울: 성균관대학교출판부, 1995)이나 최재목,《동아시아의 양명학》(서울: 예문서원, 1996)은 일본에가서 박사학위를 취득한 논문을 책으로 간행한 것들이다. 오이환,《동아시아의 사상》(서울: 예문서관, 2003)은 중국과 일본 양쪽에 유학해 얻은 성과이다.

앞에 든 업적은 간략한 개관이다. 뒤의 세 저작은 철학사의 어느 한 분야를 다루었다. 동아시아철학사를 서술하기 위해 필요한 기초작업을 했지만, 다룬 범위에서나 논의의 심도에서나 아직 많이 모자란다고 하지 않을 수 없다. 유럽철학사에 견줄 수 있는 동아시아철학사가 나오기까지 더 많은 노력이 있어야 할 것이다.

동아시아철학사를 어떻게 써야 하는가? 이 물음은 동아시아문학사의 경우보다 대답하기 더 어렵다.《철학사와 문학사 둘인가하나인가》에서 철학과 문학의 관계가 문명권에 따라서 어떻게 같고 다른지 시대별로 비교하고,《인문학문의 사명》(서울: 서울대학교출판부, 1997)을 쓸 때에는 중국·일본·한국의 현대철학자를 한사람씩 들어 살폈다. 그렇게 하면서 생각한 바를 일부 정리해 제시하기로 한다. 유럽에서 유럽철학사를 쓰는 작업보다 많이 뒤떨어진 동아시아의 작업을 더 잘 하기 위해 필요한 최초의 설계도를 그려보겠다.

철학은 글로 기록되기 전의 구비철학에서 생겨났다. 동아시아의 경우에는 그 사실을 입증할 자료가 있다. 중국의 여러 소수민족의 철학을 구전에서 찾은 것이 좋은 작업이다.(蕭萬源 外 主編,《中國少數民族哲學史》, 合肥: 安徽人民出版社, 1992) 다른 나라 더 많은 민족의 경우에도 같은 작업을 해야 한다.《동아시아구비서사시의 양상과 변천》에서 서사시를 고찰한 내용에 철학으로 평가해야 할 것들이 적지 않다.

중국철학을 한국이나 일본에서 받아들여 자기 것으로 만든 과정이나 살피고 마는 것은 잘못이다. 중국이 아닌 다른 어디서도 철학은 시작되나, 한문 글쓰기를 하면서 철학을 기록할 수 있었다. 기록하면서 사용한 용어나 표현의 소종래를 들어 발상의 성격을 규정하지 말아야 한다. 중국·한국·일본의 범위를 넘어서서, 다른 여러 민족도 철학을 한 것을 알아야 한다. 월남이나 유구를 주목하고, 중국·일본·월남 등지의 소수민족 철학도 살펴야 한다.

철학의 범위를 넓게 잡아야 한다. 철학과 문학은 하나이면서 둘이고 둘이면서 하나임을《철학사와 문학사 둘인가 하나인가》에서 밝혔다. 문학이면서 철학인 유산, 문학의 표현을 사용한 철학을 버리지 말고 받아들여 정당하게 평가해야 한다. 지배적인 이념에 대해 반론을 제기하려고 正攻이 아닌 側攻이나 逆攻의 다채로운 표현을 사용한 발언을 돌보지 않는다면 철학사의 전환을 이해하지 못한다.

동아시아철학은 하나이다

철학사가 개괄적인 서술로 끝난 것은 바람직하지 않다. 이미 이루어진 철학을 받아들이고 나누어 가지면서 존중하는 동안에 다소 변이가 생겨 나라마다 시대에 따르는 특색이 있었다는 정도의 말을 하고 말면 철학이 죽는다. 동아시아는 철학마저 정체되어 있었다는 오해를 가중시킬 수 있다.

여러 철학 사조를 열거하고, 시대나 나라에 따라 변이한 양상을 지적하는 데서 더 나아가야 한다. 논란이 일어난 이유가 무엇이며 어떤 사회적·역사적 파장이 수반되었는지 밝혀야 한다. 철학의 변천과정을 보여주는 데 그치지 않고 철학에 관한 논란을 펴는 자리를 만들어야 한다. 대립과 논쟁을 멀리 두고 설명하지 말고, 누가 어떤 주장을 어떻게 폈는지 깊이 들어가 논의해야 한다. 중요한 글 원문을 들고 문학작품을 분석하듯이 따져야 한다.

지난 시기의 논란을 오늘날의 것으로 되살려야 한다. 오늘날의 철학을 새롭게 하는 원천 노릇을 하고 인류의 지혜를 향상하는 데 직접 기여하는 철학사를 이룩해야 한다. 그 점에서 유럽철학사보다 앞서 나가면서 세계철학사를 제대로 쓰는 길을 제시해야 한다.

그런 작업을 여기서 길게 할 수는 없다. 두 가지 예증을 들어 구체적인 양상을 보여주는 데 그친다. 두 예증은 서로 대립되어 동아시아가 하나이면서 여럿인 양면을 말해준다. 중국 것을 먼저 들고 다른 나라에 가서 어떻게 변했는지 말하는 관례를 깨고 예증 하나는 일본에서, 다른 하나는 한국에서 찾는다.

하나는 동아시아가 동일문명권이라는 인식에 관한 것이다. 그런 말도 그냥 하고 말 것이 아니다. 좋은 예증을 찾아 '동일'에 대한 인식이 무엇이었던지 따지고 들어야 한다. 동일성의 분명하고 좋은 증거를 이질성의 본고장이기만 한 것 같은 일본에서 마련했다. 17세기 학자 藤原惺窩의 언행을 제자 林羅山이 기록한 데 다음과 같은 말이 있다. (〈惺窩問答〉, 《林羅山文集》 권32)

　　理之在也 如天之無不幬 似地之無不載 此邦亦然 朝鮮亦然 安南亦然 中國亦然 東海之東 西海之西 此言合此理同也 南北亦然 是豈非至公至 人至正至明哉

　　理가 있다는 것은 하늘이 덮지 않은 것이 없고, 땅이 싣지 않은 것이 없음과 같다. 이 나라에서도 그렇고, 조선에서도 그렇고, 안남 에서도 그렇고, 중국에서도 그렇다. 동해의 동쪽이나 서해의 서쪽 에서도 이 말은 이 이치와 합치된다. 남북에서도 그렇다. 이것이 어 찌 지극히 공변되고, 지극히 크고, 지극히 바르고, 지극히 밝지 않 겠는가.

　　무엇을 말했는지 분석해 논하기 위해 번호를 붙이자. (1) 理는 모든 것을 하늘이 덮고 땅에 싣는 것만큼 보편적이다. (2) 그런 理 를 "이 나라"라고 한 일본이, 조선·안남·중국과 함께 존중한다. (3) 동서남북 다른 곳에서도 그렇게 해야 한다. (4) 어디서나 존중 해야 하는 보편적인 원리인 理는 지극히 공변되고, 크고, 바르고, 밝다.

　　(1)의 보편적인 이치를 갖추어야 문명권이 이루어질 수 있다. 어 느 지역, 어떤 사람들에게만 통용되는 특수한 이치, 배타적인 사고 는 문명을 만들어낼 수 없다. 理라고 한 것은 유학의 원리이다. 천

지만물과 함께 지닌 理를 사람이 실현하는 방식은 仁義禮智이다. 그런 내용의 공동 이념을 갖추어 동아시아 문명이 성립되었다.

(2)에서는 유학을 공동 이념으로 하고 있는 곳이 일본·조선·안남·중국이라고 구체적으로 지적했다. 그것이 동아시아문명의 범위이다. 네 나라를 든 순서를 주목해보자. 일본을 가장 먼저 든 것은 자기가 일본 사람이기 때문일 것이다. 일본이 동아시아문명권의 일원임을 강조해서 말할 필요가 있었던 것이 더 중요한 이유일 수 있다. 조선을 두 번째로 든 것은 가까이 있고 자기 학문의 직접적인 원천을 제공한 곳이기 때문일 것이다. 안남을 빼놓지 않은 것은 식견이 넓다는 증거이다. 중국을 맨 뒤에 둔 것은 무슨 이유인가? 중국은 중심에 있다거나 우월하다든가 하는 생각을 버리고, 네 나라가 모두 대등하다고 해야 유교의 보편주의가 제대로 인정된다고 여긴 것으로 보아 마땅하다.

(3)에서 동서남북을 들어 무엇을 말하려고 했는가? 네 나라 밖의 사정을 살핀 것으로 생각된다. 멀리 있어 유교의 이치를 모르고 있는 사람들에게도 유교의 이치는 동일하게 적용된다고 했다. 자기네 문명권에서 내세우는 보편적 이치를 세계 전체 다른 모든 곳에서 일제히 받아들여야 한다고 요구하는 것이 모든 문명권의 공통된 특징이다. 유학은 말만 그렇게 하고, 종교전쟁을 일으키거나 선교사를 파견하지는 않았다.

(4)에서는 유교 이치가 보편적 가치를 지닌 것을 강조해 말했다. "이것이 어찌 지극히 공변되고, 지극히 크고, 지극히 바르고, 지극히 밝지 않겠는가"라고 하는 말을 두 가지로 이해할 수 있다. "公大

正明"이라고 규정한 네 가지 특징을 지적했다. "지극히"라는 말을 되풀이해서 비교 대상이 될 수 있는 다른 어떤 이치보다 훌륭하다고 했다. 神道나 불교를 두고 한 말일 수 있으나, 오늘날 다시 이해하면 기독교나 이슬람 등 다른 문명권의 보편종교까지 포함된다.

동아시아철학은 여럿이다

동아시아철학은 하나이기만 하지 않았다. 하나이면서 여럿이었다. 그 점을 실상대로 이해하기 위해서 문학사의 일단을 '華詩'·'夷歌'·'華歌'·'夷詩'의 대립관계로 다룬 것과 같은 작업이 철학사에서도 필요하다. 대립관계를 밝히는 이론적인 틀이 있어야 체계적인 서술을 하고, 무엇이 문제인지 명시하고, 지난 시기의 논란에 오늘날의 관점에서 참여할 수 있다. 이것이 철학사를 잘 쓰는 가장 중요한 요건이다. 유럽철학사보다 한 걸음 더 나아갈 수 있게 하는 비결이다.

철학사에서 전개된 대립관계를 어떻게 정리할 것인지 아직 말하기 어렵다. 경험론과 관념론, 유심론과 유물론 같은 개념을 사용하면 유럽철학사 이해의 틀을 무리하게 적용해 동아시아철학사의 진면목을 훼손한다. 유럽철학사라도 그렇게만 이해할 것인지 의문이 든다.

主理論과 主氣論, 理氣이원론과 氣일원론은 동아시아 유가철학의 전개를 이해하는 데 유효한 개념이다. 그러나 차이점을 들어 분류하는 데 치우치고 논란의 성격은 잘 나타내주지 못한다. 어떻게 말해도 상관이 없는 것을 두고 공연히 말싸움을 한다는 인상을 준다. 동아시아철학사의 전개를 이해하는 좀 더 나은 이론의 틀을 찾아내는 것을 목표로 하고, 중간 단계의 작업을 진행하자. 문학사에서 한 작업을 시험 삼아 철학사에 적용해보자.

시가사를 고찰하는 데 쓴 '華詩'·'夷歌'·'華歌'·'夷詩'에 해당하는 것들이 철학사의 대표적인 흐름인 유가철학사에도 나타났다고 할 수 있다. '華詩'에 해당하는 정통유학사상이 중국에서 정립되어 중세사고의 규범을 만들었다. '夷歌'와 상통하는 고대의 유산을 여러 민족이 독자적인 사고형태로 지켜오면서 중세사고를 자기 것으로 만드는 원천으로 삼았다. 여러 민족의 '華歌'가 성립되어 중세보편주의를 독자적으로 구현하는 작업이 철학사에서도 이루어져 정통유학을 각기 자기 것으로 재창조했다. '夷詩'의 출현과 병행해서 철학에서도 변혁이 일어나 정통유학을 내부에서 뒤집으면서 중세를 넘어서서 근대를 지향하는 사고형태가 나타났다.

'華詩'에 해당하는 철학의 규범은 南宋의 朱熹가 이룩했다. 주희는 유학의 정통을 분명하게 해서 가치관이 흔들리는 것을 막고자 했다. 朱子라고 칭송된 주희의 학설을 중국의 元·明·淸왕조, 한국의 조선왕조, 월남의 黎·阮朝, 일본의 德川幕府가 국가 이념으로 삼고 반론을 막았다. 사회질서의 근간이 되는 충효의 윤리를 확고하게 하는 절대적인 기여를 한다고 평가했기 때문이다.

충효의 윤리는 유학에서 항상 강조해 와서 새삼스럽지 않지만, 주희가 理氣철학에 입각해 윤리의 근거를 밝힌 것은 획기적인 의의가 있다. 사람은 동물과 이기에서 달라 동물에는 없는 윤리를 갖

추고 있다고 했다. 갖추고 있는 윤리를 실현해야 하는 것은 각자가
자의적으로 선택할 사항이 아니고 사람의 삶이 본질적으로 갖춘
조건이라고 했다. 그런 지론을 다음과 같이 폈다.(《朱子語類》 권4
性理1 〈人物之性氣質之性〉)

人物之生 有精粗之不同 自一氣而言之 則人物皆受是氣而生 自精粗
而言 則人得其氣之正且通者 物得其氣之偏且塞者 惟人得其正 故是理通
而無所塞 物得其偏 故是理塞而無所知 且如人 頭圓象天 足方象地 平正
端直 以其受天地之正氣 所以識道理 有知識 物受天地之偏氣 所以禽獸
橫生 草木頭生向下 尾反在上

　　사람과 동물의 삶은 精과 粗에서 같지 않다. 一氣에서 말한다면,
사람이든 동물이든 모두 이 氣를 받아서 생겨났다. 精과 粗에서 말
한다면, 사람은 그 氣가 바르고 통한 것을 받았고, 동물은 그 氣가
치우치고 막힌 것을 받았다. 오직 사람만 그 바른 것을 받았으므로
理가 통하고 막힘이 없다. 동물은 치우친 것을 받았으므로 理가 막
히고 지식이 없다. 또한 사람은 머리가 둥글어 하늘의 모습이고, 발
은 모나서 땅의 모습이며, 平正하고 端直해서 天地의 바른 氣를 받
았으므로 道理를 알고 지식이 있다. 사람이 아닌 다른 생물은 천지
의 치우친 氣를 받았으므로, 짐승은 橫生하고, 식물은 머리를 아래
로 하고 살며 꼬리는 도리어 위로 둔다.

　　사람과 다른 생물의 차이를 두 가지로 말했다. 하나는 氣가 바르
고 통했는가 아니면 치우치고 막혔는가 하는 것이다. 또 하나는 생

긴 모습이다. 누구나 보고 알 수 있는 생긴 모습을 氣가 어떤 상태인가 하는 숨은 이유를 밝히는 증거로 삼았다. 사람은 머리를 위로 하고 움직인다. 짐승은 머리와 몸을 같은 높이에 두고 움직인다. 식물은 머리에 해당하는 뿌리를 아래에 박고 거꾸로 서 있다. 그런 특징을 直生・橫生・逆生이라고 일컫고, 셋이 각기 지닌 氣가 바르고 통하는 것인가 아니면 치우치고 막힌 것인가 하는 차이가 있어 생긴 결과라고 했다.

그 때문에 윤리의 등급이 있다는 것이 주장하고자 하는 핵심 사항이다. 윤리와 함께 지식을 들었다. 생긴 모습에 관해서도 설명을 계속했다. 直生하는 사람은 머리와 발로 天圓과 地方을 나타낸다고 해서 천지의 이치나 도리를 구현하고 있다고 했다. 윤리는 사람이 지닌 특징이고 자랑인데 실행하지 않아 짐승 노릇을 할 수 없다는 결론을 향해 여러 단계를 거쳐 조심스럽게 다가가 반론의 여지가 없게 했다.

주희의 지론을 복잡한 이론을 갖추어 이해하는 것은 누구나 할 수 있는 일이 아니었다. 세상 사람을 두루 교화하기 위해서는 대중용 교본이 필요했다. 한국에서 만든 《童蒙先習》이 요령과 설득력을 특히 잘 갖추었다. 무지몽매한 어린아이를 깨우친다고 하고서 모든 사람이 다 알아야 할 교훈을 가르쳤다. 서두에서 한 말을 들어보자.

天地之間 萬物之中 惟人最貴 所貴乎人者 以其有五倫也 是故 孟子曰
父子有親 君臣有義 夫婦有別 長幼有序 朋友有信 人而不知有五常 則其

違禽獸 不遠矣

  천지 사이 만물 가운데 오직 사람이 가장 귀하다. 사람이 귀하다고 하는 것은 오륜이 있기 때문이다. 그러므로 맹자는 부자유친·군신유의·부부유별·장유유서·붕우유신을 말했다. 사람이 다섯 가지 도리를 알지 못하면 금수와 거리가 멀지 않다.

  오륜은 맹자가 이미 말한 바이다. 사람은 오륜을 갖추고 있어 만물 가운데 가장 귀하다고 하는 근거는 주희가 논증했다. 오륜을 알지 못하면 사람이라고 할 수 없고 금수와 다를 바 없다는 것은 누구도 거역할 수 없는 교훈이다.

  그러나 거기서 동아시아철학이 완결된 것은 아니다. 동아시아철학은 하나가 아니고 여럿이다. 고정되어 있지 않고 변했다. '華詩'의 위세를 뒤집어엎고 '夷詩'가 출현한 것과 같은 변혁이 철학에서도 일어났다. 중세에 머무르지 않고 중세에서 근대로의 이행기의 새로운 창조를 했다. 동아시아철학은 보수성 때문에 소중하지 않고 혁신이 더욱 값지다.

  비슷한 움직임이 동아시아 전역에서 나타났다. 중국의 王夫之(1619~1692)와 戴震(1724~1777), 한국의 任聖周(1711~1788), 洪大容(1731~1783), 朴趾源(1737~1805), 崔漢綺(1803~1877), 월남의 黎貴惇(1726~1783), 일본의 安藤昌益(1703~1762), 유구의 蔡溫(1682~1761)이 각기 자기 나름대로 철학을 혁신했다. 그것이 동시대 유럽의 계몽철학과 여러 면에서 상통한다.

  한국에서는 넷이나 나섰다. 그 가운데 중심을 이루었다고 할 수 있는 홍대용을 들어 논의를 구체화해보자. 중국에 갔다 오다가 산속에서 이상한 사람을 만나 나눈 말을 적었다는 〈毉山問答〉에다 발상의 전환을 집약해놓았다. 한 대목을 들어보자.

虛子曰 天地之生 惟人爲貴 夫今禽獸也草木也 無慧無覺 無禮無義 人貴於禽獸 草木賤於禽獸

實翁仰首而笑曰 爾誠人也 五倫五事 人之禮義也 群行呴哺 禽獸之禮義也 叢苞條暢 草木之禮義也 以人視物 人貴而物賤 以物視人 物貴而人賤 自天而視之 人與物均也

허자가 말했다. "천지의 생물 가운데 오직 사람만 귀하다. 저 금수나 초목은 지혜도 지각도 예의도 없다. 사람은 금수보다 귀하고, 초목은 금수보다 천하다."

실옹이 고개를 쳐들고 웃으면서 말했다. "너는 진실로 사람이구나. 五倫이나 五事는 사람의 예의이고, 무리를 지어 기어다니면서 서로 불러 먹이는 것은 금수의 예의이고, 떨기로 나며 가지가 뻗어나는 것은 초목의 예의이다. 사람의 견지에서 物을 보면 사람이 귀하고 물은 천하다. 物의 견지에서 사람을 보면, 物이 귀하고 사람은 천하다. 하늘에서 보면 사람과 物이 균등하다."

어렵거나 생소한 말에는 주석을 달아보자. '오륜'과 병칭한 '오사'는 다섯 가지 훌륭한 행실 孝·友·讀書·勤行·勤儉이다. 여기서 말하는 '物'은 삼중의 의미가 있다. 만물·생물·동물이다. 원론에서는 모든 것을 의미하고, 구체적인 논의는 '동물'을 대상으로 진행했다.

허자는 조선 사람이고, 중국에 갔다가 귀국했다. 실옹은 허자가 만난 미지의 인물이며 중국 사람일 수 있다. 허자는 젊고, 실옹은 나이가 들었다. 허자가 작가 자신이고, 실옹은 작자와는 다른 견해를 들려준 사람이라고 보는 것이 자연스럽다. 두 사람이 하는 말을 들어보면 그것과는 반대이다. 작자가 다른 글에서 줄곧 주장해온 바를 나타내는 인물이 허자가 아닌 실옹이다. 허자는 반론의 대상이 되는 기존의 견해를 대변했다.

허자가 "천지의 생물 가운데 오직 사람만 귀하다"고 한 것은 《동몽선습》 서두에서 한 말이다. "저 금수나 초목은 지혜도 지각도 예의도 없다"고 한 것은 주희가 확고하게 다진 이치이다. 예의뿐만 아니라 지혜와 지각에서도 사람은 금수와 다르다는 것을 논거로 해서 다진 "사람은 금수보다 귀하고, 초목은 금수보다 천하다"는 비교론이 의문이나 재론의 여지가 없이 타당하다고 했다.

금수나 초목은 지혜도 지각도 없다고 한 것은 사실이 아니다. 남아시아에서 지진해일이 일어나 사람이 많이 죽었을 때 동물은 모두 미리 알고 피해 희생자가 없었다. 그렇게 한 것이 지혜나 지각이 아니고 무엇인가? 지혜나 지각은 그렇고, 예의란 무엇인가? 예의란 더불어 사는 데 필요한 질서이다. 금수나 초목에도 그 나름대로 예의가 있다. 사람에게 필요한 예의를 금수나 초목에 적용하는 것은 잘못이다.

허자가 하는 말을 듣고 실옹이 반론을 제기했다. '오륜'이나 '오사'는 사람의 예의이고, 다른 생명체에도 그 나름대로 예의가 있다고 했다. "무리를 지어 기어다니면서 서로 불러 먹이는 것은 금수의 예의이고, 떨기로 나며 가지가 뻗어나는 것은 초목의 예의이다"라고 했다. 사람의 예의를 기준으로 다른 생명체의 예의를 판정하는 것은 잘못이라고 했다. 사람 중심주의를 버리고 생명은 모두 존중해야 한다고 했다. 사람을 포함한 모든 생명체가 각기 삶을 마땅하게 누리는 방식이 각자의 예의라고 했다. 모든 생명체는 각기 그 나름의 예의가 있다고 해서, 예의의 보편성과 그 양상의 특수성을 함께 인정했다.

사람 기준에서 벗어나야 하는 이유를 그 다음 대목에서 밝혔다. "사람의 견지에서 物을 보면 사람이 귀하고 물은 천하다"고 하고, "物의 견지에서 사람을 보면, 物이 귀하고 사람은 천하다" 하고 "하늘에서 보면 사람과 物이 균등하다"고 한 것이 그 말이다. '物'은 만물·생물·동물의 세 차원에서 이해할 수 있는 말이라고 했다. 사람과 그런 것들은 상대적인 관계를 가진다는 점에서 균등하다고 하는 것이 가장 큰 범위에서 인정되는 원론이다. 동물의 견지에서 판정하면 사람이 하는 짓은 비정상이고 부도덕하다고 할 수 있다는 것을 힘써 말하려고 했다.

허자는 헛소리를 하고, 실용이 바른 말을 했다. 주자의 지론을 따르는 허자가 헛소리를 한다고 하면서 주희가 헛되다고 둘러말했다. 반발을 줄이고 설득력을 높이려고 허구적인 사건을 설정해 우언을 만들었다. 더 따져야 하지만 드러내놓고 논의하기는 어려우므로, 주희의 지론을 하나하나 논박하는 일은 독자에게 맡겼다.

주희가 사람이 直生하는 것은 氣가 바르고 통한 증거이고, 짐승이 橫生하는 것은 기가 부분적으로 바르고 통하기 때문이고, 초목이 逆生하는 것은 기가 바르지도 못하고 통하지도 않기 때문이라고 한 것을 다시 보자. 그것은 사람의 일방적인 생각이다. 천하만물이 함께 지닌 보편적인 氣를 사람이 함부로 왜곡해서 그릇된 판단을 했다.

사람은 머리가 天圓, 발은 地方의 형상을 하고 있다는 것도 사실에 대한 그릇된 이해이다. 그런 모습을 하고 사는 것이 기가 바르고 통한 증거라는 것은 억지이다. 사람이 다른 생명체보다 우월한 이치를 주희가 타당하게 밝혀 논했다고 인정하고 따르는 것은 잘못이다. "사람은 금수보다 귀하고, 초목은 금수보다 천하다"고 할 수 있는 근거는 없다.

사람만 五倫이 있다는 주장을 두고 탈춤 대사에서 심하게 야유했다. 개에게도 오륜이 있다고 했다. "毛色相似하니 父子有親이오, 知主不吠하니 君臣有義요, 孕後遠夫하니 夫婦有別이요, 小不敵大하니 長幼有序요, 一吠衆吠하니 朋友有信이라." 지금은 이런 말마저 번역해야 이해할 수 있게 되었다. "털빛이 비슷하니 父子有親이요, 주인을 알아보고 짖지 않으니 君臣有義요, 새끼 밴 다음에는 지아비를 멀리 하니 夫婦有別이요, 작은 것이 큰 것에게 대들지 않으니 長幼有序요, 한 마리가 짖으면 뭇 놈들이 짖으니 朋友有信이라."

오륜이라고 하는 것들은 다름 아니라 생물이 살아가는 모습이다. 사람만 오륜이 있다는 것은 사람만 살고 있다는 말이다. 이렇게 주장하면 큰일 난다. 윤리적 질서의 근본을 부정하는 대역죄를 저지르니 목숨을 부지할 수 없었다. 윤리가 모든 것의 근본이라고 여기던 시대였다. 탈춤 대사란 함부로 하는 말이라, 귀 기울여 듣고 문제 삼을 것이 아니니 그냥 지나갔다. 글을 써서 이치를 논하는 사람이 같은 말을 하는 것은 있을 수 없는 일이었다.

탈춤 대사에서 한 말은 '夷歌'에 상응하는 구비철학이고 민중철학이다. 기록되지 않았지만 널리 알려졌다. '華詩'에 해당하는 정통유학을 글을 써서 공격하지 않아 탄압의 대상이 되지 않았다. 같은 주장을 글로 쓰고 전후의 이치를 갖추어 나타낸 홍대용의 글은 '夷詩'에 해당하는 것이다. '夷歌'가 있어 '夷詩'가 성립될 수 있었던 것이 문학사의 경우와 같다. 우언을 이용한 것은 탈춤과 유사하다. 이치를 갖춘 말을 한문으로 쓴 것은 다르다.

주희의 지론은 理氣論으로 이루어졌다. '一氣'라는 말을 쓴 것을 주목하자. 氣가 하나이고 理도 하나이다. 그러면서 氣에 精粗가 있어, 理에 通塞이 있다. 사람과 다른 생명체의 차이를 말하는 것은 둘째 명제에 근거를 두었다. 첫째 명제는 보편성을, 둘째 명제는 특수성을 말하는 근거이다.

이렇게 말하는 데 동의한다면 반론을 제기할 수 없다. 근거 없는 비방으로 소란을 일으키거나 하는 것은 잘못이다. 개에게도 오륜이 있다는 수준의 발언으로 철학론을 대신할 수 없다. 철학에는 관심이 없다고 하면서 철학에 대한 논의를 함부로 하는 무책임한 짓은 하지 말아야 한다. 무엇이 문제인지 재론해서 주희의 견해가 잘못임을 밝히고 타당한 대안을 제시해야 한다.

문제는 (가) 一氣와 一理, (나) 精粗가 있는 氣와 通塞이 있는 理, 이 둘의 상관관계이다. 이 둘을 함께 인정한다 하고, (가)는 원칙상 존재하고, (나)는 실제로 작용한다고 했다. (가)는 공중에 떠 있고, (나)만 움직인다고 했다. 그렇게 분리할 수는 없다. (나)의 작용에 (가)는 개입하지 않는가? 이것이 문제이다.

18세기 한국에서 이에 관해 치열한 논란이 벌어져, 人・物性 同異論爭이라고 하는 것이 일어났다. 사람과 동물의 性이 같은가 다른가 하고 공연한 시비를 벌인 것 같지만, 문제를 깊이 파고들어 심각하게 따진 견해 대립이 나타났다. 그 경과를 설명하려면 무척 복잡한 논의가 필요하다. 양쪽의 인물을 들고, 원전을 인용하고, 다툼이 벌어진 경과를 드는 일은 하지 않는다. 그런 번거로움 때문에 문제의 핵심이 흐려지고, 철학에 대한 불신이 일어나는 것을 경계한다. 반드시 필요한 말만 하면서 쉽게 접근하는 길을 찾는다.

理와 氣에 대한 장황한 논의 또한 부적절하다. 그러나 그런 말을 사용하지 않으면 사태의 진실을 파악할 수 없다. 氣는 삶이고, 理는 도의이다. 이렇게 생각하는 것이 최상의 방안이다. 삶과 도의의 관계가 핵심 문제로 등장해서 복잡하고 난해한 논의가 벌어졌다.

삶의 양상이 어떻게 달라지든 도의의 근본은 변하지 않는다. 이렇게 말하려면 (가)의 一理가 허공에 떠 있기만 하지 않고 (나)의 차별상에서도 실제로 작용한다고 해야 한다. 理는 氣에 精粗가 있다고 해서 通塞으로 갈라지기만 하지 않고 여전히 一理라고 해야 한다. 그 점에서 사람이든 동물이든 다름없으므로 人・物性同論이 타당하다는 주장을 폈다.

삶의 양상이 달라지면 도의도 달라진다. 도의는 근본이라고 하는 것이 의의를 가지지 않고 상황에 따라 구체화해야 유효하다.

(가)에서 말하는 것은 이치의 근본이 그렇다는 말이고 실질적인
의의가 없다고 해야 한다. 공연한 소리를 하지 말고 (나)에서 이루
어지는 제반사태를 실상대로 이해해야 한다. 氣에 精粗가 있으면
理에 通塞이 있는 것이 당연하다. 사람이나 동물의 性이라는 것도
通塞이 있는 理이므로, 人·物性異論이 타당하다.

이 둘이 팽팽하게 대립되어 (가)와 (나)를 함께 인정할 수 없게
되었다. 논란이 심해지면서 주장하는 바가 더욱 극단화했다. 한쪽
은 (가)로 기울어져 이상주의가 되었다. 다른 쪽은 (나)를 근거로
삼는 현실주의로 나아갔다. 그래서 해결책은 없고 결별이 불가피
하게 되었을 때 제3의 견해가 나타났다.

삶의 양상이 도의이지 도의가 따로 있는 것은 아니다. 이렇다고
바로 말할 수는 없어 근거가 되는 철학을 다져야 했다. (가)의 一
氣가 (나)의 차별상에서도 실제로 작용한다. 氣는 하나이면서 여럿
이다. 精粗가 있어도 一氣의 특성이 없어지지 않는다. 그러므로 人·
物性同論이 타당하지만 그 근거는 아주 다르다.

첫째 견해는 人·物性因理同論이고, 둘째 견해는 人·物性因氣異
論이라면, 셋째 견해는 人·物性因氣同論이라고 할 수 있다. 人·物
性同論이라는 점에서 첫째 것과 일치하지만, 같다는 이유가 전혀
다르다. 사람이나 동물은 氣로 말미암아 같다고 했다. 氣를 삶이라
고 하고 다시 말해보자. 사람이나 동물은 삶을 누린다는 점에서 같
다고 했다. 이것도 현실주의이지만 앞의 것과 다르다. 현실을 바로
알아 규제하고 단속해야 한다는 것이 아니고, 있는 그대로의 삶을
인정해야 한다는 것이다.

짐승만도 못한 놈이라고 욕하거나 人面獸心이라고 나무라는 것은 잘못이다. 짐승에 대한 명예훼손이다. 짐승이 사람보다 도덕적으로 저열하지 않다. 사람이 저지르는 악이 짐승에게는 없다. 사람은 만물의 靈長이 아니다. 사람의 우월성을 도덕적으로 평가하는 것은 잘못이다. 사람은 도덕적으로 많은 결함이 있다는 것을 인정하고 반성해야 한다.

짐승이나 식물도 그 나름대로 뛰어난 지각과 판단력을 가지고 있다. 그 오묘한 비밀을 다 밝혀낼 수 없다. 생산 또는 창조력도 탁월하다. 우리가 그것을 이용하면서 고맙게 생각해야 한다. 동식물 덕분에 사람이 살아간다. 영양소와 약품을 모두 동식물이 제공한다. 동식물의 생산능력이 탁월하지 않으면 그럴 수 없다.

삶을 누리는 것이 善이므로 동식물을 존중해야 한다. 동식물을 함부로 죽이고 훼손하는 것은 용납할 수 없는 일이다. 사람이 살아가는 데 최소한 필요한 것은 이용하고, 그 이상의 것은 있는 그대로 두고 존중해야 한다. 자연을 보호해야 하는 이유가 바로 여기 있다. 두고 이용하기 위해 아끼는 것과는 다른 생각이다.

사람 중심의 사상은 잘못 되었다. 사람 존중의 사상을 사람들끼리 펴면서 자기도취에 빠지는 것은 어리석다. 사람 중심의 사상은 이미 많은 과오를 저질러왔다. 이제는 반성하고 재출발해야 할 때이다. 사람 중심의 생각을 버리고 모든 생명체를 존중해야 한다.

사람은 짐승보다 도덕적으로 우월하다. 사람은 동식물을 마음대로 지배하고 이용할 수 있는 권리가 있다. 사람 중심의 사상을 가지자. 이런 주장은 모두 사람들 사이에서 차별을 만들고, 강자가 약자를 지배하는 데 이용되었다. 그런 생각을 버리고 삶을 누리는 것이 선이라고 해야 사람들 사이에서도 평등이 이루어진다.

學行一致를 말하면서 이치를 밝히는 작업과 올바른 실천이 둘이 아니고 하나라고 하는 것이 또한 동아시아철학의 오랜 전통이다. 그 점은 學을 行에서 분리해 이치를 밝히는 작업을 그 자체로 진행하는 유럽철학과 다르다. 산스크리트문명권에서 '다르사나'를, 아랍어문명권에서 '히크마흐'를 내세워 유럽철학에 반론을 제기하는 작업을 동아시아에서는 학행일치에서 한다.

삶을 누리는 것이 선이라는 명제는 學보다 行에서 더 큰 의의를 가진다. 다른 사람의 삶을 존중해야 하고, 사람이 아닌 다른 생명체도 사람처럼 여겨야 한다는 행위의 지침이 그 말에 있다. 생태계 보존이 지금 시대의 가장 긴요한 과제라고 하는데, 한꺼번에 훼손하지 말고 두고두고 이용하자고 하는 것은 모자라는 생각이다. 동물이든 식물이든 삶을 누리는 것이 선임을 인정하고 사람의 횡포를 스스로 제어해야 한다.

당면 과제

문명의 동질성은 버리고 민족문화의 배타적인 특성을 일방적으로 중요시해온 근대의 학풍을 청산해야 한다. 문명이 하나라고 하고 불변의 원리만 소중하다고 한 중세의 학풍을 계승해 근대의 관점에서 재론해야 한다. 문명은 하나이면서 여럿임을 밝히고, 불변의 원리를 둘러싼 논란에서 변화가 이루어져온 경과를 찾자. 근대

학문과 중세학문을 합쳐 근대 다음 시대의 학풍을 만드는 작업을 선도하자.

동아시아문명은 복고주의자의 안식처가 아니다. 여러 흐름 가운데 하나를 임의로 택해 克己復禮를 주장하는 단순사고에서도 벗어나야 한다. 대립과 혁신이 있었던 사실이 소중하다. 그 가운데 어느 것을 이어서 새로운 창조의 원천으로 삼는 작업을 다양하게 전개해야 한다.

동아시아문학사, 동아시아사를 먼저 들고 동아시아철학사를 고찰하는 데까지 나아가 할 일을 다 말한 것은 아니다. 셋 다 예증에 지나지 않는다. 역사적 연구만 긴요한 것도 아니다. 할 일이 더 많다. 동아시아문명의 전개를 역사적으로 정리해 언어, 문자, 종교, 민속, 미술, 음악, 연극, 무용 등에 관해서도 다각적인 연구를 하고 얻은 성과를 통합해야 한다.

이 일에 동아시아 각국 학자들이 힘을 모아야 한다. 서로 연관되는 연구를 확대하고 심화하면서 교류를 활발하게 해야 한다. 그런 과업을 주도하는 연구소가 각국에 있고 연합체를 구성하는 것이 바람직하다. 학술회의를 열고 책을 내는 일을 함께 하면서 한문을 공용어로 사용할 것을 제안한다. 한문을 일제히 사용해 함께 이룩한 성과를 각국어로 번역하는 것은 그 다음의 일이다.

동아시아 문명사를 다른 문명권의 경우와 비교해 고찰하는 작업을 적극적으로 수행해야 한다. 이 작업에서 세 가지를 얻을 수 있다. 동아시아문명에 대한 자기 점검을 철저하게 하고, 다른 문명 특히 유럽문명권을 상대로 벌이는 선의의 경쟁을 피차 유익하게 전개하고, 인류 문명 전체에 대한 새로운 통찰을 얻을 수 있다. 이제 원대한 포부를 가지고 앞서 나가는 학문을 하자. 수입학과 자립학의 갈등을 넘어서서 창조학을 크게 이룩하자.

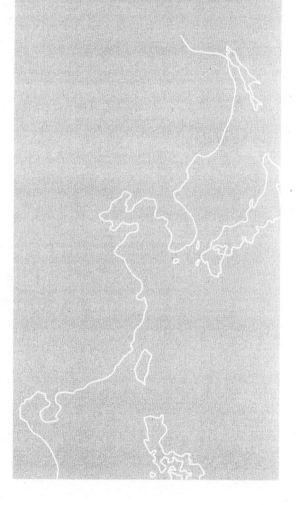

제 5 부

5-0. 동아시아학문의 길

장점 살리기

동아시아 각국의 학문이 잘못 되고 있다고 비판하면 끝이 없다. 중국은 대국주의의 환상에 사로잡혀 있다. 일본은 침략을 일삼던 시기의 착각을 버리지 않는다. 한국 학계는 미국 추종자들이 지배하다시피 한다. 월남은 전쟁의 피해가 너무 심해 학문을 할 것 같지 않다. 이런 말을 길게 되풀이하면 비관에 빠져 동아시아학문은 희망이 없는 것처럼 보인다. 동아시아의 학문이 유럽문명권과 대등한 수준에 이르리라고 기대하지 말자. 이렇게 생각하기 쉽다.

그러나 동아시아 각국은 단점만 지니지 않았으며, 장점도 있다. 세상의 모든 사람이 그렇다. 단점과 장점이란 무엇이며, 왜 문제되는가, 단점 또는 장점을 어떻게 할 것인가 하는 등의 문제를 다루는 일반론을 어느 정도 구상해두고 구체적인 논의로 들어가기로 한다. 동아시아 학문을 바람직하게 이룩하려면 작전을 잘 짜야 하기 때문이다.

각국의 장단점이란 민족우열론의 낡은 사고방식을 나타내는 말이므로 버려야 한다는 주장이 상당한 설득력을 가진다. 그러나 장단점은 실제로 존재한다. 장단점은 문제 삼지 않아야 학문의 객관성이나 엄밀성이 보장된다는 것은 그릇된 생각이다. 장단점에 관한 논의를 그만둘 것이 아니고 바르게 해야 한다.

장단점은 단일한 기준으로 판별되지 않는다. 장단점은 국면 또는 관점에 따라 다양하게 존재하고, 상대적인 관계를 가진다. 이제 장단점을 논의하는 기본 이치를 다시 정립해 그릇된 사고방식에서 벗어나야 한다. 장단점의 이해와 평가를 단일화하고 평면화하는 민족우열론을 버리고 다면화하고 입체화해야 한다. 그 일은 생극론이 맡아서 한다.

문명과 문명, 나라와 나라가 부딪힐 때 둘 사이의 차이가 인식되고, 장단점이 문제된다. 우세한 쪽이 지닌 특징이 장점으로 인식하고, 열세는 단점 때문에 초래되었다고 한다. 유럽문명권이 동아시아를 침공할 때, 일본이 한국을 강점할 때 그런 일이 벌어졌다. 유럽에 지지 않으려면 그 쪽의 장점을 받아들이고 그 쪽과는 다른 단점은 없애야 한다. 한국인도 일본인처럼 되어야 하므로 민족개조가 급선무이다. 이런 결론이 쉽게 난다.

그러나 단점을 고치는 것은 아주 어렵다. 많은 노력을 기울여도 얻을 수 있는 성과가 크지 않다. 바짝 다가간다고 해도 경쟁 상대에 계속 뒤떨어진다. 단점이 더욱 원망스럽게 되고, 심리적인 갈등이 가중된다. 상생을 만들려다가 상극을 키우고 만다. 단점 고치기는 그만두고, 장점 살리기로 방향을 바꾸어야 한다. 장점 살리기는 힘들이지 않고 할 수 있다. 장점을 살려야만 경쟁 상대에게 이길 수 있을 뿐만 아니라 그 쪽에 도움을 줄 수 있다. 상극을 상생으로 만든다.

장단점이 승패를 가르는 것은 사태의 어느 한 국면이다. 군사적인 대결이 벌어지고 주권이 침탈되는 상황에서는 선택의 여지가 없다 하겠지만, 장기적인 안목에서 보면 대결은 여러 국면에서 다양하게 벌어진다. 어느 국면의 대결을 유리하게 이끄는 장점이 다른 국면에서는 패배를 자초하는 단점이다.

장단점은 상대적이다. 일본과 한국을 들어 말해보자. 일본의 장점은 한국의 단점이고, 한국의 장점은 일본의 단점일 수 있다. 일본이 일본의 장점으로 한국의 단점을 공략하면, 한국은 한국의 장점으로 일본의 단점에 타격을 주는 반격을 시도해 피차 불행하게 되는 상극이 가중된다. 일본이 한국에는 없는 장점 때문에 한국의 단점을 보완해 한국에 유익하고, 한국은 일본에는 없는 장점 때문에 일본의 단점을 보완해 일본에 유익한 상생의 관계를 이룩해야 불행했던 과거를 청산하고 희망찬 미래를 함께 맞이할 수 있다.

이런 원리는 정치, 경제, 문화 등 한국과 일본 관계의 모든 국면에서 타당성을 가진다. 동아시아 모든 나라의 상호관계에도 해당되므로 확대된 논의가 필요하다. 지구상의 모든 문명, 국가, 민족, 지방 등이 상극을 상생이게 하는 관계를 가질 수 있는 일반이론을 마련하는 것이 바람직하다.

아직은 거기까지 이를 단계가 아니다. 동아시아 각국의 장점이 학문에서는 어떻게 나타나는지 확인하고, 장점을 상생의 관계를 가지도록 통합하는 길을 찾는 것이 여기서 할 수 있는 일이다. 좋은 설계도를 마련해 동아시아학문이라는 크고 훌륭한 집을 시공하는 본보기를 학문이 아닌 다른 영역에서도 받아들이라고 촉구하고자 한다.

공인된 결과를 발표하려는 것은 아니다. 각국 학문에 관한 개개의 사실에는 이미 알려진 것들이 적지 않지만, 상이한 장점이 생극의 관계를 가지도록 하는 작업은 새로운 시도이다. 내 자신이 한국학을 동아시아학으로 발전시키기 위해 노력하는 과정에서 발견하고 실행해본 성과를 들어 말하면서 토론을 청한다.

일본 · 중국 · 월남의 장점

일본의 장점은 정확한 지식이다. 다루는 대상을 세분하고 특수화해서 사실 고증을 엄밀하게 한다. 천년 가까운 기간 동안 노력한 결과 한문고전에 대한 정밀한 고증과 번역을 큰 자랑으로 삼는다. 불교학에서 한 걸음 더 나아가 인도철학을 공부하면서 산스크리트를 열심히 익혀, 한역 불교경전을 원전과 대조해서 검토하는 작업을, 다른 어느 곳보다 먼저, 대단한 수준으로 한다. 유럽문명권학문 수용에서도 번역 주해를 정확하게 해 기초를 철저하게 다진다.

일본 학자들은 성실하고 부지런하다. 탐구의 의욕과 정열을 바쳐 미세한 작업을 정밀하게 하는 데 일생을 바치는 모범생이 적지 않다. 사전을 잘 만드는 데 남다른 장기가 있어《大漢和辭典》같은 기념비적 성과를 내놓아 널리 도움을 주고 있다. 널리 알려지지는 않은 것들 가운데 다음과 같은 업적을 내가 발견하고 이용했으므로 특별히 평가한다.

(가)《安藤昌益全集》(東京: 農山漁村文化協會, 1982)

(나) 齋藤 忠 編,《古代朝鮮·日本金石文資料集成》(東京: 吉川弘文館, 1983)

(다) 竹內與之助,《字喃字典》(東京: 大學書林, 1988)

(라) 磯部 彰,《'西遊記'受容史の硏究》(東京: 多賀出版, 1995)

(가)는 놀라운 저술이다. 아무 선입견 없이 일본의 학문을 이해하자고 다짐하고 도서관 서가에 꽂혀 있는 순서대로 책을 보다가 이 책을 발견했다. 내용이 감탄하게 할 뿐만 아니라, 전집을 만든 솜씨가 뛰어나다. 원문 영인을 뒤에 붙이고, 활자화해서 쓴 것에 주석을 정밀하게 달아 이해하고 이용하기 아주 편리하게 했다.

(나)에서는 두 나라의 금석문을 비교연표를 만들고 함께 실어 연구에 좋은 자료와 지침이 된다. (다)는 한자를 이용해 월남어를 표기한 글자를 이해하는 데 필수적인 참고서이다. (라)에서 월남의 경우까지 자세하게 고찰했다. 중국 四大奇書 가운데 한국은《三國志演義》, 일본은《水滸傳》, 월남은《西遊記》를 특히 좋아해서 적극 수용한 사실을 알 수 있게 한다.

중국은 어떤가? 중국은 서쪽이 열려 있어 서역, 인도, 유럽 등지의 문명과 문화를 계속 받아들였다. 이슬람교가 당나라 시절 이래로 면면하게 살아 있다. 또한 많은 소수민족이 있다. 각기 자기 언어, 풍속, 문학을 간직하고 있다. 중국인이라는 사람들, 중국어라는 언어도 지역에 따라 크게 다르다. 다양한 경험 자체가 높이 평가해야 할 장점이다.

학문이 다양한 문화를 제대로 인식하고 포괄한다고 하기는 어렵다. 워낙 방대하고 다양해 미처 수습하지 못하고 있다. 체계화 작업에서는 漢族 중심의 단일화가 진행되어 실상에서 멀어진다고 비판해야 할 측면이 있으나, 자료 조사를 부지런히 한다. 소수민족의 삶에 대해 자료 보고를 하는 작업이 이어지고 있어 다양한 문화를 알아보게 한다. 내가 큰 도움을 받은 것들을 몇 가지 들어보자.

(가) 毛星 外,《中國少數民族文學》上・中・下(長沙: 湖南人民出版社, 1983)

(나) 蕭萬源 外 主編,《中國少數民族哲學史》(合肥: 安徽人民出版社, 1992)

(다) 王鍾翰 主編,《中國民族史》(北京: 中國社會科學出版社, 1994)

(라) 張公瑾 主編,《民族古文獻槪覽》(北京: 民族出版社, 1997)

(가)는 소수민족의 문학을 거주 지역에 따라 나누어 개관했다. 비슷한 내용을 지닌 여러 책 가운데 특히 많은 자료를 수록했다. (나)에서는 구비문학 작품을 적극 활용해 소수민족의 철학사상을 고찰했다. 글로 쓰지 않고 말로 전하는 구비철학을 철학으로 인정

하고 평가하는 데 크게 기여했다. (다)에서는 역사에 등장한 거의 모든 민족의 유래, 활동, 행방 등의 자료를 소상하게 찾아내 고찰했다. (라)에서는 여러 소수민족의 문자와 문헌을 널리 조사해 정리했다.

이런 책은 모두 공저이다. 능력 있는 전문가가 두루 참여해 이런 책을 내는 것이 또한 중국의 장점이다. 전국 각처에 연구와 출판을 담당하는 기관이 있어 성과가 다원화된다. 이런 작업을 더 많이 한층 풍부하고 철저하게 해서 중국의 장점을 널리 확대해야 할 것이다.

월남을 빼놓지 말아야 한다. 월남이 프랑스의 식민지 통치와 투쟁해 해방을 얻고, 미국의 침공에 맞서서 승리한 충격을 잊지 말아야 한다. 신구 제국주의의 주역인 유럽문명권의 두 강자를 물리친 위업을 다른 데서는 이룩하지 못했으므로 충격을 교훈으로 삼는 것이 마땅하다. 정치 노선은 다르더라도 강약과 우열을 뒤집는 용단이나 비결을 밝혀서 얻는 성과를 동아시아학문을 비약적으로 발전시키고, 유럽문명권의 세계 제패를 종식시키는 학문혁명을 이룩하는 데 활용하는 것이 마땅하다.

월남은 유럽문명에 대한 이해를 번역을 통하지 않고, 식민지 통치를 당하면서 배운 프랑스어를 이용해 직접 했다. 호랑이 굴에 끌려들어가 호랑이를 잡은 격이다. 미국에 의존하려고 하지 않고, 미국과 정면으로 맞서 과감하게 투쟁했다. 크나큰 시련을 용기와 힘의 원천으로 삼아 중국의 거듭된 침공을 물리친 전례를 되살렸다. 세계 최강자의 장점뿐만 아니라 약점까지 알아야 했던 지혜를 되살렸다.

월남의 경험을 정리하고 해석한 저작이 많이 있을 것이다. 그러나 찾아 읽지 못해 자세한 사정을 모르고 있으므로, 외국어로 옮겨 밖으로 내놓은 것들을 논의의 대상으로 하는 차선책을 택하기로 한다. 이런 책을 읽고서 월남이 보여준 충격에 대한 의문을 풀어보고자 했다.

(가) 《胡志明 저작집》(Ho Chi Minh, *Écrits*[1920~1969], Hanoi: Éditions The Gioi, 1994)

(나) 《인민의 전쟁, 인민의 군대》(Vo Nguyen Giap, *People's War, People's Army*, Hanoi: The Gioi Publishers, 1961)

(다) 《남부월남은 어떻게 해방되었는가?》(Hoang Van Thai, *How South Vietnam Was Liberated*, Hanoi: The Gioi Publishers, 1996)

(라) 《월남의 오랜 역사》(Nguyen Khac Vien, *Vietnam, une longue histoire*, Hanoi: Éditions en langues étrangères, 1987)

(가)는 혁명지도자 胡志明의 저작집 프랑스어본인데, 앞에 실린 글은 직접 프랑스어로 쓴 것들이다. 노동자 출신의 투사가 식민지 통치자의 나라로 깊숙이 들어가 세계정세를 널리 이해하고 그 내부에서 벌어지는 혁명의 추이를 살피면서 자기 나라의 장래를 설계했다. 주체성과 세계성이 하나임을 설득력 있게 보여주었다.

(나) 프랑스와의 전쟁을 지휘한 군총사령관이 승리의 경과와 이유를 밝힌 내용이다. (다)는 미국과의 전쟁을 진행한 경과를 정리

한 책이다. 전쟁 중에는 계속 부인하던 것과는 상이하게 북부월남의 군대가 전투의 주역이었음을 밝히고 작전의 내막을 공개했다. (라)는 월남사 개설서이다. 중국의 거듭된 침략을 물리치고 주권을 되찾는 영웅적인 투쟁을 이어 프랑스의 식민지 통치에서 해방되고, 미국을 물리쳤다고 했다.

통합을 위한 시도

일본의 정밀한 고증, 중국의 다양한 문화 체험, 월남이 보여준 충격은 전혀 이질적이다. 서로 어떤 관계인지 그 자체로 두고서는 알 수 없다. 서로 연결시켜 이해하고 장기를 합치는 이론적인 작업이 있어야 한다. 이를 위해 생극론이 적극적인 기여를 할 수 있다.

생극론은 동아시아문명의 공유재산임을 재확인한다. 공유재산을 한국에서 발전시킨 성과를 내가 이어받아 오늘날의 학문을 위한 기본원리로 삼고 있다. 앞에서 한국의 장기는 들지 않았는데, 바로 이런 것이 한국의 장기이다. 한국인은 대담한 발상을 하고, 거창한 가설을 세우는 것을 좋아하는 경향이 있다고 할 수 있다.

왜 그런지 묻는다면 철학을 열심히 하고 철학의 쟁점에 대한 토론을 적극 전개해서 이런 취향을 키운 것이 그 이유라고 할 수 있다. 중국에서 받아들인 철학을 독자적인 사고를 보태 더욱 발전시키는 성과를 마련했다. 元曉가 보여준 독자적인 불교학, 李滉과 李珥에서 비롯한 두 학파 사이의 끈덕진 논란, 徐敬德에서 崔漢綺까지 누백년 이어 발전시킨 氣哲學, 崔濟愚가 새롭게 이룩한 東學이 좋은 본보기이다.

인도·중국·유럽 같은 방대한 영역이 아닌 중소 규모의 민족국가 가운데 오랫동안 철학에 힘쓴 성과가 누적되어 자국의 철학사를 거듭 서술하는 곳은 한국뿐이다. 월남이나 일본과 견주어보자. 월남은 사상을 소중하게 여겨온 유산을 높이 평가해야 마땅하지만, 서술의 범위를 철학사로 좁혀 다루기는 어렵다고 한다. 일본의 경우에는 철학사가 있어야 다룰 수 있는 자료도, 철학사를 서술하려는 오늘날의 노력도 확인되지 않는다.

한국이 자랑스럽다는 것은 아니다. 오히려 반대일 수 있다. 한국은 철학에 대한 관심이 지나쳤다고 나무랄 수 있다. 극렬한 주장으로 상극을 키우는 공리공론에 정신이 팔려 발전이 정체되고 나라를 잃게 되었다는 비판이 잘못이 아닐 수 있다. 일본의 실리추구를 본받아야 한다는 주장이 설득력을 지닐 수 있다.

그런데 이제는 단점이 장점으로 바뀐다. 한국의 공리공론과 대조가 되는 일본의 실리추구는 단점이 장점이고 장점이 단점인 관계를 가진다. 일본이 실리추구의 학문을 하면서 고도로 발달한 정밀고증을 그 방법으로 삼은 것은 큰 장점이지만, 유럽문명권학문과 겨루어 앞서야 하는 단계에서는 단점이 된다. 지탄의 대상이 된 한국의 공리공론에서 유래한 대담한 발상이 그 단점을 넘어서는 활로를 열 수 있다. 대담한 발상이 무엇이든지 도움이 되는 것은 아니다. 철학적 타당성을 확보하고, 정밀고증과 맞아 들어가 생극의 작용을 제대로 할 수 있어야 유효하다.

나는 일본에 가서, 내가 작성한 설계도를 시공에 옮기는 데 필요한 부품을 구하러 왔다고 했다. 정밀고증의 장기를 살려 일본에서 산출한 연구업적을 우수한 부품으로 삼아 생극론에 입각한 문학사론의 타당성을 입증하고 내용을 보완하는 작업을 계속 하고 있다. 위에서 든 몇 가지 업적을 긴요하게 활용해 한·일문화 비교론에서 동아시아학으로 나아가고, 세계학의 혁신을 목표로 삼는 거점을 마련하고자 한다.

이 과정에서 일본학문의 특수성을 시정하는 작업이 필수적으로 등장했다. 한 예를 들어보자. 일본이 자랑으로 삼아 마땅한 독특한 사상가라는 安藤昌益을 한국의 朴趾源과 비교해 기철학의 공통된 전개를 밝히고, 동아시아 기철학과 유럽의 계몽사상이 함께 수행한 세계사적 전환의 과업을 논의하는 거시적인 시야를 열었다. 이것이 《철학사와 문학사 둘인가 하나인가》(서울: 지식산업사, 2000)의 주요 부분이다.

한국인뿐만 아니라 일본인도 체험의 폭이 좁아 상이한 문화를 다양하게 경험하고 이해하지 못한다. 이런 한계를 넘어서는 데 중국이 직접적인 도움이 된다. 다민족국가의 실상을, 멀리까지 가지 않고, 중국에서 알 수 있어 다행이고, 현지 체험이 쉽게 가능해 큰 도움이 된다. 중국이 제공하는 자료가 비교연구를 근거로 삼아 일반이론을 이룩하는 데 결정적인 기여를 한다. 국가의 경계를 넘어서 지구촌 많은 사람들과 사귀는 방법을 가까이서 익혀 세계화에 적극적일 수 있게 한다.

중국에서 다양한 문화 체험을 충분히 활용하는 학문을 한다고 하기는 어렵다. 자료 보고에 그치기도 하고, 和而不同에서 不同은 빼고 和諧를 일방적으로 추구하는 정책을 이해의 방식으로 삼기도 한다. 중국의 자료를 이용하면서 이런 편향성을 시정하는 것이 내 연구의 긴요한 과제로 등장했다. 《동아시아 구비서사시의 양상과 변천》(서울: 문학과지성사, 1997)에서 중국 여러 소수민족의 구비서사시를 문학사 일반이론을 이룩하는 소중한 논거로 삼고, 정치적 우세와 서사시의 풍요가 반비례하는 관계임을 입증했다.

월남의 승리는 불가능으로 생각되던 것을 가능하게 만든 대사건이었으며, 세계사의 전환을 마련했다. 발상의 폭을 크게 넓히도록 하는 충격을 받고 생각해보지 않을 수 없었다. 어째서 그럴 수 있었으며, 어떤 의의가 있다고 할 것인가? 유럽문명권의 지배를 무너뜨리는 힘이 동아시아에 있음을 보여주었다고 할까? 군사력이 강하면 무엇이든지 할 수 있다는 근대의 이념을 좌절시키고 다음 시대로 나아가는 계기를 만들었다고 할까?

이런 의문을 풀어주는 연구를 월남에서 제대로 하는 것 같지 않다. 자기 나라에서 일어난 일을 되돌아보는 데 몰두하고 더 나아가려고 하지 않는 것 같다. 월남이 미처 하지 못하고, 할 수 있을지 의문인, 더 커다란 연구를 널리 개방된 공동의 과제로 삼아야 한다. 비교연구를 거쳐 일반이론 정립으로 나아가는 작업을 뜻이 있고 능력을 갖추었으면 누구든지 해야 한다.

월남이 제기하는 과제는 학문의 비약을 촉구한다. 동아시아학문이 그 자체에 머무르지 않고 3세계학문으로 나아가고, 사실을 총괄하는 일반이론의 수준을 대폭 높여 세계학문으로 발전하게 한다. 한국은 월남과 함께 식민지통치에서 해방된 제3세계의 일원이고, 일반이론 창조로 나아갈 수 있는 철학을 장점으로 삼는 두 가지 근거를 거듭 확인하면서, 나는 내가 할 일을 과감히 시도했다.

본보기를 하나 들면 《소설의 사회사 비교론》(서울: 지식산업사, 2001)에서 유럽문명권 소설이론의 잘못을 생극론으로 시정하고, 소설의 사회사 비교론을 세계적인 범위에서 전개했다. 월남을 포함한 제3세계 여러 곳의 소설을 광범위하게 고찰하는 데 힘써, 제1세계소설은 해체기에 들어서고, 제2세계소설은 경직되어 의의를 잃을 때, 제3세계소설이 세계문학사의 희망으로 등장해 선진과 후진이 역전되는 양상을 해명했다. 문학사론에서 역사일반론으로 나아가, 중세에서 근대로의 이행기, 근대, 근대 다음 시대의 상관관계에 대한 총괄적이고 거시적인 논의를 전개했다.

건설공사

동아시아학문을 크고 훌륭하게 이룩하는 과업은 개인이 감당할 수 없다. 내가 해온 작업은 얼마 되지 않아 가능성 탐색에 지나지 않는다. 그 범위를 넘어서서 논의를 일반화해보다. 누구든지 실행할 수 있는 원리를 정립해야 동아시아학문이 바람직하게 이루어질 수 있다. 이 작업은 학문 일반론을 도출하는 데 관건이 되는 의의가 있다.

동아시아 각국의 장기인 과감한 설계, 정밀한 고증, 다양한 문화체험, 세계사를 바꾼 충격까지 보태면 빠진 것이 없다. 그 이상 바랄 것이 없다. 다른 어느 문명권에도 없는 행복한 조건을 동아시아에서는 갖추었다. 그러나 이 넷을 그냥 합칠 수는 없다.

그러나 각자의 장점은 아주 이질적이어서 상극의 관계를 가진다. 과감한 설계는 다른 셋을 무시해야 가능하다. 정밀한 고증, 다양한 문화체험, 세계사를 바꾼 충격에 관해서도 같은 말을 할 수 있다. 바로 그 배타성이 결정적인 단점이다. 단점을 시정하려면 상극의 관계를 가진 다른 것들과 만나 상생을 이루어야 한다. 상극을 초래한 단점이 장점이 되어 상생을 이룬다.

이치가 이렇다고 밝히면 할 일을 다 하는 것은 아니다. 이론을 실천에 옮기려면 비상한 노력이 필요하다. 지식을 확대하고 교류를 빈번하게 하면서 상호간의 이해를 증진하는 것이 필수적인 과제이다. 학술회의를 자주 열어 발표하고 토론하는 데 힘쓰면서 서로 다른 견해를 모아 더 크고 훌륭하게 만들어야 한다. 공동연구를 해서 이룬 저작을 함께 출판해야 한다.

근래 '베세토하'(Besetoha)라는 약칭을 사용하면서 北京·서울·東京·하노이대학이 공동의 행사를 개최하는 것은 평가할 일이다. 그러나 서로 상대방에 대해서 잘 알지 못하고, 여러 방향의 통역을 거쳐 의사교환을 한다. 동아시아학문으로 나아갈 수 있는 준비를 어느 하나도 하지 못한 행정책임자나 다른 문명권 학문 수입업자들이 모임을 주도하니 친선을 도모하는 것 이상의 성과가 없다.

각국의 학문을 제대로 하는 전문가들이 교류를 빈번하게 하고 공동연구를 진행하는 단계를 넘어서서, 동아시아학자를 길러내야 한다. 동아시아 각국의 언어에 능통하고, 서로 다른 학풍을 깊이 이해해 통합할 수 있는 학자가 동아시아학자이다. 北京·서울·東

京·하노이대학 또는 네 나라의 다른 네 대학이 짝을 지어, 협력을 강화하고 유학생의 상호 교류에 힘쓰는 것이 좋은 대책이다. 네 나라에서 모두 공부하고 네 나라 학문에 모두 정통해야 동아시아학자가 된다.

동아시아학문을 이룩해야 하는 이유가 무엇인가? 동아시아는 정치나 경제 통합에 상당한 난관이 있으므로 문화를 앞세우고 그 중심을 이루는 학문 통합을 위해 먼저 노력해야 한다. 유럽문명권 학문의 지배에서 벗어나 자립하는 과업을 동아시아 각국의 개별적인 역량으로는 성취하기 어려우므로 협동해야 한다.

동아시아학문은 그 정도에 그치지 않고 한층 적극적인 사명을 달성하고자 한다. 유럽문명권이 선도한 근대학문의 한계를 극복하고 다음 시대 학문을 이룩하는 데 동아시아가 앞서서 다른 문명권의 분발을 촉구하는 것이 마땅하다. 국가끼리의 쟁패를 청산하고 보편적인 진리를 위해 하나가 되는 새로운 학문을 하는 모범을 보여 근대 다음 시대를 설계하는 지침이 되게 해야 한다.